Franz Brandls

MIX
GUIDE

Franz Brandls
MIX
GUIDE

SÜDWEST

Inhalt

Vorwort

*E*s gibt viele Anlässe, eine Bar aufzusuchen, und
wenn diese wohl bestückt und gut geführt ist, prä-
sentiert sie sich als eine Stätte des Genusses und
der kultivierten Lebensart. Doch ob im Hotel, im
Restaurant oder zu Hause – der perfekte Barmixer
braucht eine Grundausstattung an Bargeräten, er
muss gewisse Regeln kennen und mit den vielen
Rezepten vertraut sein, die sich zu jedem Anlass
anbieten. Zur Basis gehört auch ein umfassendes
Wissen über die verschiedenen Spirituosen und
sonstigen Ingredienzien von Mixgetränken. Wer sich
als Laie im Handel umsieht, steht meist ratlos vor
einem schier unübersehbaren Angebot und der
Frage nach Geschmack und Qualität.

Der »Mix Guide« bietet sich hier als übersichtlicher und verlässlicher Wegweiser an. Er informiert ausführlich darüber, was man im professionellen wie im privaten Bereich zum Betrieb einer gepflegten Bar braucht.

Das beginnt bei der Ausstattung mit Gläsern und Geräten, einer Übersicht über die verschiedenen Gruppen von Drinks, einer Einführung in die Mixpraxis mit vielen Tipps und Tricks und setzt sich fort in einer umfassenden Sammlung bewährter Rezepte mit genauen Anleitungen zur Zubereitung.

Die Rezepte sind im »Mix Guide« jeweils nach der wichtigsten alkoholischen Zutat geordnet. Sie lassen sich aber auch über das Register wiederfinden.

Eine detaillierte Warenkunde und die Beschreibung der einzelnen Marken vermittelt ausführliche Kenntnisse über Qualitäten und Produkte.

Der ausgebildete und geprüfte Barmeister Franz Brandl, lange Jahre Barchef in den besten Hotels und Restaurants, hat mit dem »Mix Guide« ein Barbuch geschaffen, das den Einsteiger zum Mixen und Genießen verführt und für den Profi zum Nachschlagen unentbehrlich ist.

Geschichte des Cocktails

Cocktail heißt auf deutsch »Hahnenschwanz«, und über die Entstehung des Namens gibt es eine Anzahl amüsanter Geschichten. Wahrscheinlich ist, dass der Cocktail seinen Namen den Hahnenkämpfen zu verdanken hat. Nach beendetem Kampf hatte der Besitzer des Siegerhahnes das Recht, dem getöteten Rivalen die bunten Schwanzfedern auszureißen. Beim anschließenden Umtrunk wurde diese Trophäe mit einem Drink »on the cock's tail« begossen. Später nannte man diese nach den Kämpfen gereichten Getränke »Cocktail«.

Ob sie bunt waren wie die Federn der Hähne oder wie die heute gemixten Drinks, darf bezweifelt werden. Fest steht, dass man gute Gründe hatte, seine

Drinks nicht pur zu genießen. Das damals in Nordamerika zur Verfügung stehende Spirituosenangebot
beschränkte sich fast ausschließlich auf die einheimischen Whiskeys, die aber nicht die Qualität der
heutigen Erzeugnisse aufwiesen. Es waren **Noch heute gehören**
ursprünglich von deut-
harte, hochprozentige und meist ungela- **schen Einwanderern**
gerte Kornschnäpse, deren Genuss Mut **gegründete Whiskey-**
brennereien zu den
und Standvermögen erforderte. So lag es **größten in den USA.**
nahe, dass man versuchte, durch Süßen mit Zucker
oder Honig oder die Zugabe von aromatischen
Ingredienzien und Früchten den Genuss erträgli-
cher zu machen.

Mitte des 19. Jahrhunderts wurden dann auch in
Nordamerika andere Spirituosen und Liköre hergestellt – von europäischen Einwanderern, die ihr
Wissen um die Destillation in der neuen Heimat in
die Tat umsetzten. Auch der Platz der Kommunika-
tion hatte sich geändert: von der Namensgeberin
der Bar, der einfachen Barriere des Westernsaloons,
zur heutigen American Bar. Bereits um die Jahrhundertwende war diese ein fester Bestandteil im ame-

rikanischen Gesellschaftsleben. Die Importwege aus Old Europe funktionierten, vielerlei Spirituosen kamen ins Land, und damit stand der amerikanischen Genuss- und Experimentierfreude nichts mehr im Wege. Es wurden unzählige Cocktails erfunden, von denen viele als Eintagsfliegen starben, manche jedoch weltbekannt wurden.

Durch die unendlich vielen Möglichkeiten, die sich durch die immer größer werdende Anzahl der Spirituosen zum Mixen boten, lag es nahe, dass man diese in Gruppen einordnete. So wurden vom Volumen her kurze Getränke als Shortdrinks und diese wiederum in Before- und After-Dinner-Drinks unterteilt. Mit Säften und Limonaden verlängerte Alkoholika reihte man unter die Gruppe der Longdrinks ein. Diese Short- und Longdrinks wurden wiederum nach Zubereitungsart, Zutaten und Verwendung untergliedert. So entstanden bis heute über 30 Gruppen, die sich zu verschiedenen Gelegenheiten anbieten. Innerhalb der klassischen Einteilung

Der erste in den USA hergestellte Whiskey war der Rye Whiskey, für den ausschließlich Roggen als Getreidebasis verwendet wurde.

haben sich verschiedene Drinks als Nightcup, Winter- oder Sommerdrink, als Magenstärker oder Katerkiller einen Namen gemacht.

In Europa begann der Siegeszug des Cocktails in den Bars der großen Hotels, die um die Jahrhundertwende errichtet wurden – in Deutschland wurde diese Entwicklung allerdings immer wieder unterbrochen von den Kriegen und Wirrnissen der ersten Jahrhunderthälfte. So erhielt der Cocktail hier erst in den späten 50er Jahren den Stellenwert, den er in den Großstädten den Vereinigten Staaten und in London und Paris längst hatte. In den 70er Jahren war der Durchbruch auch in Deutschland geschafft. Neben den Hotelbars hielt die American Bar bei uns Einzug. Viel trug auch das in dieser Zeit rasant wachsende Angebot an internationalen Getränken bei, doch gleichermaßen brachte der Tourismus neue Impulse. Mittlerweile hat sich die Bar einen festen Platz in der Gastronomie erobert und ist zum beliebten Ziel vieler Genießer geworden.

Erst mit der Etablierung der Bar – als Hotelbar oder American Bar – konnte sich auch der Cocktail in Deutschland durchsetzen.

Die Welt der Spirituosen

Marken und Rezepte

Anisgetränke

nisgetränke haben eine lange Tradition. Bereits die alten Ägypter stellten – 1500 Jahre v. Chr. – Anisgeist her; jahrhundertelang benutzte man ihn als Heilmittel gegen Magen-, Darm- und Krampfbeschwerden. Allen Anisgetränken ist trotz unterschiedlicher Geschmacksnuancen der Anissamen als Basis gemein. Anis wird im Mittelmeerraum, in Indien, Japan und Südamerika angebaut. Der verwandte Sternanis mit einem höheren Gehalt an ätherischem Öl kommt meist aus China oder aus anderen asiatischen Ländern. Das aus den Samen destillierte Anethol ist wichtiger Bestandteil der Anisspirituosen. Dieser Essenz werden in der Regel Zucker, Alkohol, Wasser sowie geschmacksbestimmende Stoffe zugesetzt.

Die bekanntesten Anisgetränke

Absinth Dieses Anisgetränk ist mittlerweile in fast allen Ländern der Erde verboten (in Deutschland seit 1923). Dieser Urvater aller heutigen Anisgetränke enthielt das Nervengift Thujon – neben dem Alkoholgehalt Ursache für die gesundheitsschädliche Wirkung und letztendlich das Verbot von Absinth.

Absinth war der Modeaperitif des 19. Jahrhunderts. Sein Genuss war jedoch gefährlich und konnte sogar zu Wahnsinn und Tod führen.

Anisados Die in Spanien äußerst beliebten Anisliköre sind wasserhell und in den Geschmacksrichtungen »dulce« (süß) oder »secco« (trocken) mit 35 bis 45% vol Alkoholgehalt erhältlich.

Anisette Dieser wasserhelle Likör wird aus Anis, Anisöl und verschiedenen Gewürzen nach einem Rezept hergestellt, das die Französin Marie Brizard aus Bordeaux einst Ende des 18. Jahrhunderts von einem Matrosen erhalten haben soll und das seit acht Generationen unverändert produziert wird. Sie gilt als die Erfinderin dieses bekanntesten und beliebtesten Likörs. Anisette wird bevorzugt im Kaffee oder auch als Digestif getrunken.

ANISETTE LIQUEUR

700ML   PRODUCT OF FRANCE   25% VOL

Ouzo Der griechische Ouzo entsteht aus einem Destillat aus Trauben und Anis als alkoholischer Basis. Wenn man Ouzo, wie üblich, zum Trinken 1:4 mit Wasser verdünnt, wird das Getränk milchig trüb.

Pastis In Frankreich gilt Pastis als Sammelbezeichnung für anishaltige Getränke, die mit Wasser verdünnt getrunken werden. Unverdünnt sieht Pastis bräunlich aus, verdünnt jedoch milchig weiß bis gelblich. Pastis besteht hauptsächlich aus Anis, Süßholz (Lakritze), aromatischen Kräutern und reinem Alkohol. Er wird auf dem Weg der Mazeration, also durch Auslaugen der aromatischen Substanzen in Alkohol, hergestellt. Weltbekannt sind die beiden französischen Marken »Ricard« und »Pastis 51«.

Die meisten Anisgetränke weisen einen Alkoholgehalt von ungefähr 40% vol auf. Es gibt jedoch auch alkoholfreie Anisgetränke.

Pernod Ebenfalls in der ganzen Welt berühmt ist Pernod, eine Anisspirituose, die sich vom Pastis allein durch das Herstellungsverfahren (siehe Seite 18ff.) unterscheidet. Der Name Pernod bezeichnet sowohl die auf diese Art gewonnene Spirituose als auch die Marke »Pernod«.

Raki Diese türkische Spezialität zeichnet sich durch einen besonders starken Anisgeschmack aus. Als alkoholische Basis des Raki dient ein Destillat aus Rosinen oder Feigen, dem vor der zweiten Destillation eingeweichte Aniskörner zugesetzt werden. Man unterscheidet drei Qualitäten: die aus Rosinen gebrannten Kulüp-Raki (50% vol) und Yeni-Raki (45% vol) sowie den aus Feigen hergestellten Iyi-Raki (43% vol). Raki wird wie die Anisgetränke Ouzo und Pastis mit Wasser verdünnt getrunken.

Die genaue Rezeptur des Yeni-Raki und die traditionelle Art des Brennvorgangs sind Geheimnisse der Firma Tekel in Instanbul.

Die wichtigsten Marken

Ouzo 12 Die Entstehung von »Ouzo 12« datiert zurück in das Jahr 1880. Die Familie Kaloyannis stellte ihn in Konstantinopel, dem heutigen Istanbul, zum ersten Mal her. Um die verschiedenen Sorten besser voneinander unterscheiden zu können, füllte man das Anisgetränk in nummerierte Fässer ab. Kenner bevorzugten schon bald die Qualität und den Geschmack von Ouzo aus dem Fass Nummer zwölf.

Das Geschmacksgeheimnis von »Ouzo 12« liegt in der Mischung seltener aromatischer Kräuter, die ihm neben dem Anis sein unverkennbares Aroma verleihen. Sein Alkoholgehalt beträgt 40% vol.

»Ouzo 12«, der erst seit 1963 unter dieser Bezeichnung angeboten wird, steht international für überzeugende Reinheit und Qualität.

»Ouzo 12« ist heute die führende Ouzomarke mit jährlich zwölf Millionen verkauften Flaschen. Sie wird in Athen von Kaloyannis Bros. S.A., einem bedeutenden Familienunternehmen, hergestellt.

Pastis 51 Die Gruppe Pernod-Ricard ist Hersteller dieser großen Pastismarke. Ursprünglich stammt sie aus dem Hause Pernod. Durch die Fusion der beiden Firmen in den siebziger Jahren sind nun mit »Pastis 51« und »Ricard« die beiden größten Pastismarken unter einem Firmendach vereint. Der Alkoholgehalt von »Pastis 51« ist etwas höher als der von Pernod: Er beträgt 45% vol.

Pernod Im Schweizer Jura liegt der Ursprung aller uns heute bekannten Anisgetränke. Der Pariser Arzt Dr. Ordinaire war vor den Unruhen der Französischen Revolution Ende des 18. Jahrhunderts in die

Einsamkeit der Berge geflüchtet. Von seiner Arbeit in den Pariser Spitälern kannte er die stärkenden und belebenden Eigenschaften gewisser Kräuter wie zum Beispiel Wermut, Fenchel und Anis. Alle diese Kräuter fand er in seiner neuen Heimat. Er sammelte sie, probierte verschiedene Kombinationen für neue Elixiere aus und entwickelte ein Rezept, das nach seinem Tod bei Henri Louis Pernod landete. Die Rezeptur erwies sich als äußerst erfolgreich, und bereits 1805 produzierte eine Destillerie in Couvet in der Schweiz den Kräutertrank mit großem Erfolg.

Ein Jahrhundert später wurden schon 30 000 Liter täglich hergestellt. 1915, mit dem allgemeinen Absinthverbot, musste die Produktion eingestellt werden, doch ab 1938 ging es wieder aufwärts – mit einem neuen Erzeugnis, dem heutigen »Pernod«.

Die Bestandteile von »Pernod« sind die so genannte Essenz, der Extrakt von Sternanis, Wasser und dreifach destillierter Alkohol.

Im Gegensatz zum Pastis besteht »Pernod« aus einem Extrakt, der wiederum aus einer Mischung einer Essenz und Anethol hervorgeht. Die Essenz ist ein Destillationsprodukt von Alkohol, in dem man würzige Kräuter ziehen ließ. Anethol wird durch die Destillation von Sternanis gewonnen. Der Alkoholgehalt von »Pernod« beträgt 40% vol. »Pernod« trinkt man verdünnt mit eisgekühltem Wasser. Als bestes Mischungsverhältnis empfiehlt sich ein Teil »Pernod« auf fünf Teile Wasser. Typisch für den »Pernod« ist seine bernsteinklare Farbe, die – wenn man ihn mit Wasser vermischt – gelblich trüb wird. In den letzten Jahren wurde es Mode, »Pernod« auch mit Cola, Orangensaft oder Bitter Lemon zu mischen.

Ricard Paul Ricard, Sohn eines Weinhändlers, lernte bei einem Freund seines Vaters eine alkoholische Mischung kennen, die dieser selbst herstellte. Nach der Aufhebung des Absinth-Verbots 1932 begann auch Paul Ricard, solche Mixturen herzustellen. Er gründete die Société Ricard und hatte großen Erfolg: Im Laufe eines Menschenalters wurde aus seinem Unternehmen einer der größten Spirituosenhersteller Frankreichs. »Ricard« gilt heute als die erfolgreichste Aniséemarke überhaupt und ist international die

»Pernod«, »Pastis 51« und »Ricard«, die Marken mit Weltruf, werden heute alle drei vom Hause Pernod-Ricard hergestellt.

Nummer drei unter den Spirituosenmarken. Den
aromatischen Hauptbestandteil des »Ricard« bildet
Sternanis. Dazu kommen provenzalische Kräuter,
Süßholzwurzel (Lakritze) und Alkohol. Ricard wird
auf dem Wege der Mazeration, d. h. durch
Auslaugung der aromatischen Substanzen
in Alkohol hergestellt. »Ricard« ist vollkommen klar und hat eine goldene Farbe.
Man trinkt ihn gemischt – ein Teil »Ricard« wird mit
der fünffachen Menge Eiswasser aufgefüllt; dabei
verfärbt er sich milchig weiß. Sein Alkoholgehalt
beträgt 45% vol.

**Alle Anisgetränke soll-
ten möglichst unge-
kühlt aufbewahrt wer-
den, da zu niedrige
Temperaturen eine
Trübung verursachen.**

Weitere bekannte Marken unter den Anisgetränken:

»Tsantali Ouzo« 40% vol

»Eoliki Ouzo« 42% vol

»Yeni Raki« 45% vol

»Marie Brizard Anisette« 25% vol

»Blancart Pastis« (alkoholfrei)

Tomate

**4 cl Pernod
oder Pastis**
1 cl Grenadine
eiskaltes Wasser

klassischer Anisaperitif

In ein kleines *Becherglas* mit Eiswürfeln

geben, mit eiskaltem Wasser auffüllen.

Yellow Star

**2 cl Pernod
oder Pastis**
**2 cl Crème de
Banane**
2 cl Gin
**1 cl Maracuja-
sirup**
8 cl Orangensaft
Cocktailkirsche
Banane

fruchtiger Anisdrink

Im *Shaker* mit Eiswürfeln schütteln und

in ein großes Becherglas auf Eiswürfel

abgießen. Einen Spieß mit Cocktailkir-

schen und Bananenscheiben über den

Glasrand legen.

Pernod Blanc

5 cl Pernod
5 cl Sahne
2 cl Mandelsirup
4 cl Orangensaft
**Schokoladen-
raspel**

sahniger Drink für den Nachmittag

Im *Shaker* mit Eiswürfeln schütteln und

in ein großes Becherglas auf Eiswürfel

abgießen. Mit Schokoladenraspeln be-

streuen.

Perroquet

klassischer Anisaperitif

In ein kleines *Becherglas* mit Eiswürfeln geben, mit eiskaltem Wasser auffüllen.

**4 cl Pernod
oder Pastis**

**1 cl Pfefferminz-
sirup**

eiskaltes Wasser

Alligator

fruchtig-lieblicher Drink für die Party

Im *Shaker* mit Eiswürfeln schütteln und in ein großes Becherglas auf Eiswürfel abgießen. Am Glasrand einen Zucker-rand anbringen und eine Zitronen-scheibe anstecken.

**2 cl Pernod
oder Pastis**

2 cl Curaçao Blue

**1 Spritzer
Angostura**

**12 cl Maracuja-
nektar**

Zitrone

Pernod Flip

milder Shortdrink für den Vormittag

Alle Zuaten im *Shaker* mit Eiswürfeln schütteln und in ein Stielglas abgießen. Fein geriebene Muskatnuss darüber streuen.

3 cl Pernod

1 cl Cointreau

1 cl Zitronensaft

1 cl Zuckersirup

2 cl Sahne

1 Eigelb

Muskatnuss

*D*er Aquavit ist die Nationalspirituose Skandinavi-
ens. Seinen Ursprung hat dieser Kümmelschnaps
in Dänemark, wo er Akvavit geschrieben wird. Beim
Aquavit spielt der Rohstoff des Alkohols keine Rolle.
Entscheidend ist dagegen seine Reinheit. Verwendet
wird Äthylalkohol landwirtschaftlichen Ursprungs
mit einem Mindestalkoholgehalt von 96% vol.

Seinen Geschmack erhält der Aquavit durch ein
Würzdestillat. Hauptzutat ist Kümmel, dazu kommen
Koriander, Fenchel, Zimt, Nelken und Dillsamen. Bei
einigen Sorten ist der Dill geschmacksbestimmend.

Bekannte deutsche Marken sind »Bommerlunder«
und »Malteserkreuz«. Die Aquavits haben meist
einen Alkoholgehalt um 40% vol, gesetzlich vorge-

schrieben sind mindestens 37,5% vol. Aquavit sollte möglichst immer eiskalt in kleinen, gut gekühlten Gläsern serviert werden.

Die wichtigsten Marken

Aalborg Akvavit 1881 wurde die A/S de Danske Spritfabrikker (die heutige Danish Distillers) gegründet; sie erhielt 1923 das dänische Sprit- und Aquavitmonopol übertragen. Die älteste Marke des traditionsreichen Hauses ist der seit 1846 destillierte »Aalborg Akvavit« (42% vol). Das zugesetzte Würzdestillat gibt ihm die arttypische Kümmelnote. Seit 1913 zählt »Aalborg Export Akvavit« (38% vol) zu den beliebtesten der traditionsreichen dänischen Aquavits. Diese typisch dänische Spezialität in ihrer markanten, eigenwilligen Flasche ist geprägt von einem mildwürzigen, eleganten Geschmack mit dezenter Kümmelnote.

1946, zum 100. Geburtstag von »Aalborg Akvavit«, brachte das Aalborger Haus den durch Gewürz-

Der Name Aquavit leitet sich vom lateinischen »Aqua Vitae«, »Wasser des Lebens«, ab und wurde zum Gattungsbegriff.

zusätze – vor allem Dill – besonders milden, goldfarbenen »Jubilaeums Akvavit« mit einem Alkoholgehalt von 42% vol auf den Markt.

»Aalborg Extra Akvavit« ist eine weitere Spezialität des Hauses. Seit vielen Jahren wird dieser erlesene, feinfiltrierte Aquavit mit 42% vol in kleinen Mengen angeboten. Die ungewöhnlich aufwändige Gewürzvielfalt und die milde Komposition dieses alten Rezepts sind so abgestimmt, dass »Aalborg Extra Akvavit« auch ungekühlt hervorragend schmeckt. Dieser Aquavit wird in formschönen, einzeln nummerierten Flaschen angeboten. Für viele Aquavitkenner ist »Aalborg Jule Akvavit« zu einem Begriff geworden. Den mit feinen Kräutern veredelten Luxusaquavit (47% vol) gibt es jedes Jahr zur Weihnachtszeit nur in begrenzter Menge – und in festlicher Aufmachung: Die Nachbildung einer über hundert Jahre alten Flasche aus Dänemark wird nur für diesen Aquavit hergestellt. Sie trägt die Jahreszahl als geprägtes Relief und ist mit einem Korken verschlossen.

Die Flaschen des seit 1983 in limitierter Auflage angebotenen »Aalborg Jule Akvavit« sind weltweit begehrte Sammelobjekte.

Akvaviitti »Extra Akvaviitti Akvavit«, der einzige Aquavit Finnlands, wird aus finnischem Weizen unter Zusatz von Gewürzen und Kräutern destilliert. Sein Alkoholgehalt liegt bei 43% vol. Durch lange Lagerung bekommt er seine goldene Farbe und den milden Geschmack.

Bommerlunder Die Firma Hermann G. Dethleffsen im holsteinischen Flensburg stellt den deutschen Aquavit »Bommerlunder« her. Das Rezept wurde 1760 dem Gastwirt des »Krugs von Bommerlund« von einem Offizier für gewährte Kost und Logis überlassen. Der Gastwirt nannte diesen Kümmelbrand nach seinem Gasthaus. Von ihm erwarb der Flensburger Christian Dethleffsen schließlich das Rezept für den »Bommerlunder« (38% vol).

»Bommi« wurde berühmt, nachdem die Flensburger Firma Dethleffsen 1911 Rezept und Marke übernommen hatte.

Holger Danske Akvavit In alten dänischen Sagen heißt Holger Danske der Riese, der sich in den tiefen Kellern des Hamlet-Schlosses Kronsberg bereithält, um seinen Landsleuten zu Hilfe zu kommen, wenn Dänemark je in Not geraten sollte. Seinen Namen tragen zwei dänische Aquavits: »Holger Danske« (38% vol) mit feinem Kümmelaroma und »Holger Danske Luksus« (40% vol) mit zartem Dillaroma. Letzterer bekommt seinen charakteristischen gelben Ton durch die Lagerung in Madeirafässern.

Linie Aquavit Zur Herstellung des norwegischen »Linie Aquavit« gehört eine ungewöhnliche Produktionsphase: Nach langer Lagerung in Sherryfässern wird »Linie Aquavit« auf Schiffe der Wilhelm-Wilhelmsen-Reederei verladen und auf einer rund drei Monate dauernden Reise von Oslo nach Sydney und zurück gebracht. Die Route führt zweimal über den Äquator – die Linie. Dabei schippert der Aquavit durch tropische Wärme und eisige Kälte. Die Temperaturen, die Seeluft und die Bewegung während der Reise spielen für die Qualität des Aquavit eine große Rolle. Auf dem Etikettenrücken jeder Flasche stehen – von A/S Vinmonopolet/Norwegen garantiert – der Schiffsname sowie die genaue Zeit der Reise. »Linie Aquavit« enthält 41,5% vol Alkohol.

Damit sich das Würzdestillat, der Alkohol und das Wasser gut verbinden können, benötigt Aquavit eine gewisse Lagerzeit.

Malteserkreuz Aquavit Den »Malteserkreuz
Aquavit« gibt es in Deutschland seit 1924. Die Zoll-
und Importbelastungen machten es in den zwanzi-
ger Jahren fast unmöglich, »Aalborg Akvavit« nach
Deutschland zu importieren. Darum ent-
schloss sich das Stammhaus, die A/S
Danske Spritfabrikker, in Berlin einen
Aquavit herzustellen. Das Malteserkreuz,
in Dänemark das Firmenzeichen, wurde in Berlin
dabei zu Markenzeichen und Markennamen. »Malteserkreuz Aquavit« enthält 40% vol.

**Das weiße Kreuz auf
rotem Grund ist Mar-
kenzeichen und zugleich
Markenname für den
bekanntesten deut-
schen Aquavit.**

O.P. Anderson Aquavit Dieser Aquavit verdankt
seinen Namen Olof Peter Anderson, der seit 1825
in Göteborg/Schweden verschiedene alkoholische
Getränke herstellte. 1891 präsentierte das Unternehmen auf einer Messe erstmals seinen eigenen
Aquavit, doch bereits 1917 wurde »O.P. Anderson«
von der Swedish Wine and Spirits Corporation
übernommen, die auch Hersteller von »Absolut
Wodka« ist. Der goldgelbe schwedische Aquavit hat
40% vol Alkoholgehalt.

*D*er Armagnac ist der älteste Weinbrand Frankreichs, er wurde bereits im Jahre 1461 urkundlich erwähnt. Armagnac ist ein Weinbrand mit Herkunftsgarantie aus der Gascogne, einer Landschaft mit Weinanbau im Südwesten Frankreichs.

Bei der Armagnac-Anbaufläche sind drei Gebiete zu unterscheiden: Im Westen liegt Bas-Armagnac, das 55 Prozent der Anbaufläche stellt. Von den vorwiegend sandigen Böden in Bas-Armagnac kommen besonders feine Brände. Im Osten liegt, mit nur drei Prozent der gesamten Anbaufläche, Haut-Armagnac, das wegen seiner weißen Kreideböden auch als Armagnac Blanc bezeichnet wird. Das dritte Gebiet ist Ténarèze, zu ihm gehört Condom, die geschichtsträchtige Hauptstadt der Region. Die Armagnacs der einzelnen Regionen unterscheiden sich voneinander. Die Armagnacs von Ténarèze zum Beispiel sind leichter und altern schneller als die von Bas-Armagnac. Haut- und Bas-Armagnac und Ténarèze sind keine Qualitätsbezeichnungen, sondern rein regionale Unterscheidungen. Auf knapp 20000 Hektar Weinland werden jährlich rund 1,5 Millionen Hektoliter Wein gewonnen. Etwa die Hälfte davon wird zu Armagnac destilliert, so entstehen ungefähr 20 Millionen Flaschen im Jahr. Die Sand-, Ton- und Kreideböden bieten ideale Bedingungen. Auf ihnen gedeihen die weißen Rebsorten besonders gut, die laut Gesetz vom August 1936 als einzige für Armagnac verwendet werden dürfen: Die wichtigsten unter ihnen sind Folle Blanche, Folle Jaune, Picpoul, Meslier, Colombard, Clairette, Ugni blanc (Saint Emilion) und Bacco.

Die Weinlese findet in Armagnac von Mitte bis Ende Oktober statt. Sobald der junge Wein durchgegoren

Nur Destillate, die aus Weinen von Haut- und Bas-Armagnac sowie Ténarèze gebrannt werden, erhalten das Armagnac-Etikett.

ist, beginnt die Destillation. Sie muss laut Gesetz bis zum 30. April des auf die Ernte folgenden Jahres abgeschlossen sein. Im Gegensatz zum Cognac, der in einer geschlossenen Brennblase zweimal destilliert wird, brennt man Armagnac im kontinuierlichen, einmaligen Verfahren. Diese Methode wurde 1936 gesetzlich zum einzig zugelassenen Armagnac-Verfahren erklärt. Während der Armagnac im Fass lagert, verdunstet ein Teil des Alkohols, dafür dringt durch das Holz Sauerstoff ein. Der Alkohol entzieht dem Holz verschiedene Bestandteile, vor allem Gerbstoffe. Junge Destillate kommen immer in frische, ungebrauchte Fässer. Nach einiger Zeit werden sie dann in gebrauchte Fässer umgefüllt, die nicht mehr so viele Gerbstoffe abgeben. Ist der richtige Reifegrad erreicht und das Destillat in allen Komponenten ausgewogen, wird es in Großbehälter umgefüllt, in denen sich der Armagnac kaum noch verändert. Armagnac unterliegt sehr strengen gesetzlichen Vorschriften, die das B.N.I.A. (Bureau National Interpro-

Armagnac darf sich der gebrannte Wein erst nennen, wenn er mindestens zwei Jahre lang in kleinen Eichenfässern gereift ist.

fessionnel de l'Armagnac) permanent überwacht.
Während der Alterung werden die Brände in so
genannte Konten, ähnlich wie beim Cognac, einge-
teilt. Es gibt folgende Konten:

»Konto 00« bezeichnet alle Destillate vom Beginn
der Brennkampagne bis zum 30. April des folgenden
Jahres. Der Stichtag für den Wechsel des Alterskon-
tos ist immer der 1. Mai jeden Jahres. »Konto 0«
meint die Brände vom 1. Mai bis zum 30. April des
folgenden Jahres, die Destillate sind bis zu zwölf
(plus null bis sechs) Monate alt. »Konto 1«: Die Brände sind 12 bis 24 Monate alt, sie dürfen dann
als Armagnac verkauft werden. »Konto 2«: Die
Armagnacs sind 24 bis 36 Monate alt und
haben die gleichen Bezeichnungen wie
»Konto 2«-Cognacs, zum Beispiel drei
Sterne, V.S. oder De Luxe. Die »Konto 3«-
Armagnacs sind 36 bis 48 Monate alt, jene mit dem
Zusatz »Konto 4« bis 60 Monate, die »Konto 5«-
Armagnacs bis 72 Monate. Ihre Bezeichnungen entsprechen in etwa denen der beim Cognac verwen-

Seit 1972 ist für die Armagnac-Herstellung auch das Charentaiser-, das Cognac-Verfahren, erlaubt, das jedoch selten angewendet wird.

deten. Armagnac reift in kleinen Eichenholzfässern (bis zu 420 Litern). Der Gesetzgeber überwacht die Destillate bis zu »Konto 5«. Altersangaben, die über fünf Jahre hinausgehen, sind Vertrauenssache. Armagnac besteht zumeist nicht aus Destillaten eines einzigen Jahrgangs. Es werden oft verschiedene Jahrgänge miteinander verschnitten, um eine möglichst hohe und gleichbleibende Qualität des Produkts zu erreichen. Daneben gibt es eine große

Entscheidend für die Altersangabe auf dem Etikett ist immer das jüngste dem Armagnac zugegebene Destillat. Anzahl von Jahrgangsarmagnacs (»millésimes«). Ist ein Jahrgang auf der Flasche angegeben, müssen alle Basisweine aus diesem Jahr stammen. Wird auf der Flasche eine Teilregion, zum Beispiel Bas-Armagnac oder Ténarèze, genannt, dann muss der gesamte verwendete Wein aus diesem Gebiet kommen. Auch Weiterverarbeitung, Mischung und Lagerung dürfen dann nur in der »région délimitée« vorgenommen werden. Dabei darf kein anderer Alkohol im gleichen Keller aufbewahrt werden. Der Mindestalkoholgehalt eines Armagnacs beträgt 40% vol.

Die wichtigsten Marken

Belmare Der Bas-Armagnac »Belmare« wird ausschließlich aus den Rebsorten Picpoul und Colombar in der geographisch kleinsten Armagnac-Region hergestellt. Die angebotenen Qualitäten heißen »Fine Bas-Armagnac V.S.O.P.« (40% vol) und »Extra Vieille Réserve Plus 15 Ans« (40% vol).

Castarède Das Haus Castarède wurde bereits 1832 gegründet und befindet sich bis heute in Familienbesitz. Die Marke des Hauses »Castarède Bas-Armagnac V.S.O.P.« hat ein Durchschnittsalter von sieben bis acht Jahren, die Marke »Castarède Bas-Armagnac Hors d'Âge« ein Durchschnittsalter von zehn bis zwölf Jahren.

Die Marken des Hauses Castarède umfassen mehrere Jahrgangsabfüllungen. Der Alkoholgehalt aller Qualitäten beträgt 40% vol.

Chabot 1828 gründete die Winzerfamilie Chabot ihre Firma in Labastide d'Armagnac in der Region Bas-Armagnac. Heute ist Chabot eine Tochtergesellschaft der Camus-Gruppe und mit jährlich einer Million in über 80 Länder der Welt verkaufter Flaschen eine der führenden Marken. Die bekanntesten Qua-

litäten sind »Chabot V.S.O.P.«, »Chabot Napoléon«
und »Chabot X.O.«, die jeweils einen Alkoholgehalt
von 40% vol aufweisen.

Clés des Ducs Die Geschichte des Armagnacs
»Clés des Ducs« (»Schlüssel der Herzöge«) ist eng
verbunden mit der Hafenstadt Bayonne. Auch heute
noch wird der »Clés des Ducs« vom Sitz der Firma
Izarra in Bayonne in zahlreiche Länder
verschifft. Herstellung und Pflege des
»Clés des Ducs« erfolgen in Panjas, im
Herzen der Region Bas-Armagnac.

Clés des Ducs zählt nicht nur in Frankreich, sondern auch auf den Exportmärkten zur absoluten Spitzengruppe.

Bekannt sind die Marken »V.S.O.P.«, »X.O.« und
»25 Ans«, jeweils mit 40% vol Alkohol.

Ducastaing In Vic-Fézensac, im Herzen der
Armagnac-Region, hat das Haus Ducastaing seinen
Sitz. Dieses kleine Unternehmen verwendet fast ausschließlich ausgesuchte Brände aus Bas-Armagnac
für seine Produkte. Besonderes Gewicht legt man
bei Ducastaing auf die Präsentation: Es werden
außergewöhnliche Flaschenformen verwendet; die
X.O.-Qualität »Bernard VII« ziert zum Beispiel ein

Etikett aus Pergament, alle Flaschen sind mit Wachs versiegelt, und jede trägt das goldstaubgeprägte Wappen der Familie. Die Marken des Hauses Ducastaing heißen »La Baise V.S.O.P.«, »Bernard VII X.O. / Duc d'Aquitaine Grande Réserve« (beide 40% vol), zudem werden mehrere Jahrgangsarmagnacs der 30er bis 70er Jahre angeboten.

B. Gelas & Fils Das Haus B. Gelas & Fils wurde 1865 von Baptiste Gelas gegründet. 1919 erwarb man zwei Destillerien im Château Martet in der Bas-Armagnac-Region. Die stets steigende Nachfrage führte zu ständiger Vergrößerung der Lagerbestände auf circa 500 000 Liter, und heute werden Gelas' Armagnacs in die ganze Welt versandt. Berühmt ist das Haus für die Qualitäten »Napoléon« und »X.O.« sowie den »Château Martet« mit Jahrgang. Außerdem werden bis zu hundert Jahre alte Jahrgänge angeboten.

Die Armagnacs von Gelas stammen nur aus der Bas-Armagnac-Region und zeichnen sich durch einen feinen Backpflaumenduft aus.

Goudoulin An der Grenze zwischen Bas-Armagnac und Ténarèze liegt die Gemeinde Courrensan. Zu ihr gehört die Domaine de Bigor, seit fünf Generationen Sitz der Familie Goudoulin. Das Haus

Jedem Jahrgangs-Armagnac liegt die Kopie einer handschriftlichen Erklärung der Familie Goudoulin über seine Echtheit bei.

Goudoulin ist als Hersteller hervorragender Armagnacs bekannt. In Deutschland sind von Goudoulin ein »Hors d'Âge«-Armagnac sowie über 70 Jahrgangsabfüllungen aus den Jahren 1893 bis 1987 erhältlich. Der Alkoholgehalt aller Sorten des Hauses Goudoulin beträgt 40% vol.

Janneau Seit fünf Generationen leiten Mitglieder der Familie die Firma. Dank seiner konsequenten Qualitätspolitik besitzt das Haus Janneau eine privilegierte Stellung unter den Armagnacproduzenten. Büros, Abfüllanlagen und Lagerhäuser befinden sich in Condom. Klassiker sind die Qualitäten »Tradition«, »V.S.O.P.« und der »X.O.«.

Laberdolive Das Haus Laberdolive in der Region Bas-Armagnac produziert seit über hundert Jahren Armagnacs von hervorragender Qualität. Gérard Laberdolive steht heute an der Spitze des Familienunternehmens. Er setzt die Tradition von Großvater

Guillaume und Vater Valéry konsequent fort. Laberdolive-Armagnac zählt zu den renommierten Marken, ältere Jahrgänge aus diesem Hause sind jedoch kaum mehr zu bekommen.

Marquis de Montesquiou Dieses alteingesessene Armagnac-Haus Marquis de Montesquiou bietet einige hervorragende, ausschließlich aus Weinen der Gebiete Bas-Armagnac und Ténarèze destillierte Armagnacs an. Die Marken »Monopole«, »Napoléon«, »X.O.«, »Hors d'Âge« und »Soleil Extra« haben 40% vol.

Die Ursprünge des Hauses Marquis de Montesquiou reichen bis ins 11. Jahrhundert zurück. Der Firmensitz ist heute in Eauze.

Samalens Im Jahr 1882 gründete Pierre Samalens sein Unternehmen im Bas-Armagnac. Sein Sohn übernahm die Firma und baute im Lauf von Jahrzehnten die Lager auf. Noch heute sind Armagnacs aus dieser frühen Zeit vorhanden. Bei den von Samalens verwendeten Weinen handelt es sich immer um ausgesuchte Gewächse. Folgende Marken werden angeboten: »V.S.O.P.«, »Hors d'Âge« und »X.O.« mit 40% vol, »Vieille Relique« mit 42% vol.

Bitter

itter sind Spirituosen mit vorherrschend bitterem Geschmack. Sie werden meist auf dem Weg der Mazeration, das heißt durch Auslaugung der aromatischen Grundstoffe (Kräuter, Beeren, Früchte und Fruchtschalen, Blüten, Samen, Wurzeln sowie Rinden) in Neutralalkohol hergestellt.

Die meisten Marken bereitet man bis heute nach alten, sorgsam gehüteten Rezepturen zu. Führende Herstellerländer sind Deutschland und Italien. Da die Sortenvielfalt bei den Bittern fast unüberschaubar ist und viele Zusatzbezeichnungen verwendet werden, lässt sich eine exakte Zuordnung oft nur schwer vornehmen: Die Palette der Namen reicht von Bitterlikör, Alpenbitter und Magenbitter über

Kräuterspezialität, Kräuterlikör, Kräuterlikör-Spezialität, Kräuterbitter und Kräuterhalbbitter bis hin zum Bitteraperitif. Auch die Kräuter- und Gewürzliköre sind nahe Verwandte der Bitter; sie zeichnen sich jedoch meist durch eine helle, klare Farbe und einen hohen Zuckergehalt aus. Dieser gibt auch einen Anhaltspunkt zur Unterscheidung: Bitterliköre müssen mindestens 100 Gramm Zucker pro Liter Fertigerzeugnis aufweisen, haben also im Gegensatz zum Bitter eine gewisse Süße. Der Alkoholgehalt beträgt nach EU-Recht mindestens 15% vol, liegt aber meist höher. Die einzige Ausnahme ist der Bitteraperitif »Aperol« (siehe Seite 53) mit 11% vol.

Nicht wenige Rezepte von Bittermarken wurden von Ärzten, Apothekern oder heilkundigen Klosterbrüdern entwickelt.

Die wichtigsten Marken

Angostura Der in jeder Bar unentbehrliche Aromatic-Bitter wird hauptsächlich aus Angelika, Chinarinde, Enzian, Galgant, Ingwer, Sandelholz, Muskatnuss, Macis, Nelken, Kardamom und Zimt hergestellt. Insgesamt bilden rund 40 Kräuterextrakte die

Basis – die exakte Komposition ist allerdings nach wie vor Firmengeheimnis. Ein deutscher Militärarzt, Dr. J.G.B. Siegert, erfand 1824 diesen würzigen Bitter, als er in Angostura, dem heutigen Ciudad Bolivar/Venezuela, arbeitete. Der einst als Heilmittel gedachte Bitter wurde weniger über die Apotheken als über die Bars verbreitet. Seit 1875 wird Angostura vom jetzigen Sitz der Brennerei in Trinidad versandt. Sein Alkoholgehalt beträgt 44% vol.

Averna Der führende unter den italienischen Halbbittern wird seit 1868, dem Gründungsjahr der Firma Fratelli Averna, in Caltanissetta/Sizilien hergestellt. Seine Würzmischung besteht aus 60 verschiedenen Zutaten, die bis zur Flaschenabfüllung in riesigen Holzfässern ruhen. »Averna« enthält 32% vol Alkohol.

Die bis heute geheim gebliebene Rezeptur des beliebten »Amaro Averna« erhielt einst Salvatore Averna von einem Mönch.

Boonekamp Der »Boonekamp« ist ein aromatischer, leicht süßlicher Bitter. Sein Name erinnert an einen niederländischen Apotheker, der Ende des 18. Jahrhunderts Magenbitter herstellte. Was ursprünglich eine reine Herkunftsbezeichnung war, ist im Lauf der Zeit zu einem nicht schützbaren Gattungsbegriff geworden. Auf dem deutschen Markt werden beispielsweise verschiedene Bitter unter der Bezeichnung »Boonekamp« angeboten. Die genaue Zusammenstellung des »Boonekamp« ist natürlich Herstellergeheimnis. Fast immer sind jedoch folgende Gewürze enthalten: Anis, Sternanis, Fenchel, Süßholz, Zitrone, Koriander, Zimt und Nelken. Für den Bittergeschmack sorgen Aloe, Bitterklee, Enzianwurzel, Tausendgüldenkraut und nicht zuletzt Wermutkraut; die brennend-warme Schärfe kommt von Galgant und Ingwer.

Eine wohltuende Wirkung wird allen Bitter-Getränken nachgesagt, da ihre Zutaten meist gesundheitsfördernde Substanzen enthalten.

Braulio Der Alpenbitter »Braulio« wird auch heute noch nach dem alten Rezept des Apothekers Francesco Peloni von 1875 in Bormio (Veltlin) hergestellt. Die wichtigsten Aromageber dieses Bitters, Kräuter wie Schafgarbe, Wermut, Enzian und Wacholder, sammeln bis heute fleißige Hände in der Umgebung des Braulio-Berges im Stilfserjochgebiet. Die getrockneten Pflanzenteile ziehen dann

30 Tage lang in Alkohol, anschließend lagert dieser wertvolle Extrakt zwei Jahre in alten Eichenfässern. Die Treue zum Originalrezept sowie wachsende Schwierigkeiten bei der Kräuterlese haben dazu geführt, dass der Alpenbitter »Braulio« jedes Jahr nur in begrenzter Menge hergestellt werden kann. Sein Alkoholgehalt beträgt 21% vol.

China Martini Die Rezeptur dieses Bitterlikörs wurde um 1880 von Martini & Rossi entwickelt. Neben der Chinarinde, die dem Likör eine starke und kräftige Bitternote verleiht, tragen noch weitere 35 natürliche Zutaten ihre Aroma- und Wirkstoffe bei. Der Alkoholgehalt beträgt 31% vol.

Cynar Das Außergewöhnliche an »Cynar« ist die Rezeptur: Er wird auf einer Basis von Artischockensäften und Kräutern hergestellt. Schon die alten Ägypter und Griechen tranken Artischockensaft und sagten ihm belebende Kräfte nach. Anfang der 50er Jahre entdeckte man in Mailand den Saft der Antike wieder und kreierte den »Cynar«. Der Name

In Laboratorien und Versuchsanbaugebieten untersuchen die italienischen Cynar-Hersteller die Wirkstoffe der Artischocken.

stammt vom botanischen Wort für Artischocke »Cynara Scolymus«. »Cynar« wurde lange Zeit vor allem mit Soda als Longdrink genossen, heute aber hauptsächlich – wie die anderen Bitteren – pur als Digestif getrunken.

Fernet-Branca In Italien gibt es mehrere Firmen, die Fernet herstellen. »Fernet-Branca«, einer der bekanntesten und beliebtesten Bitter der Welt, ist jedoch das Original. Benannt wurde er nach einem italienischen Arzt namens Fernet. Für diesen Bitter, der aus der 1845 in Mailand gegründeten Firma Fratelli Branca stammt, werden rund 40 aromatische Pflanzen und Heilkräuter verwendet. »Fernet-Branca« reift über ein Jahr lang in Eichenholzfässern, erst danach sind Kräuterextrakte und Alkohol ideal verbunden, und der Bitter kann in Flaschen abgefüllt werden. Berühmt ist auch der »Branca Menta«, der sich durch seinen Pfefferminzgeschmack auszeichnet. Während »Fernet-Branca« einen Alkoholgehalt von 42% vol aufweist, hat »Branca Menta« nur 40% vol.

Im 19. Jahrhundert galt »Fernet-Branca« nicht nur als Genussmittel, sondern wurde als Medizin von italienischen Ärzten verordnet.

Gammel Dansk Bitter Dram Dieser Bitter wird seit 1965 von Danish Distillers in Roskilde auf der dänischen Hauptinsel Seeland hergestellt. Die 29 verschiedenen Zutaten kommen von allen Kontinenten mit Ausnahme Australiens. Insgesamt werden für die jährliche Produktion von drei Millionen Flaschen 650 Tonnen Gewürze benötigt. Der Alkoholgehalt des »Gammel Dansk Bitter Dram« beträgt 38% vol.

Der bekannte Name »Gammel Dansk Bitter Dram« bedeutet wörtlich übersetzt: »alter dänischer Bittertrunk«.

Jägermeister Deutschlands meistgetrunkener Kräuterlikör schmeckt herb-würzig und wird aus 56 verschiedenen Kräutern, Wurzeln und Früchten von der Firma Mast in Wolfenbüttel hergestellt. Er enthält 35% vol Alkohol.

Karlsbader Becher Die Heimat dieser hellen, feinbitteren Kräuterlikör-Spezialität ist der Kur- und Heilort Karlsbad in Böhmen. Im Jahr 1807 begann der Apotheker Johann Becher mit der Herstellung einer »Magenmedizin« nach der Rezeptur des englischen Kurarztes Dr. Frobrige, die bis heute nicht verändert wurde.

Die Grundlage bilden natürliche Kräuterextrakte und die Heilwasser von Karlsbad. Nach dreimonatiger Reifung in Eichenfässern wird der »Karlsbader Becher« in seine markanten grünen Flaschen abgefüllt. Man trinkt ihn bevorzugt gut gekühlt.

Orangenbitter Bei diesem Bitter handelt es sich um einen Extrakt aus den Schalen unreifer Pomeranzen, die auf der Insel Curaçao wachsen. Orangenbitter wird zur Abrundung und Verfeinerung von Mixgetränken verwendet. Den bekanntesten Orangenbitter stellt die Firma Bols her.

Ramazzotti Die Geschichte des Kräuterlikörs »Amaro Ramazzotti« beginnt mit Ausano Ramazzotti. Er kombinierte die verschiedensten Kräuter und Gewürze mit dem Ziel, einen besonders bekömmlichen, wohlschmeckenden Kräftigungs- und Verdauungstrunk herzustellen. 1815 war es soweit: Nach Jahren des Experimentierens fand er die fein abgestimmte Würz- und Kräutermischung für den »Amaro Ramazzotti«.

»Amaro Ramazzotti« zählt heute zu den bekanntesten Kräuterlikören und wird in über 50 Länder exportiert.

1956 wurde im Nordwesten Mailands eine neue Brennerei eröffnet; der heutige Betrieb – zwischen 1969 und 1971 errichtet – ist einer der modernsten und leistungsfähigsten seiner Art. Er erstreckt sich vor den Toren Mailands auf einem 120 000 Quadratmeter großen Areal. »Ramazzotti« wird in über 50 Länder exportiert. Außer »Amaro Ramazzotti« (30% vol) bietet das Unternehmen »Amaretto Ramazzotti« (28% vol), »Sambuca Ramazzotti« (40% vol) und den Grappa »Fior di Vite« (40% vol) an.

Die 33 verschiedenen Zutaten des »Amaro Ramazzotti« kommen aus Nordeuropa, Asien, Afrika und Südamerika.

Russischer Kräuter-Balsam Die Kräuter russischer Steppen und Tundren verleihen diesem legendären Halbbitter seinen besonderen Charakter und seine Originalität: Unter anderem zählen Birkenknospen, Myrtenspitzen, Rosenöl, Enzian, Thymian und Kalmus zu den Inhaltsstoffen. Der Alkoholgehalt des »Russischen Kräuter-Balsams« beträgt 38% vol.

Sechsämtertropfen Sechs Gemeinden, früher als Ämter bezeichnet, gaben der Landschaft im Fichtelgebirge im nordöstlichen Bayern bereits im 17. Jahrhundert den Namen Sechsämterland. Danach benannte Gottlieb Vetter seinen würzigen Halbbitter, den er 1895 erstmals herstellte. Heute zählt der »Sechsämtertropfen« – mit einem Alkoholgehalt von 33% vol – zu den großen deutschen Bittermarken. Seit 1997 befindet sich die Firma im Besitz des Flensburger Spirituosenriesen Dethleffsen.

Stonsdorfer 1810 bereitete Christian Gottlieb Koerner nach einem alten Rezept, das heute noch verwendet wird, den ersten »Echt Stonsdorfer« in Stonsdorf im Riesengebirge. 1945 mussten seine Nachkommen den Familienbesitz verlassen; sie errichteten nach mehreren Stationen schließlich die neue Stonsdorferei in Norderstedt bei Hamburg. Seit 1997 ist die Firma ebenfalls im Besitz des Spirituosenherstellers Dethleffsen. Der Saft der Waldheidelbeere verleiht »Echt Stonsdorfer« den fruchtig-frischen Geschmack, der durch das Aroma von 43 Gebirgskräutern fein abgerundet wird. »Echt Stonsdorfer« enthält 32% vol Alkohol.

Unter den Kräuterhalbbittern ist der »Echt Stonsdorfer« der einzige, der auf der Basis von Fruchtsaft hergestellt wird.

Underberg In Rheinberg am Niederrhein fand 1846 Hubert Underberg das Rezept für seinen welt-berühmten Bitter. Die Nachkommen des Gründers leiten das Unternehmen bis heute. Aus 43 verschie-denen Ländern stammende Kräuter bilden die Basis des »Underberg«. Sie werden in reinstem Alkohol mehrere Wochen warm mazeriert und geben dabei ihre Aromastoffe ab. Das auf-wändige Produktionsverfahren endet in einem langen Reifeprozess in Eichenholz-fässern. Diese Lagerzeit bringt die Wirkstoffe der Kräuter zur vollen Entfaltung. Der Alkoholgehalt des fertigen Bitters beträgt 44% vol.

Von den in Strohpapier eingeschlagenen Portionsfläschchen des »Underberg« werden täglich ungefähr eine Million Stück abgefüllt.

Zwack Unicum Die Firma Zwack wurde 1840 in Budapest vom kaiserlichen Leibarzt Dr. Zwack gegründet. Bis vor dem Ersten Weltkrieg war die Firma der bedeutendste Spirituosenhersteller in Osteuropa, deren bei weitem bekanntestes Pro-dukt, der Magenbitter »Unicum«, aus über 40 Kräu-tern und Wurzeln besteht. Nach dem Zweiten Welt-krieg flohen die Familienmitglieder unter teilweise

abenteuerlichen Umständen nach Italien, wo die
Produktion nach dem Originalrezept wieder anlief.
In Ungarn wurde ebenfalls »Unicum« **Berühmt wurde Zwack**
produziert, er erreichte jedoch nie die **durch den Magenbitter**
»Unicum«, der 1790 von
Qualität des Originals. Seit dem Fall des **Dr. Zwack, dem Leibarzt**
Kaiser Josephs II., erfun-
Eisernen Vorhangs sitzt die Firma Zwack **den worden war.**
nun wieder in Budapest. Der bittere Kräuterlikör
»Unicum« hat 42% vol Alkohol und zählt zu den
kräftigeren Bittergetränken.

Weitere bekannte Marken
unter den Bittergetränken:

»Appenzeller Alpenbitter«, Schweiz, 29% vol

»Ettaler Magenbitter«, Deutschland, 45% vol

»Fernet«, Prodotto d'Italia, Bitter, 42% vol

»Fernet menta«, Prodotto d'Italia, Bitterlikör, 40% vol

»Amaro Montenegro«, Italien, 27% vol

»Wunderlich Rossbacher Kräuterlikör«,

Österreich, 32% vol

»Wunderlich Bitter«, Österreich, 38% vol

Bitteraperitif

Zwei Merkmale unterscheiden die Bitteraperitifs von den Bittern: sowohl der geringe Alkoholgehalt als auch die Art, sie zu trinken. Man genießt sie nicht pur, sondern verlängert sie mit Sodawasser, Tonic Water, Sekt oder Fruchtsäften. Diese Eigenschaften machen sie zu außerordentlich beliebten Getränken, die sich ideal zur Einstimmung auf eine Mahlzeit und für heiße Sommertage eignen. Im Gegensatz zu den Bittern werden sie auch vielfach zum Mixen verwendet. Die Anzahl der angebotenen Marken ist zwar im Verhältnis zur Vielfalt der Bitter eher klein, ihre Bedeutung jedoch international. Dass Italien das Land der Bitteraperitifs ist, sieht man ganz deutlich an der Herkunft der großen Marken.

Die wichtigsten Marken

Aperol Dieser italienische Klassiker kommt aus Padua, wo Giuseppe Barbieri 1880 eine Likörfirma gründete. 1919 stellten seine Söhne den »Aperol« vor. Der Aperitif mit nur 11% vol Alkohol, hergestellt aus Rhabarber, Chinarinde, Enzian, Bitterorangen, aromatischen Kräutern und reinstem Alkohol, ist seither ein fester Bestandteil der Aperitifkultur.

Campari Der weltberühmte »Campari« (25% vol) wurde 1862 in Mailand von Gaspare Campari erstmals vorgestellt. Mit ihm mixt man international bekannte Aperitif-Rezepte. Bei dem mit Abstand beliebtesten Campari-Drink, dem Campari-Soda, sollte man auf die Zugabe einer Zitronenscheibe verzichten und stattdessen eine Orangenscheibe verwenden.

Campari-Soda gibt es auch fertig gemischt mit 10% vol in kleinen Flaschen. Man trinkt ihn eisgekühlt ohne weitere Zutaten.

Suze Seit 1889 gibt es »Suze«, den französischen Bitter aus dem Zentralmassiv auf der Basis der Enzianwurzel. Deren Extrakte werden mit alkoholischen Auszügen aus weiteren Kräutern verarbeitet. Der leichte, gelbliche »Suze« enthält 16% vol Alkohol.

Americano

3 cl Campari
Bitter

3 cl Vermouth
Rosso

Orange

kaltes Soda-
wasser

weltbekannter Campari-Aperitif

In ein kleines *Becherglas* mit Eiswürfeln
geben. Mit Orangenschale abspritzen
und diese dazugeben. Sodawasser dazu
separat servieren.

Negroni

2 cl Campari
Bitter

2 cl Vermouth
Rosso

2 cl Gin

Orange

kaltes Soda-
wasser

verstärkte Americano-Version

In ein kleines *Becherglas* mit Eiswürfeln
geben. Mit Orangenschale abspritzen
und diese dazugeben. Sodawasser dazu
separat servieren.

Campari Orange

4 cl Campari
Bitter

Orangensaft

Orange

Campari-Drink für jede Gelegenheit

In ein großes *Becherglas* mit Eiswürfeln
geben, mit Orangensaft auffüllen. Eine
halbe Orangenscheibe dazugeben.

Aperol Sour

leichter Drink für den Nachmittag

Im *Shaker* mit Eiswürfeln schütteln, in ein Sourglas abgießen. Spieß mit Cocktailkirsche und halber Orangenscheibe über den Glasrand legen.

5 cl Aperol
2 cl Zitronensaft
2 cl Orangensaft
1 cl Zuckersirup
Cocktailkirsche
Orange

Donatello

aromatischer Bitteraperitif

Im *Rührglas* mit Eiswürfeln verrühren und in ein Cocktailglas abgießen. Mit einer Orangenschale abspritzen und diese dazugeben.

4 cl Aperol
2 cl Wodka
1 cl Carpano Punt e Mes
Orange

Valentino

Aperitif für den Abend

Im *Rührglas* mit Eiswürfeln verrühren, ins Cocktailglas abgießen. Eine Cocktailkirsche dazugeben.

2 cl Aperol
2 cl Vermouth Dry
2 cl Gin
1 cl Rose's Lime Juice
Cocktailkirsche

Camparissimo

2 cl **Campari Bitter**
I cl **Gin**
2 cl **Cointreau**
6 cl **Orangensaft**
Kiwi
Cocktailkirsche

feinherber Drink für den Nachmittag

Im *Shaker* mit Eiswürfeln schütteln und in eine Cocktailschale abgießen. Mit einer Kiwischeibe und einer Cocktailkirsche garnieren.

Rosanna

3 cl **Campari Bitter**
I cl **Cointreau**
4 cl **Orangensaft**
kalter Sekt oder Champagner
Erdbeere

spritziger Aperitif für den Sommerabend

Im *Shaker* mit Eiswürfeln schütteln, in Champagnertulpe abgießen. Mit Sekt oder Champagner auffüllen. Eine Erdbeere an den Glasrand stecken.

Campari Blossom

4 cl **Campari Bitter**
4 cl **Orangensaft**
kalter Sekt oder Champagner
Orange

Bitteraperitif für die Party

In ein Longdrinkglas mit Eiswürfeln geben, mit Sekt oder Champagner auffüllen. Mit Orangenscheibe garnieren.

Aperol Royal

leichter Partyaperitif

In einen Sektkelch einen Eiswürfel und Aperol geben. Mit Sekt oder Champagner auffüllen und eine halbe Orangenscheibe dazugeben.

4 cl Aperol
kalter Sekt oder Champagner
Orange

Italian Gipsy

Bitteraperitif für die Party

In ein Longdrinkglas mit Eiswürfeln geben und mit Sekt oder Champagner auffüllen. Eine Erdbeere an den Glasrand stecken.

4 cl Aperol
4 cl Orangen- oder Grapefruitsaft
kalter Sekt oder Champagner
Erdbeere

Florida

Longdrink für heiße Sommertage

In ein Longdrinkglas mit Eiswürfeln geben, mit Tonic Water auffüllen. Zitronenscheibe an den Glasrand stecken.

4 cl Aperol
4 cl Grapefruitsaft
kaltes Tonic Water
Zitrone

*D*ie internationale (englische) Bezeichnung für Weinbrand ist Brandy. Jedes Wein herstellende Land destilliert in der Regel auch einen Teil seiner Produktion. In Deutschland hat das Weinbrennen lange Tradition (siehe Seite 456ff.). Das bekannteste Herstellerland ist aber ohne Zweifel Frankreich mit seinen weltberühmten Weindestillaten Cognac und Armagnac (siehe Seite 114ff. und Seite 30ff.). Diese Namen dürfen nur Produkte tragen, die aus genau abgegrenzten Regionen kommen und sehr präzise festgelegten Bestimmungen entsprechen. Andere französische Weindestillate heißen »Eau-de-Vie-de-Vin« oder werden nach der jeweiligen Region benannt, aus der sie stammen.

Für den Namen Brandy aber stehen die Länder Spanien und Italien. In Markenvielfalt und Qualität ist Spanien absolut führend: Das Angebot reicht von einfacheren Bränden bis zu exzellenten, lange gelagerten Spitzenqualitäten. Spanische Brandys entstehen im so genannten Solera-Verfahren (siehe Seite 417); man unterteilt sie in drei Güteklassen: Die Angabe »Solera« bedeutet eine Reifezeit von 18 Monaten, »Solera Reserva« reift drei Jahre und »Solera Gran Reserva« acht Jahre. Diese Mindestreifezeiten werden jedoch meist weit überschritten. Spanischer Brandy stammt fast ausschließlich von den großen Sherryhäusern in der Region Jerez. Außerhalb Andalusiens gibt es noch eine Produktion in Katalonien.

Beim so genannten Solera-Verfahren werden unterschiedlich lang gereifte Destillate regelmäßig miteinander vermischt.

Die griechischen Erzeugnisse sind in der Regel keine Brandys, weil den Weindestillaten Wein, Alkohol und Aromastoffe zugesetzt werden. Aufgrund der nahen Verwandtschaft mit den Brandys werden sie dennoch oft bei diesen aufgeführt. Der Mindestalkoholgehalt beträgt bei den Brandys 36% vol.

Die wichtigsten Marken

Bobadilla Zu den bekanntesten Spirituosen in Spanien zählt »Bobadilla 103«, der sich durch seinen hellen Farbton von allen anderen unterscheidet. Den Namen erhielt er von der ersten, im Jahr 1903 angelegten Solera. Das große Sherry- und Brandyhaus Bobadilla bietet neben dem »Solera Brandy 103« mit 36% vol. den »Bobadilla 103 Etiqueta Negra Solera Reserva« mit 37% vol und in limitierter Menge die Spitzenmarke »Gran Capitán Solera Especial Reserva« mit 40% vol Alkoholgehalt an.

Für die Brandyqualität »Gran Capitán Solera Especial Reserva« wurden die Soleras bereits um die Jahrhundertwende herum angelegt.

Cardenal Mendoza Im Jahr 1781 wurde das Sherryhaus Sanchez Romate in Jerez de la Frontera gegründet. 1887 begann man mit einer kleinen Brandyproduktion. Im Lauf der Zeit wurde dieser Brandy wegen seiner außerordentlichen Qualität und Reife berühmt. Erst Jahre später kam er unter seinem jetzigen Namen auf den Markt. Heute zählt »Cardenal Mendoza« zu den absoluten Spitzenprodukten. Sein Alkoholgehalt beträgt 45% vol.

Carlos I. »Carlos I.« (Primero), ein voller, weicher und sehr lange gereifter Solera Gran Reserva Brandy, ist die Spitzenmarke des Hauses Domecq. Der erfolgreichste Premium-Brandy Spaniens wird seit 1922 hergestellt und hat 40% vol Alkohol.

Fundador Das weltbekannte Sherry- und Brandyhaus Domecq in Jerez de la Frontera stellt Spaniens älteste Brandymarke her, den »Fundador«. Der »Gründer«, wie Fundador wörtlich übersetzt heißt, wird seit 1874 produziert und ist heute nicht nur die traditionsreichste, sondern auch die meistverkaufte Marke unter den spanischen Brandys. »Fundador Solera Reserva« wird mit 38% vol Alkohol angeboten.

Der Erfolg des spanischen Brandys begann mit der Verstärkung von Sherryweinen mit Destillaten, um diese »reisefest« zu machen.

Gran Duque d'Alba Der »Gran Duque d'Alba Brandy de Luxe Gran Reserva« gilt als einer der besten spanischen Brandys. Das berühmte Sherryhaus Williams & Humbert besitzt heute das Patronat über die Marke, die Solera des Gran Duque d'Alba wurde jedoch bereits 1890 angelegt. Das Besondere an diesem Brandy ist sein Herstellungsverfahren: Da jedem Fass immer nur ein Drittel seines Inhalts entnommen wird, sind in der hier angewandten zwölfstufigen Solera (im Gegensatz zur sonst meist nur vierstufigen) alle Jahrgänge seit 1890 zumindest in Spuren noch enthalten. Namensgeber für diesen außergewöhnlichen Brandy mit einem Alkoholgehalt von 40% vol waren die Großherzöge von Alba.

Lepanto Die Brandy-Spitzenmarke des weltbekannten Sherry- und Brandyhauses Gonzalez Byass in Jerez de la Frontera wird nach einer Reifezeit von mindestens 15 Jahren in exquisite Glaskaraffen abgefüllt, wobei jeder Glaskaraffe ein Glasstöpsel beiliegt, mit dem sich der Originalverschluss ersetzen lässt. »Lepanto Solera Gran Reserva« weist einen Alkoholgehalt von 40% vol auf.

Der Name Lepanto erinnert an die berühmte Seeschlacht von 1571, in der eine spanisch-venezianische Flotte die Türken besiegte.

Metaxa Die international bekannteste griechische Spirituose, »Metaxa«, wurde 1888 erstmals vorgestellt. »Metaxa« wird unter Zusatz von Weinalkohol und Aromastoffen komponiert. Die verschiedenen Qualitäten unterscheiden sich deutlich in Geschmack und Charakter. »Metaxa« gibt es als »Classic« mit fünf Sternen (38% vol Alkohol), als »Golden Amphora« mit sieben Sternen (40% vol Alkohol), als »Grand Olympian Reserve« (40% vol) in einem original griechischen Porzellankrug und als »Centenary« (40% vol). Dieser wird in einer blauen Flasche mit einem Dekor aus 18-karätigem Gold angeboten.

»Metaxa« darf aufgrund seiner Herstellungsart nur die Bezeichnung griechische Spirituosenspezialität, nicht jedoch Brandy führen.

Osborne Das Sherryhaus Osborne in Puerto de Santa María ist eine der ältesten und angesehensten Firmen Andalusiens, zudem weltbekannt durch den schwarzen Stier als Symbol. Das Unternehmen – 1772 von dem Engländer Thomas Osborne gegründet – befindet sich bis heute in Familienbesitz und bietet vier Qualitäten an: Die Standardmarke »Veterano Solera« mit 36% vol, »Magno Solera Reserva« mit 37% vol, »Independencia Solera Gran Reserva« mit 40,5% vol und »Conde de Osborne Solera Gran Reserva« mit 40,5% vol, in einer von Salvador Dalí entworfenen weißen Porzellanflasche.

Sandeman Capa Negra Die Firma Sandeman, eine der Großen im Sherry- und Portweingeschäft, ist englischen Ursprungs. Sie besitzt riesige Bodegas in Jerez de la Frontera, in denen ihre weltbekannten Sherrys lagern. Nach dem Symbol des Hauses, einer Figur mit langem schwarzem Umhang, der Capa Negra, wurde der Brandy de Jerez – ein Solera – »Sandeman Capa Negra« genannt. Sein Alkoholgehalt beträgt 36% vol.

Señor Lustau Das Haus Emilio Lustau in Jerez de la Frontera wurde 1895 gegründet und zählt zu den wenigen unabhängigen Firmen in Familienbesitz.

Die Lustau-Bodega umfasst einen Teil einer Stadtmauer aus arabischer Zeit. In ihr lagern mehr als 20 000 Fässer Sherry und Brandy. Das Unternehmen ist für seine Sherry-Spezialitäten berühmt, doch auch die Brandys von Lustau – ein Solera Reserva und ein Solera Gran Reserva – zeichnen sich durch außergewöhnliche Qualität aus. Beide werden lange über die vorgeschriebene Reifezeit hinaus gelagert und haben 40% vol Alkoholgehalt.

Stock 1884 gründete Lionello Stock in Triest eine Weinbrennerei. Später wurde dem Sortiment eine

Vielzahl von Likören, Vermouth und der berühmte »Grappa Julia« hinzugefügt. 1996 erwarb der deutsche Spirituosen- und Getränkeriese Eckes das Unternehmen. Der bekannteste Brandy von Stock, der über sechs Jahre gereifte »Stock 84/6 Anni«, enthält 38% vol Alkohol.

Torres Das Weinhaus Torres stellt einige seiner Marken nach dem Solera-Verfahren, einige nach der Charentaiser-, also nach der Cognacmethode her. Alle Qualitäten sind entsprechend ihrer Alterungsstufen dem Brandy de Jerez durchaus ebenbürtig, weisen aufgrund der Verwendung anderer Weine und der Verschiedenheit der Region aber doch Unterschiede zu den weiter südlich hergestellten Brandys auf.

Bekanntester spanischer Brandyproduzent außerhalb der Sherryregion ist das Weinhaus Torres im katalonischen Penedésgebiet.

Vecchia Romagna Die größte Brandymarke Italiens ist der »Vecchia Romagna«. Sie bietet drei Qualitäten an: Die Standardmarke »Etichetta Nera« mit 38% vol, die De-Luxe-Qualität »Etichetta Oro« und die 15 Jahre gereifte Spitzenmarke »Riserva Rara«, beide mit einem Alkoholgehalt von 40% vol.

Cachaça

Cachaça (sprich: Kaschassa), die Nationalspirituose Brasiliens, steht in der Beliebtheitsskala bei den weißen Spirituosen in Deutschland ganz oben.

Cachaça ist ein Destillat aus frischem grünem Zuckerrohr – nicht zu verwechseln mit dem Rum, der ja aus den Rückständen bei der Zuckergewinnung, der Melasse, hergestellt wird. Unterstützt wurde der Siegeszug des Cachaça durch die seit den achtziger Jahren ständige Verfügbarkeit von Limetten. Damit war der Weg frei für den erfolgreichsten Drink der neunziger Jahre, den Caipirinha. Cachaça wird in der Regel wasserhell, vereinzelt aber auch durch Fasslagerung golden getönt, angeboten. Der Alkoholgehalt der meisten Marken liegt zwischen

39 und 43% vol. Außer für den Caipirinha bildet Cachaça eine gute Basis für Longdrinks mit Fruchtsäften; darüber hinaus eignet er sich zum Mischen mit Tonic Water und Bitter Lemon.

Die wichtigsten Marken

Berro d'Agua »Berro d'Agua« (Schrei des Wassers), eine international bekannte Marke mit einem Alkoholgehalt von 40% vol, wird seit 1993 auch in Deutschland angeboten.

Cachaça 51 »Cachaça 51«, die berühmteste und angesehenste Cachaça-Marke, kommt aus Pirassununga im Staat São Paulo. Er wird seit 1996 nach Deutschland exportiert und hat einen Alkoholgehalt von 40% vol.

Caipirinha, ein Drink aus Cachaça, Limetten und Zucker (Rezept siehe Seite 69) ist derzeit in vielen Bars besonders beliebt.

Cachaça de Carice Benannt nach seiner Herkunft, der Region Carice, ist dieser Cachaça (Alkoholgehalt 43% vol) seit 1986 auch bei uns erhältlich. Er trug viel zum Aufschwung dieser Spirituose bei.

Nêga Fulô Die renommierte Brennerei Nêga Fulô im Staat Rio bietet ihren gleichnamigen Ca-

chaça – Alkoholgehalt 41,5% vol – in mit Zuckerrohrfasern umflochtenen Flaschen an. Mit einem
geringfügig niedrigeren Alkoholgehalt (40% vol) wird
die gleiche Qualität unter dem Namen »Cana-Rio«
auch in eine tiefblaue Facettenflasche abgefüllt.

Pandero Das brasilianische Rhythmusinstrument
Pandero war Namensgeber für diesen Cachaça, der
1993 auf dem deutschen Markt eingeführt wurde.
Sein Alkoholgehalt beträgt 40% vol.

Pitú »Pitú« wurde bereits in den fünfziger Jahren
von der Münchner Firma Riemerschmid nach
Deutschland importiert. Nach einem langen Schat-
tendasein als unbeachteter »Exote« war
»Pitú« zu Beginn der Caipirinha-Welle
verfügbar und belegt seither den ersten
Platz in der Hitliste der Cachaça in
Deutschland. »Pitú« wird wasserhell und durch
Fasslagerung golden getönt mit 41% vol angeboten.

Ypióca »Ypióca« wird ebenfalls als »Crystal« und
als »Gold« mit 39% vol Alkohol angeboten. »Ypióca«-Flaschen sind mit Zuckerrohrfasern umflochten.

Die brasilianischen Nationalgetränke, die »Batidas«, werden aus Cachaça, Zucker, Eis und Früchten oder Fruchtsäften gemixt.

Caipirinha

süßsaurer Klassiker aus Brasilien

In einem Tumbler Limettenviertel mit Holzstößel ausdrücken. Cachaça und Zucker zugeben, umrühren. Auffüllen mit crushed ice, nochmals umrühren.

1–2 Limetten
6 cl Cachaça
1–2 cl Rohrzuckersirup oder weißer/brauner Rohrzucker

Batida de Mel

aromatische Caipirinha-Variante

In einem Tumbler Limettenviertel mit Holzstößel ausdrücken. Cachaça, Lime Juice und Honig dazugeben, umrühren. Mit crushed ice füllen, gut umrühren.

1–2 Limetten
6 cl Cachaça
6 cl Rose's Lime Juice
1 Barlöffel Honig

Brasilian Macho

Longdrink für die Sommerparty

Eiswürfel in Glas geben. Limettenviertel auspressen und dazugeben. Cachaça dazugießen, mit Ginger Ale auffüllen.

1 Limette
6 cl Cachaça
kaltes Ginger Ale

Calvados

eim Calvados handelt es sich um einen Apfelbrand aus Frankreich. In seiner Heimat, der Normandie, pressen die Bauern schon seit Menschenge-
denken Saft aus ihren Äpfeln und lassen ihn
zunächst zu Most, dem bekannten Cidre, und dann
zu Wein vergären. Die ersten Anordnungen über
Anpflanzung und Pflege der Apfelbäume und zur
Herstellung von Apfelwein stammen bereits aus der
Zeit Karls des Großen. Der Apfelbrand wird erstmals 1553 erwähnt: Ein adeliger Landwirt in der
Normandie hatte ihn destilliert. Während der
Regierungszeit Heinrichs IV. (1589–1610) existierte
bereits eine Genossenschaft der normannischen
Branntweinhersteller mit entsprechenden Brenn-

vorschriften. Calvados heißt der Apfelbrand erst seit dem 19. Jahrhundert – nach dem Département, aus dem ein Teil der Calvadosproduktion kommt. Entsprechend einem Gesetz von 1942 dürfen sich nur die Apfelbrände Calvados nennen, die aus einem genau abgegrenzten Gebiet der Normandie stammen und nach bestimmten Destilliermethoden gebrannt worden sind. Man unterscheidet zwei Arten:

1. Der Calvados mit gesetzlich geregelter Herkunftsbezeichnung (Appellation Calvados contrôlée) kommt aus den Gebieten Calvados, Cotentin, Avranchin, Mortainais, Domfrontais, Vallée de l'Orne, Pays du Merlerault, Pays de la Risle, Pays de Bray und Perche.

Vermutlich seit dem frühen Mittelalter brennen die Bauern der Normandie und der Bretagne Apfel- und Birnenweine.

2. Der Calvados mit kontrollierter Ursprungsbezeichnung (Appellation Calvados du Pays d'Auge contrôlée) kommt aus dem Pays d'Auge, einem kleinen Gebiet im Herzen von Calvados, und unterliegt besonders strengen Kontrollen. Dieser Calvados darf nur aus Apfelweinen gebrannt werden, die ebenfalls aus dem Pays d'Auge stammen.

Reife, zerkleinerte Früchte liefern den Most, aus dem die Calvadosbrennweine gemacht werden. Der Most gärt mindestens einen Monat lang auf natürliche Weise und lagert dann bis zur weiteren Verarbeitung in Riesenfässern. Gute Calvadoshersteller verwenden meist ein bis zwei Jahre alte

Calvados trägt wie Armagnac einen international geschützten Namen, der nur Bränden aus den genannten Gebieten erlaubt ist. Apfelweine in ganz bestimmten Mischungen. Gebrannt wird auf zwei verschiedene Arten, die Methode richtet sich nach der Art des Calvados. Im Pays d'Auge ist die Destillation nach der Charente-Methode vorgeschrieben, bei der man in kleinen Brennblasen in zwei Phasen destilliert. Zuerst wird das »kleine Destillat« und daraus dann der Apfelbrand gewonnen. Außerhalb des Pays d'Auge, also für Calvados mit Appellation Calvados contrôlée, wird in kontinuierlichen Brennanlagen, ebenfalls mit strengen Qualitätsauflagen, destilliert. Bei beiden Methoden erhält man nach dem Brennen eine wasserhelle Flüssigkeit mit hohem Alkoholgehalt (68 bis eigentlich 72% vol), die immer noch weit entfernt ist von dem, was einen richtigen Calvados ausmacht. Charakter bekommt dieser erst durch die Lagerung in Eichenholzfässern. Im Lauf der Jahre wird das Destillat bernsteinfarben und verliert an Alkohol. Nach einiger Lagerzeit verfeinert man den Calvados, indem man aufeinander abgestimmte Destillate verschiedenen Alters nach uralten, überlieferten Rezepten miteinander vermischt. Erst diese Cuvées garantieren ein Produkt von über Jahre hinweg gleichmäßiger Qualität.

Für Calvados ist eine einjährige Lagerzeit im Eichenholzfass gesetzlich vorgeschrieben. Ein guter Calvados hat aber mindestens drei Jahre im Fass verbracht. Für die Altersangabe auf der Flasche ist immer das jüngste verwendete Destillat entscheidend. Die Alterung des Calvados wird durch das »Bureau National du Calvados« überwacht. Es gibt eine Einteilung in Alterskonten (ähnlich wie bei Cognac und Armagnac), Stichtag für den Wechsel des Kontos ist jeweils der 1. Oktober eines Jahres.

Erst die Vermischung, die »Mariage«, mit anderen – auch älteren – Destillaten verleiht dem jeweiligen Calvados seinen Charakter.

Im Handel erhältlich sind auch Jahrgangscalvados. Das Gesetz erlaubt allerdings nur denjenigen Firmen den Vertrieb von Jahrgangscalvados, die in der Lage sind, die einzelnen Jahrgänge, die sie auf den Etiketten anzeigen, exakt nachzuweisen. Zu diesem Zweck muss jeder Anbieter von Jahrgängen diese gegenüber dem »Bureau National du Calvados« erklären, und zwar vor dem Verkauf des Jahrgangs. Jedes dieser Häuser muss den Nachweis durch eine gesonderte Buchhaltung führen können sowie durch getrennte Lagerung und durch regelmäßige Abgangsmeldungen und Angabe der Lagervorräte.

Für Calvados gilt in der Regel: je jünger, desto intensiver ist der Apfelgeschmack, je älter, desto weicher und runder. Das Gleiche gilt für Altersangaben wie »zehn Jahre alt«, »15 Jahre alt«, »25 Jahre alt«. Die meisten Hersteller lagern ihren Calvados in Fässern mit einem Fassungsvermögen bis zu 10 000 Liter. Für das junge Destillat werden vornehmlich neue Eichenholzfässer verwendet, mit zunehmendem Alter wird der Calvados in ältere Fässer umgefüllt. Der Mindestalkoholgehalt von Calvados beträgt 40% vol.

Die wichtigsten Marken

Boulard Das Familienunternehmen Boulard wurde 1825 gegründet. Die Destille befindet sich in Coquainvilliers bei Pont-l'Evêque, inmitten der Region Pays d'Auge. Boulard gilt als einer der renommiertesten Hersteller und gehört heute zu den größten Exporteuren von Pays-d'Auge-Qualitäten.

Die berühmten Marken heißen »Fine Calvados« (40% vol), »Grande Fine Calvados Pays d'Auge« (40% vol), »Très Grande Fine Calvados Hors d'Âge Pays d'Auge« (43% vol), »Très Grande Fine Calvados Vintage Pays d'Auge« – von diesen alten Raritäten werden immer mehrere 20- bis 25-jährige Abfüllungen angeboten.

Das Haus Boulard – immer noch in Familienbesitz – verfolgt bis heute den hohen Qualitätsstandard des Gründers Pierre Boulard.

Busnel Busnel ist das älteste Calvadoshaus Frankreichs. Es besteht seit 1820 und hat seinen Firmensitz in Cormeilles, im Herzen des Pays d'Auge. Heute gehört Busnel zum Spirituosenkonzern Pernod-Ricard. Angeboten werden ein »Vieille Reserve V.S.O.P. Pays d'Auge« mit 40% vol und ein »Hors d'Âge Pays d'Auge« mit 43% vol.

Château du Breuil Inmitten der Pays-d'Auge-Region liegt das um 1300 erbaute Château du Breuil. Die dort produzierende Destille bietet Cal-

Alle Arbeiten, von der Destillation bis zur Abfüllung werden noch heute in dem Familienbetrieb des Châteaus vorgenommen.

vados in hervorragender Qualität in mit Kordeln umwickelten und versiegelten Flaschen an. Die Marken heißen »Réserve de Château Hors d'Âge Pays d'Auge« (40% vol), »Réserve de Seigneurs Pays d'Auge« (41% vol), »Brizouard Hors d'Âge Appellation Calvados Contrôlée 15 Ans« (41% vol).

Dauphin Einer der größten Calvadosproduzenten ist die Distillerie Normande du Calvados Dauphin in Coquainvilliers in der Pays-d'Auge-Region.

Sie stellt folgende Marken her: »Grande Fine Calvados Pays d'Auge«, »Vieille Réserve du Dauphin Pays d'Auge«, »Hors d'Âge Très Vieille Fine Calvados Pays d'Auge«, alle mit 40% vol.

Gilbert Das Haus Gilbert wurde 1937 gegründet und bietet die Qualitäten »Carte Verte«, »Pays d'Auge Réserve« und den in eine kunstvolle Karaffe abgefüllten »X.O.« an, alle mit 40% vol.

Marquis d'Aguesseau 1969 erwarb der heutige Besitzer das alte Château in der Region Pays d'Auge, in dem schon vor Jahrhunderten Apfelweine destilliert wurden. 1981, nach Schaffung von genügend Reserven, begann man unter dem Namen eines früheren Besitzers mit dem Calvadoshandel. Es werden drei Qualitäten mit jeweils 40% vol Alkohol angeboten: »Jules Pommier«, ein junger, frischer Calvados, »Vieille Fine Calvados Pays d'Auge« und »Grande Fine Calvados 10 Ans d'Âge Pays d'Auge«.

Morin Das 1889 gegründete Haus begann mit der Herstellung von Calvados in einem kleinen Dorf im Département Eure. 1950 verlegte man die Bestände in den Keller der Abbaye Thélème, 80 Kilometer westlich von Paris. Dieses uralte Anwesen verfügt über tief gelegene, lange Keller, mit einer Temperatur von zwölf Grad – ideale Reifeplätze für den Calvados. Morin bietet die Qualitäten »Sélection« (40% vol), »Vieille Réserve V.S.O.P.« (42% vol), »Sélection du Centenaire« (42% vol) und verschiedene Millésimes (42% vol) an.

Um die Echtheit und die Herkunft eines Calvados zu garantieren, muss jeder Produzent ein Muster seines Destillats prüfen lassen.

Or-Fee Das Familienunternehmen »Les Caves de Normandie« wurde 1907 gegründet. Standort der kleinen Calvadosdestillerie ist bis heute der kleine Ort L'Aigle mitten in der Normandie. Die Marken heißen »Or-Fee Sélection« (42% vol) und »Or-Fee Hors d'Âge Pays d'Auge« (42% vol); darüber hinaus gibt es mehrere »Or-Fee Pays d'Auge Millésimé« mit 41% vol.

Papidoux Calvados »Papidoux« bietet vier Qualitäten mit dem Prädikat »Appellation Calvados Contrôlée« an. Sie werden in für Papidoux geschützte, dickhalsige Flaschen abgefüllt. Die Marken »Fine«, »V.S.O.P.«, »X.O.« und »Millésime« haben 40% vol.

Père Magloire Im Jahr 1844 gründeten die Brüder Débrise eine Firma zur Herstellung von Spirituosen und produzierten auch einen Calvados. Dieser wurde ab 1925 »Père Magloire« genannt. Die Marken »Fine Calvados«, »V.S.O.P. Grande Fine Calvados Pays d'Auge« und »Hors d'Âge Pays d'Auge« enthalten jeweils 40% vol Alkohol.

Père (Vater) Magloire – ein typisch normannischer Name – ist als Figur in der Tracht der Normandie auf jedem Etikett abgebildet.

Roger Groult Seit vier Generationen produziert die Familie Groult Calvados. Ihr Gut »Au Clos de la Hurvonière« liegt in der Nähe von Orbec in der Region Pays d'Auge. Alle Roger-Groult-Calvados genießen hohes Ansehen und weisen lange Alterungszeiten auf. Die bekanntesten Qualitäten sind »8 Ans d'Âge«, »15 Ans d'Âge«, »Vieux Vénérable«, »Vieux d'Âge d'Or«, »Très Vieux Doyen d'Âge« und der »Très Vieux Réserve Ancestrale«. Sämtliche Apfelbrände aus diesem Haus haben Pays-d'Auge-Qualität und enthalten 41% vol Alkohol.

Im traditionsreichen, 1850 gegründeten Haus Groult werden die Brennkessel auch heute noch mit Holzscheiten angeheizt.

La Traque Hersteller von Calvados »La Traque« ist die in Livarot im Pays d'Auge ansässige Firma Cidreries du Calvados. Die drei angebotenen Pays d'Auge-Qualitäten heißen: »La Traque V. S.O.P.« (nach einer Fasslagerung von sieben Jahren, 40% vol), »La Traque Hors d'Âge« mit 13 Jahren Lagerzeit und 40% vol und »La Traque 30 Ans d'Âge« (nach dreißigjähriger Lagerzeit, 42% vol). Alle werden in formschönen schwarzen Flaschen angeboten.

Jack Rose

4 cl Calvados
2 cl Zitronensaft
1 cl Grenadine

klassischer Calvados-Shortdrink

Im *Shaker* mit Eiswürfeln schütteln und in ein Cocktailglas abgießen.

Jack Dempsey

2 cl Calvados
2 cl Gin
2 cl Curaçao
Triple Sec
2 cl Zitronensaft
1 cl Grenadine
einige Tropfen
Pernod
blaue Trauben

starker Drink – Vorsicht: blaue Augen

Im *Shaker* mit Eiswürfeln schütteln und in einen Tumbler auf Eiswürfel abgießen. Zwei blaue Trauben an den Glasrand stecken.

Calvados Sour

5 cl Calvados
3 cl Zitronensaft
2 cl Zuckersirup
Orange
Cocktailkirsche

Shortdrink für den Nachmittag

Im *Shaker* mit Eiswürfeln gut schütteln und in ein Sourglas abgießen. Einen Spieß mit einer halben Orangenscheibe und einer Cocktailkirsche über den Glasrand legen.

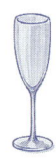

Drei-Drei-Drei

fruchtig-starker Drink für den Abend

Im *Shaker* mit Eiswürfeln schütteln und in eine Cocktailschale abgießen.

3 cl Calvados
3 cl Orangenlikör
3 cl Grapefruit-saft

Bentely

aromatischer Abend-Aperitif

Im *Rührglas* mit Eiswürfeln verrühren und in ein Cocktailglas abgießen. Mit einer Zitronenschale abspritzen und diese dazugeben.

3 cl Calvados
3 cl Dubonnet Rouge
Zitrone

Sir Henry

fruchtiger Drink für den Nachmittag

Im *Shaker* mit Eiswürfeln schütteln, in eine Champagnertulpe abgießen. Mit Sekt oder Champagner auffüllen. Einen Spieß mit Pfirsichstücken und Cocktailkirschen über den Glasrand legen.

3 cl Calvados
2 cl Pfirsichlikör
3 cl Orangensaft
kalter Sekt oder Champagner
Pfirsich
Cocktailkirschen

After All

4 cl Calvados
3 cl Pfirsichlikör
2 cl Zitronensaft

aromatischer Drink zur Cocktail-Hour

Alle Zutaten im *Shaker* mit Eiswürfeln gut schütteln und in eine Cocktailschale abgießen.

Calvados Cocktail

4 cl Calvados
I cl Cointreau
4 cl Orangensaft
I cl Pfirsichsirup
Apfel
Cocktailkirsche

fruchtiger Drink für den Nachmittag

Im *Shaker* mit Eiswürfeln gut schütteln und in eine Cocktailschale abgießen. Ein Apfelstück mit einer Cocktailkirsche an den Glasrand stecken.

Calvados Flip

5 cl Calvados
I cl Zuckersirup
2 cl Sahne
I Eigelb
Muskatnuss

Shortdrink für den späten Nachmittag

Alle Zutaten im *Shaker* mit Eiswürfeln gut schütteln und in ein Stielglas abgießen. Geriebene Muskatnuss darüber streuen.

Applejack

Shortdrink zur Happy-Hour

Alle Zutaten im *Shaker* mit Eiswürfeln gut schütteln und in ein Cocktailglas abgießen.

3 cl Calvados
2 cl Dry Orange Curaçao
2 cl Zitronensaft

White Ocean

sahniger Drink für den Nachmittag

Alle Zutatem im *Shaker* mit Eiswürfeln schütteln und in eine Cocktailschale abgießen. Mit Schokoladenraspeln bestreuen.

3 cl Calvados
3 cl Orangen-likör
3 cl Ananassaft
3 cl Sahne
Schokoladen-raspeln

Applejack Punch

herb-fruchtiger Allround-Longdrink

In ein Longdrinkglas mit Eiswürfeln geben und mit Ginger Ale auffüllen. Eine Orangenscheibe mit einer Cocktailkirsche an den Glasrand stecken.

4 cl Calvados
4 cl Orangensaft
I cl Grenadine
kaltes Ginger Ale
Orange
Cocktailkirsche

Champagner

Champagner ist ein französischer Schaumwein, der nach einem bestimmten Verfahren aus erlesenen Traubensorten hergestellt wird – und zwar in der Champagne, einer fruchtbaren Landschaft im Herzen Frankreichs, etwa auf halbem Weg zwischen Lothringen und Paris. Sie ist mit 30000 Hektar genutzten Reblands die kleinste Weinbauregion in Frankreich. Die rund 15000 Winzer, 140 Genossenschaften und 265 Champagnerhäuser haben einen Jahresausstoß von etwa 250 Millionen 0,75-Liter-Flaschen, die unter rund 12000 (1995) verschiedenen Markennamen angeboten werden. Über die Hälfte der gesamten Produktion entfällt auf die zehn größten Champagnerhersteller.

Das Champagne-Anbaugebiet bildet keine einheitliche Fläche, sondern gliedert sich in vier Bereiche: die Reimser Berge (Montagne de Reims), das Marne-Tal (Vallée de la Marne), den Weißen Hang (Côte des Blancs) und weiter südlich das Gebiet der Aube. Zu dieser Region gehören 300 Dörfer, und in den Hauptorten Reims und Épernay sitzen die meisten Champagnerhersteller.

Der Kreideuntergrund der Champagneböden bildet die Basis für den unverwechselbaren Charakter des Champagners. Die Kreide wirkt wie eine Bodenklimaanlage, sie hält Feuchtigkeit im Erdreich und speichert Wärme, die sie langsam wieder an die Rebwurzeln abgibt – eine Eigenschaft, die dem Gedeihen der Trauben sehr förderlich ist. Die Anbaufläche für Champagner wurde per Gesetz von 1927 auf die besten Böden und Lagen begrenzt, außerhalb dieser »zone délimitée« darf kein Champagner produziert werden. Nur drei Traubensorten sind zur Champagnerkelterung zugelassen: die blauen Pinot Noir und

Schon vor 2000 Jahren wurde in der Champagne Wein angebaut. Der Champagner jedoch wurde erst im 18. Jahrhundert entwickelt.

Pinot Meunier sowie die weiße Chardonnay-Traube. Auch die blauen Sorten werden weiß gekeltert, sie geben dem Champagner Körper, Fülle und Lebensdauer; die weiße Chardonnay-Traube sorgt

Aus 160 Kilogramm Trauben dürfen höchstens 100 Liter Champagnermost gepresst werden, der Rest wandert in die Destillation.

für Frische, Feinheit und Rasse. Vorgeschrieben ist auch der mehrmalige jährliche Schnitt der Reben. Nur vier Schnittmethoden sind dabei erlaubt, die alle ein Ziel haben: lieber weniger erstklassige Trauben ernten als viele durchschnittliche – also Qualität vor Quantität. Diese Devise gilt auch für den Hektarertrag: Die Traubenmenge pro Hektar, die für die Champagnerherstellung verwendet werden darf, wird jedes Jahr vor der Lese gesetzlich festgelegt – und die Lese ist eine Auslese. Nur reife, gesunde und unbeschädigte Trauben kommen in die Keller. Das Keltern erfolgt relativ schnell, damit weder Farbe aus den Schalen noch Gerb- oder andere Bitterstoffe in den Most geraten und später die Feinheit des Weins beeinträchtigen können. Der frisch gekelterte Most kommt zur ersten Gärung in traditionelle Holzfässer oder moderne Tanks. Nach ungefähr drei Wochen ist die erste Gärung beendet. Den jungen, stillen Wein trennt man nun von der Hefe, füllt ihn mehrmals um und filtert ihn jeweils sorgfältig, damit seine spezifischen Eigenschaften erkennbar werden. Zu diesem Zeitpunkt beginnt die Arbeit nach der so genannten »Méthode champenoise«, dem typischen und allein zugelassenen Verfahren der Champagnerherstellung, das fünf Arbeitsschritte umfasst:

1. Die Cuvée Grundsätzlich besteht ein Champagner aus mehreren Weinen verschiedener Lagen und Jahrgänge (mit Ausnahme von Jahrgangschampagner, der mindestens 80 Prozent Weine eines Jahrgangs enthält). Die Zusammenstellung dieser einzelnen Weine bezeichnet man als Cuvée. Das Ziel einer Cuvée ist es, die gleichbleibende Qualität und den typischen Geschmack einer Marke oder eines Hauses zu garantieren. Eine Cuvée kann nicht nur aus zehn, sondern sogar aus 20 oder 30 verschiedenen Weinen bestehen.

Erst im 19. Jahrhundert wurden die fünf wichtigen Schritte der »Méthode champenoise« entwickelt und festgeschrieben.

2. Die zweite Gärung Die Weine der Cuvée werden miteinander vermischt, dabei gibt man eine kleine Menge »Fülldosage« bei. Sie besteht aus Hefe und in altem Wein aufgelöstem Rohrzucker und soll die zweite Gärung auslösen. Der gemischte Wein wird auf Flaschen abgezogen und verschlossen. Die Gärstoffe der Hefe spalten nun den Zucker in Alkohol und Kohlensäure, dabei steigt der Druck im Innern der Flasche auf fünf bis sechs Atmosphären. Die zweite Gärung dauert rund drei bis vier Monate. Hierbei verbinden sich unter hohem Druck Wein und Kohlensäure – die Folge sind der feine Schaum und das lang anhaltende Perlen des Champagners.

Der Benediktinermönch Dom Pérignon (1638 – 1715) soll einst das Geheimnis der zweiten Gärung erforscht haben.

3. Das Reifen Nach der zweiten Gärung ist der Wein hell und klar, die Rückstände der Gärung haben sich an der Innenwand der Flaschen abgesetzt. Auf diesem Satz reift der Champagner mehrere Jahre. Zwölf Monate waren es früher, seit 1996 sind 15 Monate gesetzlich vorgeschrieben, üblicherweise reift Champagner jedoch drei oder – bei Jahrgangschampagnern – sogar fünf Jahre. Nur das langsame Reifen in der Flasche garantiert die perfekte Feinheit des Endprodukts.

4. Das Rütteln Um den Gärungssatz entfernen zu können, muss er sich zuvor im Flaschenhals ansammeln. Dazu werden die Flaschen am Ende ihrer Reifezeit kopfunter in schräge Rüttelpulte gelegt. Jede Flasche wird danach täglich leicht geschüttelt, gedreht und eine Idee aufgerichtet. Nach sechs bis acht Wochen stehen die Flaschen senkrecht, der Satz hat sich im Hals gesammelt.

5. Das Degorgieren Den Flaschenhals taucht man in eine Gefrierlösung, bei minus 20 °C gefriert der Satz zu einem Eisklötzchen, das beim Öffnen der Flasche herauskatapultiert wird. Dabei geht nur wenig Wein verloren, der im gleichen Arbeitsgang durch die Dosage ersetzt wird – eine aus Wein derselben Cuvée und etwas altem Champagner bestehende Mischung, in der Rohrzucker gelöst ist. Mischungsverhältnis und Menge der Dosage richten sich nach

Je trockener und herber die Geschmacksrichtung des Champagners werden soll, desto weniger Dosage wird hinzugefügt.

der Geschmacksrichtung, die der Champagner bekommen soll. Die Flaschen werden mit Naturkorken verschlossen; der Champagner ist fertig und kann nach einigen Wochen Ruhezeit zum Versand kommen. Wenn Champagner kellerkühl, dunkel, ruhig und liegend lagert, hält er sich Jahre in unveränderter Qualität. Die Champagnergeschmacksrichtungen heißen »Brut Nature«, »Pas Dose« oder »Dosage Zero« (alle ohne Dosage), »Brut« (naturherb), »Extra Dry« (extra trocken), »Sec« (trocken), »Demi-Sec« (halbtrocken). »Blanc de Blancs« und »Rosé« sind Bezeichnungen, die von bestimmten Kelterungs- und Herstellungsmethoden abhängen.

Ein Blanc-de-Blancs-Champagner, d. h. »Weißer aus Weißen«, wird nur aus weißen Chardonnay-Trauben gekeltert. Drei Persönlichkeiten haben sich um die Champagnerherstellung besonders verdient gemacht: Dom Pérignon, Kellermeister der Abtei Hautvillers experimentierte als Erster mit Cuvées und Naturkorken, Madame Veuve Pommery »erfand« den Brut-Nature-Champagner, Madame Clicquot hatte mit ihrem Kellermeister Müller die Idee der Rüttelpulte.

Die wichtigsten Marken

Abel Lepitre Die 1924 gegründete Firma mit Sitz in Reims befindet sich seit 1989 im Besitz der Firmengruppe Marie Brizard. Die Jahresproduktion liegt bei rund 300 000 Flaschen. Es werden die Marken »Brut«, »Crémant Réserve C Blanc de Blancs Millésimé« und »Cuvée Réservée Millésimée« angeboten.

Ayala Sitz des Hauses ist das Château d'Aÿ in der bei Épernay gelegenen Champagnergemeinde Aÿ. Mit der Champagnererzeugung wurde um 1860 begonnen, und heute beträgt die jährliche Produktion rund 900 000 Flaschen. Angeboten werden »Ayala Brut«, »Brut« mit Jahrgang und auch »Brut Rosé«.

Ein Rosé-Champagner wird entweder durch Zusatz eines Rotweins aus der Champagne oder durch Roséweinbereitung hergestellt.

Besserat de Bellefon Das Champagnerhaus Besserat de Bellefon zählt zu den traditionsreichen Unternehmen der Champagne. Das 1843 in Aÿ gegründete Haus gehört seit 1976 zur Gruppe Pernod-Ricard. Heute befindet sich der Firmensitz in Reims. Mit über zwei Millionen verkauften Flaschen zählt Besserat de Bellefon zu den größeren Champagnerhäusern. Die Qualitäten heißen »Besserat de Bellefon Brut«, »Millésime Brut«, »Millésime Brut Rosé«, »Cuvée des Moines Blanc«, »Cuvée des Moines Rosé« und »Grande Cuvée BdB«.

Bollinger Das Haus Bollinger in Aÿ/Champagne, von dem aus Württemberg stammenden Jacques Bollinger 1829 gegründet, ist bis heute in Familienbesitz. Bollinger verfügt über einen bedeutenden Besitz an Weinbergen mit einer Gesamtfläche von 140 Hektar. Bollinger deckt mehr als zwei Drittel seines Traubenbedarfs aus eigenen Weinbergen. Die Bollinger-Qualitäten heißen »Special Cuvée Brut«, »Grand Année Brut« (mit Jahrgang), »Grand Année Brut Rosé« (mit Jahrgang) und »R.D. Extra Brut«, ebenfalls mit Angabe des Jahrgangs. R.D. heißt »Récemment Dégorgé« und bedeutet, dass dieser Jahrgangschampagner erst vor kurzer Zeit degorgiert wurde. Der Champagner erhält dadurch seine besondere Frische. Das genaue Datum des Degorgierens ist jeweils auf dem Etikett angegeben.

Im Regelfall bildet eine Mischung aus 75 Prozent blauen und 25 Prozent weißen Trauben die Basis eines Champagners.

Bricout Im Zentrum der berühmten Blanc-de-Blancs-Gebiete der Champagne liegt, nahe bei Épernay, der alte Weinort Avize. In einem Park über dem Ort steht heute noch das »Alte Schloß« (Ancien Château d'Avize), in dem Charles Koch 1820 das Champagnerhaus gründete. Bricout zählt mit rund 2,7 Millionen Flaschen jährlich zu den größeren Häusern. Die Marken nennen sich »Cuvée Réserve Brut«, »Cuvée Prestige Millésimée Brut«, »Rosé Brut« und »Cuvée Arthur Bricout Brut Millésimé«.

Canard-Duchêne Der berühmte Doppelname entstand durch die Heirat von Victor François Canard und Françoise Léonie Duchêne. Sitz der 1868 gegründeten Kellerei ist Ludes. Das seit 1989 zur Moët-Gruppe gehörende Unternehmen produziert rund drei Millionen Flaschen jährlich. Es werden folgende Marken angeboten: »Brut«, »Brut Rosé« und »Charles VII Brut Cuvée Speciale«. Diese Cuvée wurde anlässlich des 100-jährigen Bestehens des Hauses Canard-Duchêne kreiert.

Markenzeichen von Canard-Duchêne ist ein Säbel, mit dessen Hilfe die französischen Kavalleristen einst die Flaschen »köpften«.

Charles Heidsieck Der Westfale Florens-Louis Heidsieck ließ sich 1777 in Reims nieder und gründete 1785 das Champagnerhaus Heidsieck & Co. 1805 trat sein Neffe Charles-Henri Heidsieck in die Firma ein. Dessen Sohn Charles-Camille gründete

Die Geschichte des Heidsieck-Champagners ist weit verzweigt. Heute sind allein drei verschiedene Heidsieck-Marken erhältlich.

dann 1851 die Firma Charles Heidsieck. Seit 1985 ist das Unternehmen im Besitz des Cognac-Hauses Rémy Martin. Charles Heidsieck produziert jährlich rund drei Millionen Flaschen. Folgende Marken werden von diesem Haus angeboten: »Brut Réserve«, »Brut Millésimé«, »Brut Rosé Vintage« und »Blanc des Millénaires Blanc de Blancs Millésimé«.

Delamotte Das kleine Champagnerhaus Delamotte wurde bereits im Jahre 1760 gegründet und gilt als das sechstälteste in der Champagne. Firmensitz ist Le-Mesnil-sur-Oger. Die Jahresproduktion des heute zu Laurent-Perrier gehörenden Unternehmens beträgt rund 200 000 Flaschen. Die Delamotte-Marken heißen »Brut«, »Blanc de Blancs Millésimé Brut« und »Brut Rosé«.

Deutz Die Aachener William Deutz und Peter Geldermann kauften 1838 in Aÿ ein Weingut und gründeten eine Champagnerkellerei. 1925 installierten sie in Breisach/Baden eine deutsche Tochterfirma. Das heute zu Roederer gehörende Haus verfügt über 42 Hektar eigene Weinberge und produziert rund eine Million Flaschen jährlich. Die Firma bietet folgende Marken an: »Brut classic«, »Brut Vintage«, »Brut Rosé Vintage«, »Blanc de Blancs Brut Vintage« und »Cuvée William Deutz Brut Vintage«.

Dom Pérignon Der Mönch Dom Pérignon war Zeitgenosse Ludwigs XIV. und lebte wie der Franzosenkönig von 1638 bis 1715. Pérignon arbeitete als Kellermeister in der Benediktinerabtei von Hautvillers und galt als Weinkenner par excellence. Der begüterte Weinhändler Jean Rémy aus Épernay übernahm die Abtei Hautvillers und ihre Weingärten, als infolge der Französischen Revolution die Klosterbrüder enteignet wurden. Seither verwaltet das Haus Moët & Chandon das Erbe Dom Pérignons, dessen Denkmal

Dom Pérignon gilt als Entdecker der Cuvées: Er mischte Weine verschiedener Lagen und Jahrgänge und experimentierte mit Naturkorken.

95

im Hof des Firmensitzes steht. Der kostbarste Champagner von Moët & Chandon trägt den Namen des Mönchs. In kleinen Mengen wird Dom Pérignon auch als Rosé-Champagner angeboten.

Gosset Im Jahre 1584 wurde das Haus Gosset in Aÿ gegründet. Urkunden besagen, dass Pierre Gos-

Das Haus Gosset, seit über 400 Jahren in Familienbesitz, wird in der 13. und 14. Generation von direkten Nachkommen geführt. set damals bereits Weinbau betrieb und damit Gründer des ältesten Weinhauses der Champagne war. Die Jahresproduktion beträgt rund 700 000 Flaschen.

Obwohl die Firma relativ klein ist, genießt sie einen hervorragenden Ruf und zählt zu den führenden Champagnerhäusern. Angeboten werden die Marken »Brut Réserve«, »Brut Rosé«, »Grand Réserve«, »Grand Millésimé« und »Grand Millésimé Rosé«.

Heidsieck Monopole Das Unternehmen geht zurück auf die Gründung von Florens-Louis Heidsieck im Jahr 1785. 1860 wurde der Markenname Monopole eingetragen, und seit 1923 heißt die Firma Heidsieck & Co. Monopole. Seit 1972 ist man mit dem Haus Mumm verbunden, das sich im Besitz von Seagram befindet. Heidsieck Monopole verfügt über 108 Hektar eigene Weinberge und produziert jährlich rund zwei Millionen Flaschen. Die Markennamen lauten: »Dry Monopole Brut«, »Red Top Monopole Sec«, »Diamant Bleu Brut« mit Jahrgang und »Diamant Bleu Brut Réserve« mit Jahrgang.

Henriot Das 1808 in Reims gegründete Haus besitzt rund 100 Hektar Weinberge und ist Teil der Moët-Gruppe. Die Jahresproduktion beträgt 600 000 Flaschen. Die Marken heißen »Souverain Brut«, »Blanc de Blancs Brut«, »Brut Millésimé«, »Brut Rosé Millésimé« und »Cuvée Baccarat Brut«.

Krug Der ganz große Name in der Champagne lautet Krug. 1843 von dem Mainzer Johann Joseph Krug gegründet, wird das Unternehmen heute von den direkten Nachkommen Henri und Rémi Krug geführt. Dem Jahresabsatz von 500 000 Flaschen stehen Reserven von rund drei Millionen Flaschen gegenüber. Rund 80 Prozent der Produktion entfallen auf die »Grande Cuvée«, den »großen Krug« im klassi-

Unter dem Namen »Krug Collection« bietet das Unternehmen Krug alte und besonders lagerfähige Jahrgänge an.

schen Stil des Hauses. Dafür wird eine Cuvée aus sechs bis zehn Jahrgängen komponiert, welche aus 40 bis 50 unterschiedlichen Weinen aus 20 bis 25 verschiedenen Lagen besteht. Im Angebot sind außerdem die Marken »Krug Vintage Brut« und seit 1983 »Krug Rosé«; »Krug Clos du Mesnil« gilt als einer der exquisitesten Champagner. Er wird aus der Rebsorte Chardonnay nur eines Jahrgangs der Spitzenlage »Clos du Mesnil« bereitet.

Lanson Das Haus Lanson in Reims steht bereits in der fünften Generation unter der Leitung eines Lanson. Von Francis Delamotte wurde das Unternehmen 1760 als Delamotte & Co. gegründet. 1828 trat als Teilhaber ein gewisser Lanson ein, der 1856 dem Haus seinen Namen gab. Heute zählt der Betrieb mit seinen 200 Hektar Weinbergen und mit einer Produktion von fünf bis sechs Millionen Flaschen jährlich zu den größeren Herstellern. Die Marken heißen: »Black Label Brut«, »Rosé Brut«, »Demi-Sec«, »Brut Millésimé« und »Noble Cuvée Millésimée Brut«.

Mit seinen Lagerreserven von etwa 30 Millionen Flaschen zählt das Haus Lanson zu den größten Champagnerfirmen.

Laurent-Perrier Das 1812 in Tours-sur-Marne gegründete Haus gilt heute als der größte Champagnerhersteller in Familienbesitz. Der Jahresabsatz beträgt rund 7,5 Millionen Flaschen. Die Marken nennen sich »Demi-Sec«, »Brut«, »Ultra Brut«, »Cuvée Rosé Brut«, »Vintage Brut«, »La Cuvée Grand Siècle« und »Grand Siècle Alexandra Rosé Vintage Brut«.

Als 1887 der Sohn des Gründers starb, führte seine Witwe, eine geborene Perrier, die Firma unter dem Namen Laurent-Perrier weiter.

Mercier 1858 wurde dieses Champagnerhaus von Eugène Mercier in Épernay gegründet. Heute ist es im Besitz der Moët-Gruppe. Der durchschnittliche Jahresabsatz liegt bei fünf Millionen Flaschen. Von der großen Markenpalette des Unternehmens Mercier werden in Deutschland nur der »Brut« und der »Brut Rosé« angeboten.

Moët & Chandon Als Gründungsjahr des Hauses Moët & Chandon gilt 1743, obwohl Claude Moët als Weinbergbesitzer in der Champagne schon lange vorher Weinhandel betrieb. Moët & Chandon ist der bedeutendste Champagnerhersteller. Jährlich versendet das Unternehmen rund

20 Millionen Flaschen in über 150 Länder. In den mehr als 40 Kilometer langen Kellergalerien in Épernay, die in zwei Etagen bis zu 40 Meter unter der Erde verlaufen, lagern zur Zeit etwa 100 Millionen Flaschen. Die von Moët & Chandon angebotenen Marken heißen »White Star Sec«, »Brut Impérial«, »Brut Impérial« Jahrgang, »Brut Impérial Rosé« Jahrgang, »Brut Premier Cru« und – als Spitzencuvées – »Dom Pérignon« mit Jahrgang und »Dom Pérignon Rosé«, ebenfalls mit Jahrgang.

Mit dem Cognac-Haus Hennessy bildet Moët & Chandon die Grundlage der LVMH-Gruppe, zu der viele Champagnermarken gehören.

Mumm 1827 wurde in Reims das heutige Champagnerhaus G.H. Mumm & Co. von der Frankfurter Weinhändlerfamilie Mumm gegründet. Der Bekanntheitsgrad des Unternehmens stieg schnell. Großen Anteil daran hatte die Mumm-Marke »Cordon Rouge«. Nach dem Ersten Weltkrieg wurde das Haus – als deutsches Vermögen – enteignet. Die neuen französischen Besitzer durften den Firmennamen G.H. Mumm weiterführen, konnten jedoch nicht verhindern, dass sich ein Mitglied der Familie

Mumm in Eltville im Rheingau mit einer Sektproduktion gleichen Namens etablierte. Seit 1969 ist Mumm mehrheitlich im Besitz der Seagram-Gruppe, zu der mittlerweile auch Mumm/Deutschland gehört. Mumm verfügt über 215 Hektar Weinberge und produziert jährlich rund zehn Millionen Flaschen. Folgende Marken werden angeboten: »Cordon Vert Demi-Sec«, »Cordon Rouge Brut«, »Cordon Rosé Brut«, »Mumm de Cramant Blanc de Blancs Brut« und die Spitzencuvée »Grand Cordon Vintage«.

Perrier-Jouët Das im Jahr 1811 von Pierre-Nicolas Perrier-Jouët gegründete Champagnerhaus besitzt 107 Hektar eigene Weinberge, davon 40 Hektar in den besten Lagen von Cramant und Avize. Die Keller von Perrier-Jouët in Épernay liegen bis zu 25 Meter unter der Erde und sind rund zehn Kilometer lang. **Die Belle-Epoque-Flaschen von Perrier-Jouët sind eine international bekannte Spezialität und in den USA sehr beliebt.** Hier lagern fast zehn Millionen Flaschen; rund 2,7 Millionen werden jährlich abgesetzt. Perrier-Jouët ist im Besitz der Firma Mumm. Die Marken heißen »Grand Brut«, »Demi-Sec«, »Brut Millésimé« und »Cuvée Belle Époque«. Letztere wird in eine von dem berühmten Glasmaler Emile Gallé im Jahre 1902 entworfene, blumengeschmückte Jugendstilflasche als »Millésimé« und »Rosé Millésimé« abgefüllt. In einer Flaschenform des 18. Jahrhunderts sind die »Cuvée Speciale Blason de France« und »Blason de France« Rosé erhältlich. Sie ist mit einem Wappen mit Bourbonenlilie, den Belle-Époque-Blumen und dem Stadtwappen von Épernay verziert.

Piper-Heidsieck Das Haus Piper-Heidsieck geht, wie auch Heidsieck Monopole, auf die Gründung von Florens-Louis Heidsieck im Jahr 1785 zurück. 1845 entstand, benannt nach Henri Guillaume Piper, zu dem verwandtschaftliche Beziehungen bestanden, die Marke Piper-Heidsieck. Piper-Heidsieck setzt jährlich rund fünf Millionen Flaschen ab und verfügt über Vorratsbestände für fünf Jahre. Die Marken von Piper-Heidsieck heißen »Cuvée Brut«, »Demi-Sec«, »Brut Rosé« und »Brut Millésimé«.

Im Jahr 1985 wurde der Ursprung des Champagnerhauses Heidsieck im Schloss Versailles mit großer Pracht und viel Prominenz gefeiert.

Pol Roger Das 1849 in Épernay gegründete Haus wird heute von den Urenkeln des Firmengründers geleitet. Pol Roger produziert jährlich 1,4 Millionen Flaschen, die beständig zu den besten erhältlichen Champagnerqualitäten zählen. Die Marken heißen »Demi-Sec«, »Sec«, »Brut Extra« Cuvée de Réserve, »Brut Vintage«, «Rosé Vintage«, »Chardonnay Vintage«, »Réserve Spéciale« Vintage und – bei großen Jahrgängen – »Cuvée Sir Winston Churchill« Vintage.

Sir Winston Churchill hat den Champagner von Pol Roger favorisiert, daher auch der entsprechende Name für eine der Marken.

Pommery Das im Jahr 1836 gegründete Haus Pommery in Reims ist einer der bedeutendsten Champagnerhersteller, und seine Keller zählen zu den schönsten der Champagne. 18 Kilometer lange Gänge verbinden, 30 Meter tief unter der Erde, 120 pyramidenförmige Kreidebrüche, in denen rund 17 Millionen Flaschen lagern. Nach diesen »Crayères« wurde auch das 1905 fertiggestellte Schloss auf dem Firmengelände benannt. Die Welt der Genießer verdankt den Brut-Champagner Madame Veuve Pommery, die das Unternehmen gründete. Im

Jahr 1875 hatte sie als Erste die Idee, einen ganz trockenen Champagner herzustellen, den »Nature«. Die heute vom Unternehmen Pommery produzierten Marken nennen sich »Brut Royal«, »Brut Rosé«, »Brut Vintage«, »Brut Vintage Grand Cru«, »Drapeau Sec«, »Brut Royal Apanage«, »Cuvée Louise« und »Cuvée Louise« Vintage.

Roederer Das Champagnerhaus Louis Roederer in Reims besteht bereits seit 1776. 1827 erbte Louis Roederer, damals 27 Jahre alt, das Unternehmen seines Onkels Nicolas Schreider und gab ihm einige Jahre später seinen Namen. Grundlage für den späteren Erfolg des Hauses war der Ankauf von Weinbergen, die zu den besten Lagen der Champagne zählen. Roederer verfügt über 180 Hektar Weinberge, die auf die drei besten Lagen der Champagne verteilt sind und beinahe 80 Prozent des Eigenbedarfs decken. Fast 75 Prozent davon liegen an der Côte des Blancs. Die Firma Roederer ist bis heute ein reines Familienunternehmen geblieben und legt Wert

Da Zar Alexander 1876 angeblich nicht das Gleiche trinken wollte wie der adelige Pöbel, wurde die Marke »Roederer Cristal« kreiert.

auf ihre Unabhängigkeit. Roederer stellt Champagner in allen Geschmacksrichtungen her. Spitzen-Cuvée ist der Jahrgangschampagner »Roederer Cristal«. Die von Roederer angebotenen Champagner umfassen die Marken »Extra Dry«, »Grand Vin Sec«, »Brut Vintage«, »Blanc de Blancs« Brut Vintage, »Brut Rosé«, »Brut Premier«, »Cristal« Vintage Brut und »Cristal« Vintage Rosé Brut.

Ruinart Nicolas Ruinart nahm 1764 seinen Sohn in die 1729 gegründete Firma auf und nannte sich Ruinart Père & Fils. Nicolas war ein Neffe des Benediktinermönchs Dom Ruinart, der zusammen mit dem in der Geschichte der Champagnerherstellung so wichtigen Dom Pérignon in der Abtei von Hautvillers gearbeitet hatte. 1963 schloss sich Ruinart dem größten Champagnerhersteller, Moët & Chandon, an. Die Jahresproduktion von Ruinart liegt bei 1,5 Millionen Flaschen. Angeboten werden »Ruinart Brut R«, »Brut R Vintage«, »Dom Ruinart« Blanc de Blancs Brut Vintage, »Dom Ruinart« Brut Vintage Rosé.

Tuchhändler Nicolas Ruinart gründete 1729 neben seinem Weinhandel eine Kellerei, die heute als das älteste Champagnerhaus gilt.

Salon Das heute zu Laurent-Perrier gehörende Champagnerhaus Salon in Le-Mesnil-sur-Oger ist der einzige Hersteller, der nur Blanc de Blancs mit Jahrgang erzeugt. Seit der Gründung im Jahr 1920 wurden erst 17 Jahrgänge herausgebracht. Den 50 000 jährlich verkauften Flaschen steht das Zehnfache an Lagerreserven gegenüber – eines der höchsten Absatz/Vorratsverhältnisse in der Champagne.

Taittinger Zu den renommiertesten Champagnerhäusern zählt Taittinger in Reims. Seine Geschichte lässt sich bis ins Jahr 1734 zurückverfolgen, als Jacques Fourneaux, dessen Vater über bedeutende Weinberge verfügte, die Firma in Rilly-la-Montagne gründete. Die Familie Taittinger übernahm 1931 die Leitung des Hauses, das heute 246 Hektar Rebfläche besitzt und jährlich rund vier Millionen Flaschen produziert. In den weltbekannten und weiträumigen Kreidekellern, die zum Teil auf die Römerzeit zurückgehen, lagern rund 18 Millionen Flaschen. Die Marken des Hauses Taittinger heißen »Demi-Sec«,

Seit 1983 werden die Jahrgangschampagner in von bekannten Künstlern gestalteten Flaschen als »Collection Taittinger« angeboten.

»Brut Réserve«, »Brut Millésimé« und »Rosé Brut Millésimé«; außerdem gibt es die Prestige-Cuvées »Comtes de Champagne« Blanc de Blancs Millésimé Brut und »Rosé Brut«.

Veuve Clicquot La Veuve Clicquot war eine der beiden berühmten Witwen der Champagnergeschichte: Zusammen mit der Veuve Pommery gilt sie als eine der ersten französischen Unternehmerinnen, die durch ihren Erfindungsreichtum eine große Karriere gemacht haben. Madame Clicquot lebte von 1777 bis 1866. Neben dem für die Champagnerherstellung wichtigen Rüttelpult geht auch der erste Rosé-Champagner auf sie zurück. Das Unternehmen besitzt heute 276 Hektar Weinberge und produziert jährlich rund zehn Millionen Flaschen. Seit 1989 ist das in Reims ansässige Haus Teil der Moët-Gruppe. Die angebotenen Marken heißen »Demi-Sec«, »Brut«, »Brut Vintage«, »Rosé Vintage Brut«, und die Spitzen-Cuvée »La Grande Dame« Vintage Brut, die auch als Rosé angeboten wird.

> **Madame Clicquot wurde bereits mit 27 Jahren Witwe und übernahm die Geschäfte des im Jahre 1772 gegründeten Hauses.**

Max Joseph

2 Spritzer Orangenbitter
2 cl Calvados
I cl White Port
I cl Apricot Brandy
Champagner

Hauscocktail des »Aubergine«

Im *Rührglas* mit Eiswürfeln verrühren, in Cocktailschale abgießen. Mit Champagner auffüllen, mit Orangenschale abspritzen, Cocktailkirsche dazugeben.

Gabriela

2 cl Monin Limonenliqueur
I cl Tawny Port
I cl Calvados
Champagner

aromatisch-kräftiger Champagnerdrink

Im *Rührglas* mit Eiswürfeln verrühren, in Cocktailschale abgießen. Mit Champagner auffüllen, mit Zitronenschale abspritzen, Cocktailkirsche dazugeben.

Ritz

2 cl Cognac
2 cl Cointreau
2 cl Orangensaft
Champagner

Kreation des Hotel Ritz in Paris

Im *Shaker* mit Eiswürfeln gut schütteln und in eine Cocktailschale abgießen. Mit Champagner auffüllen.

Ohio

klassisch-kräftig

Im *Rührglas* mit Eiswürfeln verrühren und in eine Cocktailschale abgießen. Mit Champagner auffüllen und eine Cocktailkirsche dazugeben.

2 Spritzer Angostura
2 cl Canadian Whisky
2 cl Vermouth Rosso
2 cl Dry Curaçao Orange
Champagner

Pomme d'Amour

starker Verführer für junge Paare

Im *Rührglas* mit Eiswürfeln verrühren, in ein großes Becherglas auf Eiswürfel abgießen. Mit Champagner auffüllen. Babyapfel an den Glasrand stecken.

2 cl Calvados Boulard Fine
1 cl Cointreau
1 cl Fraise des Bois (Walderdbeerlikör)
Champagner
Babyapfel

Sternstunde

Kreation von Peter Stern, München

Im *Shaker* mit Eiswürfeln gut schütteln und in eine Cocktailschale abgießen. Mit Champagner auffüllen.

2 cl Calvados
2 cl Cointreau
2 cl Maracuja-nektar
Champagner

Champagner Original Cocktail

1 Stück Würfel-zucker
2 Spritzer Angostura
Champagner

aromatisierter Champagner für den Tag

Würfelzucker in Champagnertulpe mit Angostura tränken, Eiswürfel zugeben, mit Champagner auffüllen. Mit Zitronenschale abspritzen, diese dazugeben.

Champagner Flip

2 cl Sahne
1 cl Zuckersirup
1 Eigelb
4 cl Weißwein
1 cl Cognac
Champagner

morgens nach dem Frühstück

Im *Shaker* mit Eiswürfeln schütteln und in eine Champagnertulpe abgießen. Langsam mit Champagner auffüllen. Muskatnuss darüber reiben.

Pick Me Up

4 cl Cognac
2 cl Zitronensaft
1 cl Grenadine
1 Spritzer Angostura
Champagner

Champagnerdrink zur Cocktail-Hour

Im *Shaker* mit Eiswürfeln schütteln, in Tulpe abgießen. Mit Champagner füllen.

Champagner Cocktail Modern Style

zum Aperitif vor Lunch und Dinner

Zucker in Tulpe mit Angostura tränken, Eiswürfel, Cognac, Cointreau zugeben, mit Champagner auffüllen. Mit Orangenschale abspritzen, diese dazugeben.

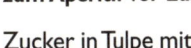

I Stück Würfelzucker
I Spritzer Angostura
I cl Cognac
I cl Cointreau
Champagner

Bellini

Hauscocktail der Harry's Bar in Venedig

Fruchtfleisch ohne Schale pürieren, in eine Cocktailschale geben, unter leichtem Umrühren mit Champagner oder Prosecco aufgießen.

weiße Pfirsiche
Champagner oder Prosecco

Black Velvet

herber Luxus-Katerkiller

Champagner in Champagnertulpe geben, langsam mit Guinness aufgießen.

Guinness Stout
Champagner

French »75«

4 cl Gin
2 cl Zitronensaft
1 cl Zuckersirup
Champagner

erfrischender Partydrink

Im *Shaker* mit Eiswürfeln gut schütteln und in eine Cocktailschale abgießen. Mit Champagner auffüllen.

Prince of Wales

2 Spritzer Angostura
2 cl Cognac
1 cl Dry Orange Curaçao
Champagner
Cocktailkirschen
Orange

ein Partydrink vom Feinsten

In *Silberbecher* oder Becherglas einige Eiswürfel geben. Angostura, Cognac, Curaçao dazugießen, mit Champagner auffüllen. Zwei Cocktailkirschen und eine halbe Orangenscheibe dazugeben.

I.B.U.

2 cl Cognac
2 cl Apricot Brandy
2 cl Orangensaft
Champagner

Champagnerdrink für Sommertage

Im *Shaker* mit Eiswürfeln gut schütteln und in eine Cocktailschale abgießen. Mit Champagner auffüllen.

Dream's Cocktail

aromatischer Champagneraperitif

Im *Shaker* mit Eiswürfeln gut schütteln

und in eine Cocktailschale abgießen.

Mit Champagner auffüllen.

2 cl Dubonnet Rouge
2 cl Cointreau
2 cl Grapefruitsaft
Champagner

Red Kiss

Champagnerdrink für die Sommerparty

Im *Shaker* mit Eiswürfeln schütteln

und in eine Cocktailschale abgießen.

Mit Champagner auffüllen. Einen Spieß

mit Ananasstückchen und Cocktail-

kirschen über den Glasrand legen.

2 cl Kirschlikör
2 cl brauner Rum
2 cl Ananassaft
Champagner
Ananas
Cocktailkirschen

Flying

erfrischender Partydrink

Im *Shaker* mit Eiswürfeln gut schütteln

und in eine Cocktailschale abgießen.

Mit Champagner auffüllen.

2 cl Gin
2 cl Cointreau
2 cl Zitronensaft
Champagner

Cognac

Seit Jahrhunderten zählt der Cognac zu den größten Reichtümern der Charente. Das Schicksal dieser französischen Region ist sehr eng verknüpft mit jenem goldgelben Getränk, das zu Anfang des 17. Jahrhunderts in diesem Weinbaugebiet entstand. Die ersten Destillationen haben bereits Anfang des 15. Jahrhunderts stattgefunden. Aber erst nach vielen Versuchen gelang es, die Brennblase auf die Art einzusetzen, wie es auch heute noch geschieht. Sowohl die Einzigartigkeit der Klima- und Bodenverhältnisse als auch die Nähe des Meeres verleihen dem Charente-Gebiet seine Ausnahmestellung. Alle günstigen Faktoren sind hier so stark ausgeprägt, dass nur unweit außerhalb des genau abgegrenzten

Cognacgebietes hergestellte Weindestillate weder den Geschmack noch die Qualität echten Cognacs besitzen. Das Gebiet, in dem die zur Cognac-Herstellung geeigneten Weißweine angebaut werden, ist auf die Départements Charente und Charente-Maritime sowie auf zwei kleinere Gebiete der Départements Deux-Sèvres und Dordogne begrenzt. Innerhalb dieser Region muss zwischen zwei großen Zonen unterschieden werden, die aufgrund klimatischer und geographischer Verhältnisse voneinander abweichen. Es sind die »Champs« oder »Champagnes« einerseits und die »Bois« andererseits.

Cognac stammt nur aus den französischen Départements Charente und Charente-Maritime, deren Herz die Stadt Cognac ist.

Diese werden wiederum in »Terroirs« aufgeteilt – entsprechend den typischen Eigenschaften der Weinbrände, die aus den auf diesen Flächen geernteten Weinen gewonnen werden. Durch die amtliche Einteilung in sechs Regionen wurde die Rangordnung, die ursprünglich durch Tradition und gewohnte Überlieferung entstanden war, auch vom Gesetz her verankert.

Um die Stadt Cognac herum gruppieren sich in konzentrischen Kreisen die folgenden Regionen: Grande Champagne, Petite Champagne, Borderies, Fins Bois, Bons Bois, Bois Ordinaires. Das Produkt einer jeden Region hat seine besonderen Eigenschaften, einen bestimmten Geschmack, ein nur ihm eigenes

Für Kenner und Liebhaber ist Cognac nicht nur ein Genussmittel, sondern zugleich Philosophie und Savoir-vivre.

Aroma. Auch die Alterung wirkt sich in jedem Gebiet unterschiedlich aus. Meist wird durch die Mischung von Cognacs aus mehreren Regionen jeweils ein harmonisch schmeckendes Produkt hergestellt. Um die Qualität des Cognacs zu wahren, sind strenge Vorschriften über die Auswahl der Reben erlassen worden: Zugelassen wurden nur die Sorten Folle Blanche, Colombard und Ugni Blanc (auch Saint Emilion des Charentes genannt), wobei Letztere heute fast den gesamten Rebenbestand ausmacht. Der Cognac verdankt seine Originalität zum einen der strengen Gebietsabgrenzung, dem Boden, dem Klima und den Rebsorten, zum anderen aber auch der sehr speziellen Art seiner Herstellung.

Sobald das Wetter kühler wird und die Gärung des Traubensaftes abgeschlossen ist, beginnt die Destillation. Bis heute wendet man dabei das alte Brennverfahren in so genannten Alambics, den traditionellen Brennblasen der Charente, an. Der Wein wird mit seiner »Hefe«, also dem Bodensatz, in den Destillierkolben gepumpt und auf rund 90 °C erhitzt. Die entstehenden Dämpfe gelangen durch Kessel und Schwanenhals in die »Schlange«, ein langes, gewundenes Rohr, das in einem Kaltwasserbassin liegt. Die Dämpfe kondensieren, und die Flüssigkeit wird am Ende des Rohrs aufgefangen. Dieses erste Destillat hat 28 Prozent Alkohol. Es wird wieder in den Destillierkolben zurückgepumpt und erhitzt, dann entfernt man den ersten Teil, den Vorlauf, des zweiten Destillats; aufgefangen wird der Mittellauf – Cognac mit 72 Prozent Alkohol. Sinkt der Alkoholanteil unter 60 Prozent, wird das Destillat wieder abgetrennt vom letzten Teil, dem Nachlauf. Cognac ist immer nur das »Herz« der zweiten Destillation.

Beim klassischen Cognac-Herstellungsverfahren kommt der Wein naturtrüb und ungeschwefelt in große kupferne Brennblasen.

Jahrelange Erfahrung hat gezeigt, dass zwischen sieben und zehn Liter Wein notwendig sind, um einen Liter 70-prozentigen Cognac zu erhalten. Dieser frisch destillierte Cognac ist farblos wie Wasser. Zur Reifung lagert der Branntwein anschließend in Eichenholzfässern, deren Holz aus den Wäldern des Limousin kommt, 150 Kilometer östlich von Cognac. Um ein Fass herzustellen, muss das Holz gespalten werden, es darf nicht gesägt werden. Die Limousin-Eiche hat ein dickfaseriges Holz, das die Alterung des Cognacs so positiv beeinflusst, weil es besonders luftdurchlässig und wasserundurchlässig ist. Es gibt kein Standardmaß für Cognacfässer. Im Allgemeinen gelten 350-Liter-Fässer als ideale Größe. Sie bieten den größtmöglichen Kontakt zwischen der Innenfläche des Holzes und dem Cognac. Dieser Kontakt ist für den Reifungsprozess entscheidend. Während der Cognac reift, gibt ihm das Holz seine Farbe, nimmt ihm seine Schärfe und auch einen Teil seines Alkohols; dieser Prozess dauert mehrere Jahre.

Der zweifache Brennprozess und die Lagerung in Eichenholzfässern sind entscheidende Faktoren bei der Cognac-Herstellung.

Die Wahl des Holzes ist so wichtig, weil Cognac je nach der Holzqualität unterschiedlich reift. Der Kellermeister muss zur richtigen Zeit das rechte Fass einsetzen; gewöhnlich ist es in den ersten sechs bis sieben Monaten ein junges Fass, für die folgende Zeit wird dann ein älteres ausgewählt, also ein Fass, das schon einmal benutzt wurde und den größten Teil seiner Gerbsäure bereits abgegeben hat. Für das letzte Jahr nimmt man ein ganz altes Fass.

Der Lagerung in den verschiedenen Fässern folgt dann die Mariage (Vermählung). In der Regel werden Cognacs verschiedener Altersstufen gemischt. Die Fässer lagern in den alten, ebenerdigen »Weinkellern« von Cognac, die an ihren schwarzen Wänden und Dachpfannen zu erkennen sind – die Farbe kommt von der Verdunstung des Cognacs. Sie liegt bei ungefähr drei Prozent der gesamten Lagermenge pro Jahr.

Viele Arbeitsschritte sind nötig und viele Voraussetzungen zu erfüllen, bis sich der gebrannte Wein Cognac nennen darf.

In den Jahren 1936 und 1938 wurden die Regionen innerhalb des begrenzten Anbaugebiets von Cognac gesetzlich festgelegt. Der Erlass von 1938 regelt auch die Bezeichnungen »Grande Champagne«, »Grande Fine Champagne« und »Fine Champagne«. Kein Cognac darf diesen Namen führen, wenn er nicht von Reben stammt, die in den Weingütern der Grande Champagne angebaut worden sind. Ebenso wenig darf sich ein Cognac »Fine Champagne« nennen, wenn er nicht mindestens 50 Prozent Grande-Champagne-Wein enthält, der Rest muss dann ausschließlich aus Petite-Champagne-Weinen bestehen. Ein Gesetz aus dem Jahr 1978 definiert die Bezeichnung »Petite Fine Champagne« als einen Cognac, der aus Reben erzeugt wird, die in den Weingütern der Petite Champagne angebaut wer-

Cognac darf frühestens mit Alterskonto 2 verkauft werden, d. h., er muss mindestens 24 Monate in Eichenholzfässern gelagert haben.

den. Für die Cognacreifezeit, also die Fasslagerung, gilt die Einteilung in Alterskonten. Unter »Konto 00« fällt alles, was seit Beginn einer Brennkampagne bis zum 31. März des folgenden Jahres destilliert wurde. Stichtag für den Kontowechsel ist dann jeweils der 1. April eines Jahres. »Konto 0« bezeichnet die Destillate vom 1. April bis zum 31. März des folgenden Jahres, sie sind dann bis zu zwölf Monate alt (plus bis zu fünf Monate aus »Konto 00«). Die weiteren Konten sind: Konto 1 (12 bis 24 Monate), Konto 2 (24 bis 36 Monate) und so weiter bis Konto 6 (72 bis 84 Monate alt). Cognac darf frühestens verkauft werden, wenn er das Alterskonto 2 erreicht hat, er muss also mindestens 24 Monate in Limousin-Eichenholz gelagert haben. Diese Cognacs werden mit 3 Sternen und »V.S.« (Very Special), »de Luxe« etc. benannt. Finden sich die Bezeichnungen »V.O.« (Very Old), »V.S.O.P.« (Very Superior Old Pale), »Réserve«, »V.S.O.«, »O.P.« etc. auf der Flasche, muss das Destillat das Alterskonto 4 erreicht haben. Cognacs mit den Bezeichnungen »Extra«, »Vieux«, »Vieille Réserve«, »Napoléon«, »V.V.O.P.«, »V.V.S.O.P.«, »Réserve Personnelle«, »Hors d'Âge«, »Âge Inconnu«, »Antique«, »X.O.«, »Très Rare Fine Champagne« stammen aus dem Alterskonto 6 (vor 1979 aus dem Konto 5). Die bekannten Bezeichnungen geben allerdings nicht immer das echte

Cognac gilt neben Champagner als das international bekannteste Erzeugnis Frankreichs. Seine Geschmacksvielfalt ist unübertroffen.

Alter des Cognacs an. Es sind Qualitätsbezeichnungen, die lediglich ein Mindestalter voraussetzen. Das tatsächliche, über die vorgeschriebene Zeit hinausgehende Alter wird immer durch die Qualitätspolitik des jeweiligen Hauses bestimmt. Und verständlicherweise steht der Preis eines Cognacs meist in einer direkten Beziehung zum effektiven Alter des Produkts. Um 1860 begannen die Handelsfirmen Cognac in mit Namen und Etikett versehenen Originalflaschen zu liefern. Seither wurde er mehr und mehr mit den speziellen Marken identifiziert. Die Franzosen sind zwar nach wie vor Cognacliebhaber, aber die starke Absatzsteigerung ist in erster Linie

Die meisten Käufer und Kenner beurteilen den Cognac nach den folgenden drei Kriterien: Marke, Alterungshinweis und Preis. den Exporterfolgen zuzuschreiben. Die Hauptabnehmerländer sind Japan, die USA, Hongkong und Großbritannien. Der Umsatz lag 1993 bei rund 135 Millionen 0,7-Liter-Flaschen, wobei rund 50 Prozent des Weltumsatzes mit Cognac in Drei-Sterne-Qualität erzielt werden. Der Mindestalkoholgehalt von Cognac beträgt 40% vol.

Die wichtigsten Marken

Bisquit Im Jahr 1819 wurde das Cognac-Haus Bisquit von Alexandre Bisquit in Jarnac gegründet. Heute zählt das Unternehmen zu den bedeutendsten Produzenten nach den »großen Vier«. Bisquit produziert jährlich rund fünf Millionen Flaschen und ist seit 1966 im Besitz des französischen Spirituosenmultis Pernod-Ricard. Die Marken nennen sich »Classique«, »V.S.O.P.«, »Fine Champagne«, »Napoléon Fine Champagne«, »X.O. Excellence« und »Extra« – jeweils mit einem Alkoholgehalt von 40% vol.

Den Cognacmarkt beherrschen zum größten Teil die »großen Vier«: Hennessy, Martell, Rémy Martin und Courvoisier.

Camus Seit seiner Gründung im Jahr 1863 befindet sich das Haus Camus in Familienbesitz. Es zählt mit jährlich rund fünf Millionen verkauften Flaschen zu den ganz großen Produzenten nach den »großen Vier«, das zudem bis zu 90 Prozent der Produktion ins Ausland exportiert. Alle Camus-Cognacs werden mit 40% vol Alkohol angeboten; sie tragen die Bezeichnungen »Grand V.S.O.P.«, »Napoléon«, »X.O.« und »Extra« (im Kristalldecanter).

Courvoisier Emanuel Courvoisier gründete 1835 in Jarnac das heute weltbekannte Cognac-Haus. Das seit 1964 zum kanadischen Spirituosenkonzern Hiram Walker gehörende Unternehmen produziert jährlich rund 15 Millionen Flaschen und ist nach Hennessy, Rémy Martin und Martell der viertgrößte Cognacproduzent. Angeboten werden folgende Marken: »V.S.«, »V.S.O.P.« Fine Champagne, »Napoléon«, »Initiale Extra«, jeweils mit einem Alkoholgehalt von 40% vol. Die Qualität »Extra« bietet das Unternehmen in der »Collection Erté« in sieben im Art-déco-Stil aufwändig gestalteten Decantern an.

Die exklusive »Collection Erté«, von dem Künstler Roman de Tirtoff gestaltet, beinhaltet einen der besten Cognacs der Welt.

Delamain Der Ire James Delamain gründete 1763 in Jarnac das heute ausschließlich gehobene Qualitäten anbietende Cognac-Haus. Mit rund 500 000 Flaschen Jahresproduktion wird Delamain zu den »Großen« unter den kleineren Herstellern gezählt. Die Cognacs von Delamain heißen »Pale & Dry« X.O. Grande Champagne Premier Cru du Cognac (mit einem Durchschnittsalter der Destillate von

25 Jahren), »Vesper« Très Vénérable Cognac de
Grande Champagne (mit einem Durchschnittsalter
der Destillate von 35 Jahren), »Très Vénérable«
Grande Champagne Premier Cru du
Cognac (mit einem Durchschnittsalter
der Destillate von 35 Jahren). Darüber
hinaus bietet Delamain Jahrgangsraritäten
der 60er Jahre an. Außer dem Cognac »La Famille«
mit einem Alkoholgehalt von 43% vol enthalten die
verfügbaren Qualitäten 40% vol Alkohol.

Die Marke »Réserve de la Famille« Très Vieille Grande Champagne – Premier – Cru Rare Eau de Vie wurde um das Jahr 1930 destilliert.

Frapin Inmitten der Grande Champagne, bei
Segonzac, liegt das Château de Fontpinot, das seit
fünf Jahrhunderten Stammhaus der Familie ist. Frapin
gehört zum Kreis der etwa 20 Cognac-Häuser, die
mehr als eine Million Flaschen im Jahr verkaufen.
Die Marken heißen »V.S.«, »V.S.O.P.« Grande
Champagne, »Domaine Frapin« Vieille Grande
Champagne, »Château Fontpinot« Grande Champagne Premier Cru, »VIP X.O.« Grande Champagne
Premier Cru, »Extra« Grande Champagne; Letzterer – aus der legendären Réserve Patrimoniale

»Pierre Frapin« – wird in Kristallkaraffen angeboten. Die Qualitäten enthalten jeweils 40% vol Alkohol, mit Ausnahme von »Château Fontpinot« mit einem Gehalt von 41% vol.

Hennessy Das größte Cognac-Haus geht auf die Gründung des Iren Richard Hennessy im Jahre 1765 zurück. Mit über 30 Millionen Flaschen jährlich belegte Hennessy 1996 in der internationalen Rangliste der meistverkauften Spirituosen den 26. Platz. Seit 1971 ist die Firma mit dem Champagner-Haus Moët verbunden. Das Unternehmen bietet folgende Marken an: »V. S.«, »V. S.O.P. Privilège«, »X.O.«, »Paradis«, »No.1« und »Richard«, wobei die beiden letztgenannten zu den außergewöhnlich exklusiven Bränden zählen. »No.1« enthält 43,5% vol Alkohol, alle anderen Qualitäten enthalten 40% vol.

»No. 1«, »Paradis« und »Richard« sind eine Assemblage der Crème de la Crème von Bränden, die seit Jahrzehnten in den Reifelagern liegen.

Hine Der Engländer Thomas Hine war Teilhaber einer 1763 in Jarnac gegründeten Firma, die er später übernahm und die seit 1817 seinen Namen trägt. Bis heute stammen die Inhaber in direkter

Linie von ihm ab. Hine zählt zu den mittelgroßen Firmen und bietet überwiegend gehobene Qualitäten. Die Marken heißen »Rare & Délicate« V.S.O.P. Fine Champagne, »Antique« Très Rare Fine Champagne, »Triomphe« Grande Champagne (40% vol), »Family Réserve« Grande Champagne (42% vol) und »Mariage de Thomas Hine« Grande Champagne (40% vol), der in einer Baccarat-Karaffe geliefert wird. Hine stellt auch äußerst rare Jahrgangscognacs her.

»Talent de Thomas Hine Familiy Réserve« mit 43% vol (Jahrgang 1914, in der Baccarat-Karaffe) ist einer der teuersten Cognacs.

Leopold Gourmel Das relativ junge Unternehmen ist Produzent von außergewöhnlichen Cognacs, die ungemischt jeweils aus Weinen einer Gemarkung und eines Jahres bestehen. Alle Sorten stammen aus Reben des Anbaugebiets »Fins Bois« und haben lange Lagerzeiten hinter sich. Gourmel benennt die Cognacs nach Farbe und Geschmack, nicht nach den gebräuchlichen Altershinweisen. So führen die Qualitäten die Bezeichnungen »Âge de Fruits«, »Âge de Fleurs«, »Âge d'Épices« und »Quintessence« – außer »Âge de Fleurs« (41% vol) alle mit 43% vol.

Martell Mit rund 22 Millionen jährlich verkauften Flaschen belegt das 1715 von Jean Martell gegründete Haus – das älteste der großen Cognac-Hersteller – ganz knapp hinter Rémy Martin den dritten Platz unter den Cognacproduzenten. Das über enorme Reserven verfügende Unternehmen ist seit 1988 ein Teil des Spirituosenmultis Seagram. Die Marken heißen »V.S.« Fine, »V.S.O.P. Médaillon« Old Fine Cognac, »Cordon Bleu« Old classic Cognac, »Noblige«, »L'Or de Martell«. Alle Martell-Cognacs enthalten 40% vol Alkohol.

Die besondere Marke des Hauses Martell »L'Or de Martell« wird seit 1994 in einer mit Feingold verzierten Karaffe angeboten.

Otard Das Unternehmen Otard, das bereits seit 1795 Cognac herstellt und heute mit jährlich rund zwei Millionen verkauften Flaschen zu den großen Produzenten zählt, verwendet nur weit über die vorgeschriebene Zeit hinaus gelagerte Destillate der Petite und Grande Champagne und bietet seine Cognacs in keulenförmigen Flaschen an. Die Brände heißen »V.S.O.P.« Fine Champagne, »Napoléon«, »X.O.« und »Extra«, jeweils mit 40% vol Alkohol.

Polignac Der Cognac »Prince Hubert de Polignac« ist nach einer der ältesten Familien aus dem
französischen Adel benannt, wurde jedoch erst 1947
als Cognacmarke eingeführt. Hersteller ist das 1858
gegründete Cognac-Haus Henri Mounier. Die angebotenen Marken heißen »V.S.«, »V.S.O.P« und
»X.O«, jeweils mit einem Alkoholgehalt von 40% vol.

Rémy Martin Das Cognac-Haus Rémy Martin
besteht seit 1724. Es ist heute mit fast 23 Millionen
jährlich verkauften Flaschen mit knappem Vorsprung
vor Martell der zweitgrößte Produzent und genießt
weltweites Ansehen. Das Unternehmen bietet
folgende Marken an: Die Fine-Champa-
gne-Qualitäten »V.S.«, »V.S.O.P.« und
»Club de Rémy Martin«, die in Karaffen
erhältlichen Qualitäten »X.O. Spécial«
und »Extra Perfection«, und – in einer Baccarat-Kri-
stall-Karaffe – »Rémy Martin Louis XIII« Grande
Champagne, die Spitzenmarke des Hauses, die zu
den teuersten Cognacs überhaupt zählt. Alle Qualitäten von Rémy Martin enthalten 40% vol Alkohol.

**95 Prozent der Produk-
tion von Rémy Martin
werden exportiert. Der
»V.S.O.P.« ist in seinem
Segment in Deutschland
am beliebtesten.**

Side Car

4 cl Cognac
2 cl Cointreau oder Curaçao Triple Sec
2 cl Zitronensaft

klassischer Drink für die Cocktail-Hour

Alle Zutaten im *Shaker* mit Eiswürfeln gut schütteln und in eine Cocktailschale abgießen.

Brandy Sour

5 cl Cognac
3 cl Zitronensaft
2 cl Zuckersirup
Orange
Cocktailkirsche

Shortdrink für den Nachmittag

Im *Shaker* mit Eiswürfeln gut schütteln und in ein Sourglas abgießen. Einen Spieß mit einer halben Orangenscheibe und einer Cocktailkirsche über den Glasrand legen.

Between the Sheets

2 cl Cognac
2 cl weißer Rum
2 cl Cointreau oder Curaçao Triple Sec
1 cl Zitronensaft

starker Shortdrink

Alle Zutaten im *Shaker* mit Eiswürfeln gut schütteln und in eine Cocktailschale abgießen.

Stinger

klassischer amerikanischer Digestif

Alle Zutaten in ein kleines Becherglas auf Eiswürfel geben und gut verrühren.

4 cl Cognac
2 cl Crème de Menthe weiß

American Beauty

Shortdrink für die Cocktail-Hour

Im *Shaker* (ohne Port) mit Eiswürfeln schütteln und in ein kleines Becherglas auf Eiswürfel abgießen. Eine halbe Orangenscheibe dazugeben und den Port darüberträufeln.

2 cl Cognac
2 cl Vermouth Dry
1 cl Grenadine
2 cl Orangensaft
einige Tropfen Crème de Menthe weiß
Orange
einige Tropfen Tawny Port

Brandy Flip

Shortdrink für den späten Vormittag

Im *Shaker* mit Eiswürfeln gut schütteln und in ein Stielglas abgießen. Muskatnuss darüber reiben.

5 cl Cognac
1 cl Zuckersirup
2 cl Sahne
1 Eigelb
Muskatnuss

Frenchy

4 cl Cognac
2 cl Crème de Banane
6 cl Orangensaft
6 cl Ananassaft
1 cl Erdbeersirup
Erdbeere

fruchtiger Longdrink für den Abend

Im *Shaker* mit Eiswürfeln gut schütteln und in ein Longdrinkglas auf Eiswürfel abgießen. Eine Erdbeere an den Glasrand stecken.

Remy Cup

4 cl Rémy Martin Cognac
1 cl Grenadine
10 cl Maracuja-nektar
Ananas
Minze

Drink für den frühen Abend

Im *Shaker* mit Eiswürfeln gut schütteln und in ein großes Becherglas auf Eiswürfel abgießen. Mit Ananasstück und Minzezweig garnieren.

Brandy Egg Nogg

6 cl Cognac
1 cl Zuckersirup
1 Ei, 12 cl Milch
2 cl Sahne
2 Spritzer Angostura
Muskatnuss

milder Vor- und Nachmittagsdrink

Im *Shaker* mit Eiswürfeln gut schütteln und in ein Longdrinkglas abgießen. Mit fein geriebener Muskatnuss bestreuen.

Trocadero

aromatischer Drink für den Abend

Im *Shaker* mit Eiswürfeln gut schütteln und in ein Longdrinkglas auf Eiswürfel abgießen. Eine Orangenscheibe an den Glasrand stecken.

3 cl Cognac
2 cl Cointreau
I cl Amaretto
I cl Grenadine
6 cl Orangensaft
4 cl Grapefruitsaft
Orange

Brandy Alexander

der berühmteste Sahnedrink

Im *Shaker* mit Eiswürfeln gut schütteln und in eine Cocktailschale abgießen. Mit fein geriebener Muskatnuss bestreuen.

4 cl Cognac
2 cl **Crème de Cacao braun**
4 cl **Sahne**
Muskatnuss

Mont Blanc

alkoholstarker Digestif für den Abend

Im *Rührglas* auf Eiswürfeln verrühren. In ein kleines Stielglas abgießen und die Sahne als Haube darauf setzen.

3 cl **Rémy Martin Cognac**
3 cl **Cointreau**
leicht geschlagene Sahne

HITCHCOCK®

100 % FRUCHTEIGENER SAFT

Fruchtsaft

0,5 l **ZITRONENSAFT**
Im Ernteland direkt gepreßt und abgefüllt
MINDESTENS HALTBAR BIS ENDE: SIEHE DECKELRAND

S chon seit 1978 sind Deklarationsvorschriften in Kraft, in denen die verschiedenen Qualitätsstufen für Fruchtsäfte oder Getränke auf Fruchtsaftbasis festgelegt wurden. Danach unterscheidet man zwischen Fruchtsaft und Fruchtnektar. Getränke, die als Fruchtsaft bezeichnet werden dürfen, müssen zu 100 Prozent aus frischen Früchten (Direktsaft) oder aus tiefgefrorenem Fruchtsaftkonzentrat (Konzentratsaft) hergestellt werden. Direktsaft wird erntefrisch gepresst, kurzzeitig erhitzt (pasteurisiert) und abgefüllt. Eine Zuckerung ist dabei gesetzlich ebenso untersagt wie die Verwendung von Konservierungsmitteln oder Farbstoffen. Abgefüllt wird meist direkt im Ernteland. Fruchtsaft aus Fruchtsaftkonzentrat

muss auf dem Etikett deklariert werden. Diesem Saft
werden nach dem Pressen im Ursprungsland etwa
50 bis 80 Prozent seines natürlichen Fruchtwassers
unter Hitze entzogen. Das so entstandene Konzen-
trat wird danach tiefgefroren und erst beim Abfüller
wieder aufgetaut. Um die ursprünglichen 100 Prozent Flüssigkeitsmenge wieder zu erreichen, fügt man dem Fruchtsaftkonzentrat
die entzogene Menge Wasser wieder
hinzu, pasteurisiert das Ganze erneut und
füllt das Getränk in Vakuumbehältnisse. Bei Konzen-
tratsäften ist es gesetzlich erlaubt, einen Frucht-
zuckermangel durch Zusatz von bis zu 15 Gramm
Zucker pro Liter auszugleichen. Fruchtnektare bestehen aus einem Gemisch von Fruchtsäften und/oder
Fruchtmark, Wasser und Zucker. Gesetzlich vorgeschrieben ist je nach Sorte ein Mindestgehalt von
30 bis 50 Prozent Fruchtsaft bzw. -mark. Dies muss
auf dem Etikett deklariert werden. Der Rest besteht
aus Wasser und Zucker. Nektare können einen weit
höheren Fruchtgehalt aufweisen.

**Das »Fruchtsaftge-
tränk«, bestehend aus
Wasser, Zucker und
geringen Fruchtaus-
zügen, spielt beim
Mixen keine Rolle.**

Fiesta

2 cl Cassis Sirup
2 cl Sahne
8 cl Orangensaft
8 cl Maracuja-
nektar
Orange
Johannisbeeren

fruchtiger Softdrink

Im *Shaker* mit Eiswürfeln schütteln und in ein Longdrinkglas auf Eiswürfel abgießen. Mit einer Orangenscheibe und Johannisbeeren garnieren.

Alice

2 cl Grenadine
2 cl Sahne
8 cl Orangensaft
8 cl Ananassaft
Orange
Cocktailkirsche

Softdrink für den Nachmittag

Im *Shaker* mit Eiswürfeln schütteln und in ein Longdrinkglas auf Eiswürfel abgießen. Mit einer Orangenscheibe und Cocktailkirsche garnieren.

Pussy Foot

2 cl Grenadine
6 cl Ananassaft
6 cl Orangensaft
6 cl Grapefruitsaft
Ananas
Cocktailkirsche

der Drink »ohne« für jede Tageszeit

Im *Shaker* mit Eiswürfeln schütteln, in ein Longdrinkglas auf Eis abgießen. Mit Ananas und Cocktailkirsche garnieren.

Orange Velvet

aparter Softdrink für den Nachmittag

Im *Shaker* mit Eiswürfeln schütteln, in ein Longdrinkglas auf Eiswürfel abgießen. Mit einer Orangen- und Kiwischeibe und Cocktailkirsche garnieren.

2 cl Mandelsirup
2 cl Sahne
8 cl Orangensaft
8 cl Maracujasaft
Orange
Kiwi
Cocktailkirsche

Florida Sun

fruchtiger Softdrink für heiße Tage

Im *Shaker* mit Eiswürfeln schütteln und in ein Longdrinkglas auf Eiswürfel abgießen. Mit Ananasstück und Cocktailkirsche garnieren.

2 cl Maracuja-sirup
2 cl Zitronensaft
5 cl Ananassaft
5 cl Orangensaft
5 cl Grapefruitsaft
Ananas
Cocktailkirsche

Exotic Punch

karibischer Softdrink für heiße Tage

Im *Shaker* mit Eiswürfeln schütteln, in ein Longdrinkglas auf Eiswürfel abgießen. Mit Fruchtstücken garnieren.

2 cl Mangosirup
4 cl Maracuja-nektar
4 cl Ananassaft
4 cl Orangensaft
4 cl Grapefruitsaft

Speedy Gonzalez

2 cl Curaçao
Blue Sirup

6 cl Maracuja-
nektar

6 cl Grapefruitsaft

6 cl Bananen-
nektar

Karambolen

Erdbeeren

Fruchtdrink für den Sommertag

Im *Shaker* mit Eiswürfeln schütteln und in ein Longdrinkglas auf Eiswürfel abgießen. Mit zwei Karambolesternen und zwei Erdbeeren garnieren.

Caribbean Fruitpunch

2 cl Curaçao
Blue Sirup

2 cl Zitronensaft

2 cl Rose's Lime
Juice

6 cl Maracuja-
nektar

6 cl Ananassaft

Orange

Cocktailkirsche

blauer Drink zur Sommerzeit

Im *Shaker* mit Eiswürfeln schütteln, in Longdrinkglas auf Eiswürfel abgießen. Halbe Orangenscheibe verdrehen, zwei Cocktailkirschen in die Mitte spießen.

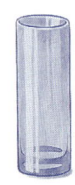

Strawberry Kiss

2 cl Erdbeersirup

2 cl Sahne

6 cl Maracuja-
nektar

6 cl Mangonektar

6 cl Orangensaft

Erdbeere

fruchtig-sahniger Exoticdrink

Im *Shaker* mit Eiswürfeln schütteln, in Longdrinkglas auf Eiswürfel abgießen. Erdbeere an den Glasrand stecken.

Virgin Mary

berühmter Katerkiller ohne Alkohol

In ein Longdrinkglas auf einige Eiswürfel geben und gut verrühren. Ein Stück Stangenstellerie oder eine Zitronenscheibe dazugeben.

1 cl **Zitronensaft**

frisch gemahlener Pfeffer

Selleriesalz

2 Spritzer **Tabasco**

3–5 Spritzer **Worcestershiresauce**

20 cl **Tomatensaft**

Stangensellerie oder Zitrone

Summer Cooler

spritziger Longdrink für heiße Tage

In ein Longdrinkglas mit Eiswürfeln geben und mit Ginger Ale auffüllen. Eine Zitronenscheibe mit Cocktailkirsche an den Glasrand stecken.

4 cl **Rose's Lime Juice**

8 cl **Sauerkirschnektar**

kaltes **Ginger Ale**

Zitrone

Cocktailkirsche

Sport Flip

alkoholfreier Klassiker der 60er Jahre

Im *Shaker* mit Eiswürfeln schütteln und in ein Weinglas abgießen. Geriebene Muskatnuss darüber streuen.

1 **Eigelb**

2 cl **Sahne**

1 cl **Grenadine**

6 cl **Orangensaft**

6 cl **Ananassaft**

Muskatnuss

Genever

Der Name der niederländischen Nationalspirituose kommt vom lateinischen »juniperus«
(Wacholder). Man unterscheidet zwischen Oude
(altem) und Jonge (jungem) Genever. Oude Genever wird unter Verwendung von viel Moutwijn
(Malzwein) erzeugt, der wiederum aus einer Maische mit gleichen Anteilen von Gerstenmalz, Roggen und Mais entsteht. In den Destilleerderijen wird
Moutwijn (rund fünf Liter auf 100 Liter Oude
Genever) mit Neutralalkohol und Gewürzen –
Wacholderbeeren, etwas Anis, Kümmel, Koriander
– noch einmal destilliert. Oude Genever hat einen
charakteristischen malzig-kornigen Geschmack.
Nach der Lagerung füllt man Oude Genever mit

mindestens 38% vol Alkohol auf Flaschen. Jonge Genever entsteht ebenso, jedoch ist das Verhältnis Moutwijn zu Alkohol ganz anders: Jonge Genever beinhaltet sehr wenig Moutwijn; er wird leicht aromatisiert und weist eine gewisse Korn- und Wacholdernote auf. Genever serviert man stets eiskalt.

Die wichtigsten Marken

Bokma Aus Leeuwarden im Norden Hollands kommt »Bokma«-Egte Oude Friesche Genever«, der wohl berühmteste aller Genever. So alt wie sein guter Ruf ist auch das Familienrezept für seine Herstellung, das seit 1826 nicht verändert wurde. Er weist im Gegensatz zum »Jonge Bokma« mit 35% vol einen Alkoholgehalt von 38% vol auf.

»Bokmas« besondere Markenzeichen sind die vierkantige Flasche und das mit alten Schriften bedruckte Etikett.

De Kuyper Das 1695 in Schiedam gegründete Unternehmen ist heute der größte Likörproduzent der Welt, dessen Genever in den berühmten Flaschen mit dem Knick als Oude (38% vol) und Jonge (35% vol) angeboten werden.

*D*ie Geschichte des Gins geht bis ins 17. Jahrhundert zurück. Vorläufer des heute bekannten Gins war der holländische Genever. Damals wurde in Holland ein Getreidedestillat mit Wacholder gebrannt. Diesen Genever oder Jenever (von lateinisch »juniperus« für Wacholder, italienisch »ginepro«, französisch »genièvre«) verordneten Heilkundige als Medizin; er war nur in Apotheken erhältlich. Als Wilhelm III. von Oranien 1689 den englischen Thron bestieg, brachte er aus seiner Heimat den Genever mit über den Kanal, belegte kontinentale, vornehmlich französische, Alkoholika mit hohen Sondersteuern, erlaubte aber jedem Engländer, Wacholderschnaps zu brennen. Dieser in England hergestellte »Genever«, der bald Gin genannt wurde, unterschied sich wesentlich von dem in Holland produzierten. Gin wurde in England so populär, dass seine Beliebtheit anfing problematisch zu werden – zumal Gin oft mit billigsten Herstellungsmethoden und minderwertigen Zutaten produziert wurde. Das beginnende Industriezeitalter brachte soziale Probleme in bisher nie gekanntem Ausmaß, und die Betroffenen ertränkten sie in Gin – und meist in solchem schlechtester Qualität. 1743 sah sich das Parlament deshalb genötigt, mit einem Gesetz gegen das übermäßige Gintrinken anzugehen. Außerdem ordnete es ab dem Jahre 1751 strenge Qualitätskontrollen für Englands Lieblingsgetränk an. Der englische Gin wurde früher aus Kornbrand hergestellt. Heute ist die alkoholische Basis des für Gin verwendeten Destillats nicht mehr entscheidend, da eine kornige Geschmacksnote ohnehin nicht gefragt ist. Gin wird aus reinem, neutralem Alkohol destilliert. Zur Aromatisierung ver-

Im 18. Jahrhundert wurden in England nicht selten giftige Mixturen als Gin verkauft, so dass er bald »Mutters Ruin« hieß.

wendet man Wacholderbeeren und Gewürze wie Koriander, Orangen- und Zitronenschalen, Lavendel, Mandeln, Zimt, Kümmel, Anis, Angelika und Kardamom. Gin kann, wenn er nach der Destillation auf Trinkstärke verdünnt ist, ohne Lagerzeit konsumiert werden. Man unterscheidet zwei Arten: den trockenen »Dry Gin« oder »London Dry Gin« und den mit Zucker gesüßten »Old Tom« oder »Plymouth Gin«. Letzterer ist in Deutschland weniger bekannt. Plymouth Gin war einst schwerer und aromatischer als London Gin, hat sich aber im Lauf der Jahre dem leichteren, international berühmteren London Gin angeglichen. Gin enthält mindestens 37,5% vol Alkohol. Wird Gin als »London Dry Gin« bezeichnet, bezieht sich der Name auf die trockene Art des Gins, nicht auf den Herstellungsort; dieser kann, muss aber nicht London sein. Gin wird heute in fast allen Ländern Westeuropas, in den USA und in Kanada hergestellt. Trotz seiner Klarheit und seines aromatischen Bouquets wird Gin aber nur selten pur getrunken.

An der Bar nimmt die klassische Mixspirituose Gin den ersten Platz ein, denn er stellt die Basis für viele weltbekannte Drinks dar.

Die wichtigsten Marken

Beefeater »Beefeater London Distilled Dry Gin« wird in London von der 1820 gegründeten James Burrough Ltd. hergestellt. Das Unternehmen ist im Besitz von Allied Domecq, einer Tochtergesellschaft des Spirituosenkonzerns Hiram Walker. Der Firmengründer James Burrough wählte den Namen »Beefeater«, um damit Tradition und Ansehen auszudrücken: Die Beefeaters sind die traditionellen Hüter des Londoner Tower, die ältesten königlichen Leibwächter. Ihre Geschichte geht bis in die Zeit Wilhelms des Eroberers zurück, und ihre mittelalterliche Uniform hat sich seit den Tudors nicht verändert. Sie zieren bis heute das Etikett der Flaschen. Der trockene und aromatische »Beefeater« zählt zu den großen Marken mit internationalem Bekanntheitsgrad. Sein Alkoholgehalt beträgt 40% vol. Neben dem klassischen »Beefeater« wird seit einigen Jahren auf den internationalen Märkten auch der »Beefeater Crown Jewel« – Finest Triple Distilled Gin mit 50% vol angeboten.

> »Beefeater« ist eine Verballhornung der französischen »Buffetiers«, wie die Bediensteten an der königlichen Tafel hießen.

Bombay Sapphire »Bombay Sapphire Distilled« London Dry Gin wird nach einem Rezept von 1761 hergestellt. Getreidealkohol bildet die alkoholische Basis dieses hervorragenden Gins, sein unverwechselbares Aroma geben ihm aus aller Welt stammende Kräuter. Er wird produziert von der Bombay Spirits Company Ltd. in London, die den »Bombay Sapphire« – mit einem Alkoholgehalt von 47% vol – in saphirblaue Flaschen abfüllt.

Booth's Die Booth's Distilleries wurden 1740 von der aus dem Norden Englands eingewanderten Familie Booth in Clerkenwell/London gegründet. Das Unternehmen gehört laut alten Urkunden zu den ältesten Ginherstellern Englands. »Booth's Gin«, dessen Markenzeichen der »Red Lion« ist, ein roter Löwe auf dem Etikett, wird in verschiedenen Qualitäten hergestellt. Neben dem »Finest Dry« gibt es den »High & Dry« und die besondere Marke »House of Lords«. Alle angebotenen Ginqualitäten aus dem Haus Booth's enthalten 40% vol Alkohol.

1915 wurde vom Getränkedepartment des Houses of Lords Booth's Gin für den Bedarf seiner Mitglieder ausgewählt.

Burnett's White Satin Die Entstehungsge-
schichte dieses Gins reicht zurück bis in das Jahr
1770, in dem das noch heute gültige Ori- **Anfang dieses Jahrhun-**
ginalrezept von Sir Robert Burnett's **derts kamen in London**
die ersten »American
»White Satin« London Dry Gin (Alkohol- **Bars« auf, und hier**
spielte der Gin bald
gehalt 43% vol) erfunden wurde. Die **eine bedeutende Rolle.**
Firma mit Sitz in London gehört mittlerweile zum
Spirituosenmulti Seagram.

Finsbury »Finsbury« Distilled London Dry Gin
stammt aus der gleichnamigen, 1740 in London
gegründeten Destillerie. Seit seiner Etablierung auf
dem deutschen Markt zählt Finsbury zu den führenden Marken. Sein Alkoholgehalt beträgt 37,5% vol.

Gilbey's Walter und Alfred Gilbey gründeten 1857
in London eine Firma, die sich mit Wein- und Spiri-
tuosenhandel befasste. 1872 eröffneten sie im nördlichen Teil Londons eine Destillerie und begannen
Gin herzustellen. In den folgenden Jahrzehnten
erwarb die W. & A. Gilbey Ltd. Whiskydestillerien,
übernahm den Vertrieb von Spirituosen und baute
Brennereien für die Produktion von Gin und Whis-

ky in Australien und Kanada. »Gilbey's Gin« wurde besonders schnell in den USA bekannt und war zur Zeit der Prohibition eine bei Fälschern beliebte Marke. Um diesen das Geschäft zu verderben, füllte

Rasch verbreitete sich Gin auch außerhalb Englands. In den britischen Kolonien wurde er mit Tonic Water zum Lieblingsgetränk.

man »Gilbey's Gin« nur noch in besondere Mattglasflaschen ab, die viel zum Erfolg von »Gilbey's« in den USA beitrugen. »Gilbey's« bildet heute die Nummer zwei unter den englischen Ginmarken. Seit einigen Jahren ist das Unternehmen eine Tochter der IDV (International Distillers and Vintners), die wiederum zur Grand-Metropolitan-Firmengruppe gehört. »Gilbey's Gin« hat einen Alkoholgehalt von 38% vol.

Gordon's Alexander Gordon wurde 1742 in Schottland als Sohn eines Destillateurs geboren und errichtete 1769 im Norden Londons, der für sein reines, gutes Wasser bekannt war, sein eigenes Unternehmen. Schon um 1800 war »Gordon's Gin« eine weithin bekannte Marke. 1823 übernahm Alexanders Sohn Charles die Firma, ihm folgte 1849 dessen Sohn Charles II.; 1898, kurz vor dessen Tod, vereinigte sich Gordon & Co. mit der Londoner Firma Tanqueray zur Tanqueray, Gordon & Co. Ltd. Die große Nachfrage veranlasste das Unternehmen, auch in Übersee Niederlassungen aufzubauen: Jede dieser Filialen folgt – bis heute – bei der Destillation exakt der Formel, die von der Gordon's-Destille in London verwendet wird. Heute ist »Gordon's« die meistverkaufte Ginmarke der Welt. Ihr Alkoholgehalt beträgt 37,5% vol.

Greenall's »Greenall's« Original London Dry Gin wurde erstmals 1761 im alten Städtchen Warrington in der Grafschaft Lancashire hergestellt. 1861 kauften Gilbert und John Greenall die alte Destillerie, und 1961, 100 Jahre später, wurde von den Erben der Grundstein für eine neue Brennerei gelegt. Seit dieser Zeit schmückt das Wappen der Familie jede Flasche »Greenall's Gin«. Ein Jahr später konnte das neue Werk eröffnet werden, das damals zu den modernsten Destillerien Europas zählte. Einen der kupfernen Destillierkessel, in dem bis heute gebrannt wird, hat

Als Greenall's 1761 mit der Ginproduktion begann, galten bereits seit zehn Jahren die Regelungen zur Kontrolle der Ginqualität.

man damals aus zwei Kesseln von 1831 gebaut. Der Alkoholgehalt von »Greenall's Gin« beträgt 38% vol.

Larios In der Provinz Malaga begann Don Martin Larios y Herrero Anfang dieses Jahrhunderts mit dem Weinanbau und der Herstellung von Weinprodukten. Heute ist die Firma Larios S.A./Malaga der größte Spirituosenhersteller Spaniens und »Larios Gin« die meistverkaufte Spirituosenmarke des Landes. International belegt »Larios Gin« den dritten Platz. »Larios« Distilled London Dry Gin hat einen Alkoholgehalt von 38% vol.

Pimm's N° 1 Cup Der Gin »Pimm's N° 1 Cup« wurde 1841 von James Pimm erfunden. Die genaue Rezeptur von Pimm's war und ist bestgehütetes Geheimnis, das bis heute nur wenige Personen kennen: Es handelt sich um einen mit Kräuterauszügen aromatisierten Gin. James Pimm verkaufte die Mischung noch auschließlich, allerdings mit wachsendem Erfolg, in seiner Oyster Bar in London. Die Nachfolger von James Pimm entschieden sich in den sieb-

»Pimm's N° 1 Cup« ist eine Spezialität auf Ginbasis. Welche Kräuter dafür verwendet werden, verrät der Hersteller nicht.

ziger Jahren des vorigen Jahrhunderts dafür, den
»Pimm's N° 1 Cup« auf Flaschen abzufüllen und in
großem Rahmen zu vertreiben. Einige Jahre war
Pimm's vor allem für den Markt in den USA mit den
Bezeichnungen von N° 1 bis N° 6 erhältlich; N° 2
war auf Scotchbasis hergestellt, N° 3 auf Brandybasis, N° 4 auf Rum- und Brandybasis, **Um zu verhindern, dass
jemand hinter das Ge-**
bei N° 5 bildete American Whiskey das **heimnis der verwendeten Gewürze kommt,**
Ausgangsprodukt und bei N° 6 Wodka. **betreibt man nebenbei**
Die Produktion der Sorten 2 bis 6 stellte **einen Gewürzhandel.**
man jedoch schnell wieder ein, nachdem der
Umsatz fast ausschließlich mit »Pimm's N° 1«
gemacht wurde. Es gibt heute also nur noch den
»Pimm's N° 1« auf Ginbasis, der nach wie vor nach
dem Originalrezept hergestellt wird, allerdings mit
einem etwas geringeren Alkoholgehalt von 25% vol.
Plymouth Die Blackfriars Distillery wurde 1793
in der weltberühmten englischen Hafenstadt Plymouth auf dem Gelände eines ehemaligen Domini-
kanerklosters gegründet. Die Bezeichnungen »London Gin« und »Plymouth Gin« gelten heute als

Gattungsbegriffe. Während London Gin weltweit produziert wird, liegt die Herstellung von »Plymouth Gin« ausschließlich in den Händen der Destillateure von Blackfriars Coates & Co. Ltd. Zu Beginn der Ginproduktion in England wies »Plymouth Gin« eine erhebliche Differenz zum London Gin auf. Er lag geschmacklich zwischen London und dem würzigeren Dutch (Holland) Gin. Im Laufe der Jahre glich sich der Geschmack dem leichteren, international berühmten London Gin an, und heute besitzt »Plymouth Dry Gin« einen zarten, trockenen Geschmack. Er enthält 37,5% vol Alkohol.

Sloe Gin »Sloe Gin« ist eine amerikanische Ginvariante, bei der Schlehen (engl. Sloeberry) in Gin eingelegt werden, der dann den herbsüßen Geschmack der Früchte annimmt. Der tiefrote »Sloe Gin« ähnelt mehr einem Schlehenlikör und hat mit Gin im üblichen Sinn nichts gemein. Wie die anderen mit Früchten versetzten Ginversionen ist »Sloe Gin« auf dem deutschen Markt nicht vertreten.

Der Ausdruck »Dry Gin« bedeutet trockener Gin und darf nur verwendet werden, wenn kein Zucker zugesetzt wurde.

Tanqueray In Finsbury, einem für sein reines, frisches Wasser berühmten Vorort Londons, begann Charles Tanqueray 1740 mit der Destillation von Gin. Während dieser Jahre, im so genannten Ginzeitalter, wurden viele rauhe, harte Spirituosen hergestellt und als Gin verkauft. Charles Tanqueray entwickelte ein neues Rezept – mit dem Ziel, qualitativ hochwertigen Gin zu produzieren. Sein Destillat war gut, wurde schnell bekannt und in viele britische Kolonien geliefert. 1898 schloss sich Tanqueray mit der Brennerei Gordon & Co. zusammen. In den vierziger Jahren entdeckten die amerikanischen Konsumenten »Tanqueray Gin«; sie führten bald 80 Prozent der Produktion ein. Bis heute stellen die USA den größten Markt für »Tanqueray Gin« dar, der in sehr auffällige (einem englischen Hydranten nachgebildete) Flaschen abgefüllt wird. Unter den importierten Gins in den USA bildet Tanqueray die Nummer zwei. »Tanqueray« Distilled English Gin Special Dry wird mit 47,4% vol angeboten.

Tanquerays geheime Formel zur Gingewinnung gilt noch heute und befindet sich im Besitz seines Ururenkels P. John Tanqueray.

Martini Cocktail

1 cl Vermouth
Dry
5 cl Gin
grüne Olive
Zitrone

stark und herb – der König der Cocktails

Im *Rührglas* mit Eiswürfeln verrühren.
In ein vorgekühltes Cocktailglas abgießen, eine grüne Olive dazugeben
oder mit Zitronenschale abspritzen.

Gibson

1 cl Vermouth
5 cl Gin
Cocktail-Onions

in den USA beliebte Martini-Variante

Vermouth und Gin im *Rührglas* mit
Eiswürfeln gut verrühren. In ein vorgekühltes Cocktailglas abgießen und
einige Cocktail-Onions dazugeben.

Atta Boy

1 cl Vermouth
Dry
4 cl Gin
einige Tropfen
Grenadine

eine weitere herbe Martini-Variante

Alle Zutaten im *Rührglas* mit Eiswürfeln gut verrühren und in ein vorgekühltes Cocktailglas abgießen.

New Orleans Fizz

Gin-Fizz-de Luxe als Abenddrink

Alle Zutaten im *Shaker* mit Eiswürfeln gut schütteln und in ein kleines Becherglas abgießen. Mit Sodawasser aufspritzen.

5 cl Gin
3 cl Zitronensaft
2 cl Zuckersirup
2 cl Sahne
3 Spritzer Orangenblütenwasser
kaltes Sodawasser

Gimlet

weltbekannter Before-Dinner-Drink

Die Zutaten im *Rührglas* mit Eiswürfeln gut verrühren. In ein vorgekühltes Cocktailglas abgießen und eine Limettenscheibe dazugeben.

4 cl Gin
2 cl Rose's Lime Juice
Limette

Claridge

starker Before-Dinner-Drink

Alle Zutaten im *Rührglas* mit Eiswürfeln gut verrühren und in ein vorgekühltes Cocktailglas abgießen.

2 cl Vermouth Dry
2 cl Gin
1 cl Apricot Brandy
1 cl Cointreau

White Lady

4 cl Gin

2 cl Cointreau oder Curaçao Triple Sec

2 cl Zitronensaft

Gindrink für die Cocktail-Hour

Alle Zutaten im *Shaker* mit Eiswürfeln gut schütteln und in eine Cocktailschale abgießen.

Tom Collins

5 cl Gin

3 cl Zitronensaft

2 cl Zuckersirup

kaltes Sodawasser

Zitrone

Cocktailkirsche

erfrischender Nachmittagsdrink

Im *Shaker* mit Eiswürfeln schütteln und in ein großes Becherglas auf Eiswürfel abgießen. Mit Sodawasser auffüllen. Eine halbe Zitronenscheibe und eine Cocktailkirsche dazugeben.

Orange Blossom

5 cl Gin

5 cl Orangensaft

einige Spritzer Orangenblütenwasser

Einsteigerdrink für den Abend

Alle Zutaten im *Shaker* mit Eiswürfeln gut schütteln und in ein Sourglas abgießen.

Gin and It

starker Aperitif für den Abend

Alle Zutaten im *Rührglas* mit Eiswürfeln gut verrühren und in ein vorgekühltes Cocktailglas abgießen.

4 cl Gin
2 cl Vermouth Rosso

Gin Tonic

der klassische Longdrink

In ein Longdrinkglas einige Eiswürfel und Gin geben. Mit Tonic Water auffüllen. Eine halbe Limetten- oder eine halbe Zitronenscheibe dazugeben. Mit Stirrer servieren.

4–6 cl Gin
kaltes Tonic Water
Limette oder Zitrone

Wedding Bells

je mehr, umso eher läuten die Glocken

Alle Zutaten im *Shaker* mit Eiswürfeln gut schütteln und in ein Cocktailglas abgießen.

2 cl Gin
2 cl Dubonnet Rouge
1 cl Cherry Brandy
2 cl Orangensaft

Pink Lady

4 cl Gin
2 cl Zitronensaft
1 cl Grenadine
1 Eiweiß

Shortdrink für den Nachmittag

Alle Zutaten im *Shaker* mit Eiswürfeln gut schütteln und in ein Sourglas abgießen.

Hot Gin Toddy

4 cl Gin
2 cl Zitronensaft
1 Teelöffel Zucker
Nelken, Zimtstange

es muss nicht immer Grog sein

In ein feuerfestes Glas geben und mit heißem Wasser aufgießen.

Singapore Sling

4 cl Gin
2 cl Cherry Brandy
2 cl Zitronensaft
1 cl Grenadine
1 Spritzer Angostura
kaltes Sodawasser
einige Tropfen Bénédictine
Zitrone
Cocktailkirschen

Longdrinkklassiker aus dem Raffles

Im *Shaker* mit Eiswürfeln schütteln und in ein Longdrinkglas auf Eiswürfel abgießen. Mit Sodawasser auffüllen, leicht umrühren und Bénédictine darauf träufeln. Eine halbe Zitronenscheibe und Cocktailkirschen dazugeben.

Flamingo

aromatischer Nachmittagsdrink

Alle Zutaten im *Shaker* mit Eiswürfeln gut schütteln und in eine Cocktailschale abgießen.

4 cl Gin

2 cl Apricot Brandy

2 cl Zitronensaft

1 cl Grenadine

Pink Gin

altes Heilmittel – für starke Mägen

Ein kleines Stielglas mit Angostura ausschwenken und den Gin dazugießen.

5 cl gekühlter Gin

einige Spritzer Angostura

Singapore Sling II

moderne Variante des Originals

Im *Shaker* mit Eiswürfeln gut schütteln und in ein Longdrinkglas auf Eiswürfel abgießen. Mit Sodawasser auffüllen und leicht umrühren. Ein Ananasstück mit einer Cocktailkirsche an den Glasrand stecken.

4 cl Gin

2 cl Cherry Brandy

2 cl Zitronensaft

1 cl Grenadine

1 cl Bénédictine

4 cl Ananassaft

1 Spritzer Angostura

kaltes Sodawasser

Ananas, Kirsche

Moulin Rouge

2 cl Gin
2 cl Apricot Brandy
2 cl Zitronensaft
1 cl Grenadine
kalter Champagner
Karambole

Champagnerdrink für jede Gelegenheit

Alle Zutaten im *Shaker* mit Eiswürfeln gut schütteln und in eine Champagnertulpe abgießen. Mit Champagner auffüllen. Einen Karambolestern an den Glasrand stecken.

Silvia

3 cl Gin
2 cl Crème de Banane
1 cl Cointreau
4 cl Orangensaft

milder Shortdrink für den Nachmittag

Alle Zutaten im *Shaker* mit Eiswürfeln gut schütteln und in eine Cocktailschale abgießen.

Opal

3 cl Gin
2 cl Cointreau
2 cl Orangensaft
1 Teelöffel Puderzucker

Shortdrink zur Cocktail-Hour

Alle Zutaten im *Shaker* mit Eiswürfeln gut schütteln und in eine Cocktailschale abgießen.

Florida Sling

fruchtiger Partydrink

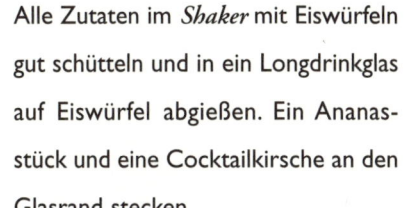

Alle Zutaten im *Shaker* mit Eiswürfeln gut schütteln und in ein Longdrinkglas auf Eiswürfel abgießen. Ein Ananasstück und eine Cocktailkirsche an den Glasrand stecken.

4 cl **Gin**
2 cl **Cherry Brandy**
2 cl **Zitronensaft**
1 cl **Grenadine**
8 cl **Ananassaft**
Ananas
Cocktailkirsche

Princetown

alkoholstarker, aromatischer Aperitif

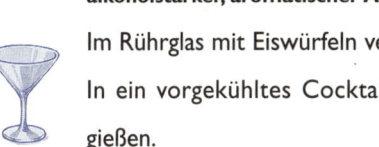

Im Rührglas mit Eiswürfeln verrühren. In ein vorgekühltes Cocktailglas abgießen.

4 cl **Gin**
2 cl **Tawny Port**
1 Spritzer **Orangenbitter**

Perfect Cocktail

milde Martini-Cocktail-Variante

Im Rührglas mit Eiswürfeln verrühren. In ein vorgekühltes Cocktailglas abgießen.

2 cl **Gin**
2 cl **Vermouth Rosso**
2 cl **Vermouth Dry**

Gin Fizz

5 cl Gin
3 cl Zitronensaft
2 cl Zuckersirup
kaltes Soda-
wasser

süßsaurer Shortdrink für heiße Tage

Im *Shaker* mit Eiswürfeln schütteln und in ein kleines Becherglas abgießen. Mit Sodawasser aufspritzen.

Bronx

4 cl Gin
2 cl Vermouth
Rosso
2 cl Vermouth Dry
3 cl Orangensaft
Orange

herber Drink zur Cocktail-Hour

Alle Zutaten im *Shaker* mit Eiswürfeln gut schütteln und in eine Cocktail-schale abgießen. Eine halbe Orangen-scheibe dazugeben.

Pink Rose Fizz

5 cl Gin
3 cl Zitronensaft
1 cl Sahne
1 cl Zuckersirup
1 cl Grenadine
1 Eiweiß
Sodawasser

Gin-Fizz-Variante für den kleinen Durst

Alle Zutaten im *Shaker* mit Eiswürfeln gut schütteln und in ein kleines Becherglas abgießen. Mit etwas Soda-wasser auffüllen.

Orangen Fizz

eine milde Gin-Fizz-Variante

Im *Shaker* mit Eiswürfeln schütteln und in ein kleines Becherglas abgießen. Mit Sodawasser aufspritzen.

5 cl Gin
3 cl Orangensaft
2 cl Zuckersirup
kaltes Sodawasser

Bronx Dry

sehr herber Drink zur Cocktail-Hour

Alle Zutaten im *Shaker* mit Eiswürfeln gut schütteln und in eine Cocktailschale abgießen. Eine halbe Orangenscheibe dazugeben.

4 cl Gin
4 cl Vermouth Dry
3 cl Orangensaft
Orange

Blue Lady

die Lady in Blue – für die Cocktail-Hour

Alle Zutaten im *Shaker* mit Eiswürfeln gut schütteln und in eine Cocktailschale abgießen. Eine Cocktailkirsche dazugeben.

4 cl Gin
2 cl Curaçao Blue
2 cl Zitronensaft
Cocktailkirsche

Paradise

4 cl Gin
2 cl Apricot Brandy
4 cl Orangensaft

milder Drink zur Cocktail-Hour

Im *Shaker* mit Eiswürfeln gut schütteln und in eine Cocktailschale abgießen.

Gin Alexander

4 cl Gin
2 Crème de Cacao weiß
4 cl Sahne

Sahnedrink für den frühen Abend

Alle Zutaten im *Shaker* mit Eiswürfeln gut schütteln und in eine Cocktailschale abgießen.

Big Ben

5 cl Gin
4 cl Orangensaft
2 cl Zitronensaft
I cl Grenadine
kaltes Bitter Lemon
Limette
Cocktailkirschen

Longdrink für den Sommerabend

Im *Shaker* mit Eiswürfeln gut schütteln und in ein Longdrinkglas auf Eiswürfel abgießen. Mit Bitter Lemon auffüllen. Eine Limettenscheibe an den Glasrand stecken und zwei Cocktailkirschen dazugeben.

Dom Cocktail

alkoholstarker Aperitif zum Dinner

Im *Shaker* mit Eiswürfeln gut schütteln und in ein Cocktailglas abgießen.

4 cl Gin
I cl Bénédictine D.O.M.
2 cl Orangensaft

Pink Rose

Damendrink für die Cocktail-Hour

Alle Zutaten im *Shaker* mit Eiswürfeln gut schütteln und in ein Sourglas abgießen.

5 cl Gin
I Eiweiß
I cl Grenadine
I cl Zitronen-saft
I cl Sahne

Pimm's N° I Cup

erfrischender Drink für Sommertage

In ein großes Becherglas Eiswürfel geben und Pimm's dazugießen. Mit Sprite auffüllen. Eine halbe Orangen- und Zitronenscheibe und Cocktailkirschen oder zusätzlich eine Gurken- und eine Apfelschale dazugeben.

5 cl Pimm's
kaltes Sprite
Orange
Zitrone
Cocktailkirschen

Grappa

ie Grappas, die beliebten Tresterbrände Italiens, haben sich aus den einfachen Winzerschnäpsen früherer Zeiten entwickelt. Sie entstehen durch Destillation aus den Kelterrückständen, also aus Kernen, Schalen und Stängeln, bei der Weinherstellung. Grappa wird im Friaul, in Venetien, im Piemont und im Aostatal gebrannt, wobei Venetien und Friaul die weitaus längste Grappatradition aufweisen. Die Unterschiede der aus den einzelnen Regionen stammenden Grappas ergeben sich vor allem durch die verschiedenen Traubensorten, aus deren Rückständen gebrannt wird, wobei innerhalb eines Gebiets so gegensätzliche Destillate entstehen wie zum Beispiel im Piemont Grappa aus Trebern von Moscato-

Trauben (weich, lieblich) und aus Nebbiolo (trocken, herb, tanninhaltig). Manche Hersteller bieten eine große Anzahl verschiedener Qualitäten an. Dass dennoch jeder Grappa erst einmal nach Grappa schmeckt, hat seinen Grund in einer gesetzlichen Vorschrift: Die Pressrückstände, das Grundmaterial für die Grappaherstellung, müssen trocken gebrannt werden. Das heißt, sie dürfen nicht mehr Feuchtigkeit enthalten, als zum Destillieren unerlässlich ist. Dadurch wird das Aroma so intensiv wie möglich. Wenn man die Traubenrückstände unmittelbar nach der Pressung verwendet, erhält man einen runden und sehr weinigen Grappa. Meistens jedoch werden die Traubenreste einige Zeit eingelagert, bei kleineren Herstellern in Erdsilos mit Sandabdeckung, bei großen Brennereien in Tanks. Zum Destillieren erhitzt man sie dann mit Wasserdampf (einfache Methode) oder im Wasserbad (die vornehme Art); Letztere ist manchmal sogar auf dem Etikett vermerkt: »Destillata in bagno maria« steht auf einigen

Grappa (von grappolo = die Traube), heute eine angesehene Spirituose, war jahrhundertelang in Italien ein Getränk der Ärmsten.

Grappas aus dem Veneto. Im Wasserbad erhält man ein in der Menge geringeres, in der Qualität aber besseres Destillat. Ein guter Grappa altert zwischen zwei und vier Jahre (und mehr) in Holzfässern. Dabei spielt die Holzart eine für Geschmack und Farbe wichtige Rolle: Ein in Kirschholzfässern gereifter Grappa schmeckt deutlich süßer, ein in Eichenholz gereifter herber. Eine dunkle Farbe weist auf lange Lagerung in Kastanienholz hin. Der Alkoholgehalt des Grappas kann über 50% vol liegen, bewegt sich aber meistens zwischen 40 und 45% vol.

Eine absolute Besonderheit sind die Aquavite d'Ilva. Dies sind eigentlich keine Grappas, sondern Traubenbrände aus dem Most.

Die wichtigsten Marken

Antico Borgo Die renommierte Firma Illva, Herstellerin des weltberühmten »DiSaronno Amaretto Originale«, produziert den weichen und milden »Antico Borgo« ausschließlich aus dem Trester hochwertiger Qualitätsweine des Weingutes Prunotto im Piemont. »Grappa Antico Borgo extra fine« hat 40% vol Alkohol.

Barbero In Canale/Piemont ist seit 1891 die Firma Barbero ansässig. Das zu den größten Wein- und Spirituosenproduzenten Italiens zählende Unternehmen bietet einen jungen Grappa, den »Primavera«, sowie die Marken »Grappa La Bianca« und »Grappa di Barolo« an, jeweils mit 40% vol Alkohol.

Bocchino Einer der qualitätsbewusstesten Brenner hochwertiger Grappas ist die Firma Bocchino. Das Unternehmen weist seit 1898 eine traditionsreiche Geschichte auf und hat sich durch überragende Qualitäten einen großen Namen gemacht. Carlo Micca-Bocchino, der heutige Chef des Familienunternehmens, führt den Erfolg auch auf die hochwertigen Rohstoffe zurück, die er frisch und sortenrein von seinen Vertragswinzern erhält. Die Brennerei Bocchino in der Weinstadt Canelli bietet ein großes Sortiment unterschiedlichster Grappas an. Die Auswahl reicht vom kristallklaren »Novella« über sortenreine Grappas bis hin zu den Spitzensorten, die zwölf Jahre in Holzfässern altern.

Grappa wird meist als junges Destillat vermarktet, das die natürlichen Aromen und den ursprünglichen Duft der Trauben aufweist.

Fior di Vite »Grappa Fior di Vite« wird von der für ihren Amaro bekannten Firma Ramazzotti aus Trestern des Piemont hergestellt. Durch die Lagerung in Eichenfässern erhält er seine »blonde« Farbe. »Fior di Vite« (40% vol) wird in Flaschen angeboten, die in Leinensäckchen verpackt sind.

Frattina Zum bekannten Amaro-Produzenten Averna gehört das Weingut Villa Frattina im Friaul. Seit 1991 stellt man dort mit großem Erfolg auch ausgezeichnete Grappas her. Angeboten werden die sortenreinen Grappas »di Tocai«, »di Cabernet« und »di Chardonnay«, jeweils mit 40% vol Alkohol.

Das Spitzenprodukt von Frattina ist der »Acquavite d'Uva Riesling«. Er wird nicht aus Trester, sondern aus Trauben gebrannt.

Julia »Grappa Julia« ist die bekannteste Marke sowohl auf dem deutschen wie auf dem italienischen Markt. Schon lange bevor der Grappa in Deutschland zur Modespirituose wurde, stand »Grappa Julia« in den hiesigen Regalen. Mit der Übernahme des Herstellers, dem bekannten Vermouth- und Spirituosenhaus Stock in Triest, durch die deutsche Eckes AG, bekam »Grappa Julia« eine neue Ausstattung und wurde auf den deutschen Geschmack abgestimmt. »Grappa Julia« ist besonders mild und weich und hat einen Alkoholgehalt von 38% vol.

Libarna Das bedeutende Spirituosenunternehmen Buton in Bologna ist Hersteller der großen Grappamarke »Libarna«. Diesen kraftvollen, aber weichen und harmonischen Grappa gibt es bereits seit 150 Jahren. Der leicht gelbliche »Grappa Invecchiata Libarna« in der kristallklaren Flasche wird mit 40% vol Alkoholgehalt angeboten.

Mangilli »Grappa Mangilli« ist ein »Blend«, also eine Mischung aus zwei auf verschiedene Arten destillierten Bränden: Einem leichten, im kontinuierlichen Destillationsverfahren gewonnenen, und einem blumigeren und würzigeren, der nach der althergebrachten »Pot-Still«-Methode erzeugt wird. Erfahrene Destillateure mischen diese zu einem harmonischen, ausgewogenen Grappa. Mangilli bietet »Grappa Friulana Bianca« mit 40% vol und »Grappa Friulana Riserva« mit 45% vol Alkoholgehalt an.

Mangilli, dessen Anfänge in der Destillation für den Hausgebrauch bestanden, ist heute ein modernes, erfolgreiches Unternehmen.

Maschio Die berühmte Destillerie Bonaventura Maschio in Gaiarine besteht als Brennerei bereits seit über einem Jahrhundert. Mit dem »Grappa Rabosa« wird ein nur aus dieser Rebsorte hergestellter Grappa angeboten. Außerdem produziert Maschio verschiedene sortenreine Uve mit Jahrgang.

Nonino Nonino war das erste Haus im Friaul, dem Zentrum der Grappaherstellung, das sich auf die Erzeugung von sortenreinen Grappas spezialisierte.

Die Grappas von Nonino sind Spezialitäten und werden in für das Haus typische, handgemachte Kolbenflaschen abgefüllt.

Auch eine weitere Spezialität bot Nonino als Erster an: »Acquavite d'Uva«, ein Destillat aus dem Traubensaft von besonders geeigneten Rebsorten, das vor ungefähr zehn Jahren entwickelt wurde. Neben der Grappastandardmarke »Vuisinar« in der handelsüblichen Flasche bietet Nonino eine Reihe von Rebsortengrappas an sowie die schon erwähnte »Acquavite d'Uva« und »Acquavite di Frut« in vielen Sorten.

Piave Die Tradition des seit 1987 zu Seagram/Italia gehörenden Unternehmens reicht bis 1870 zurück. Die in Venetien am gleichnamigen Flüsschen gelegene Firma bietet außer klaren und gealterten Grappas einen »Grappa Ruta« – mit der Heilpflanze Ruta versetzter Grappa – sowie »Plum Grappa« (mit Pflaumenextrakt) und als »Gemma d'Uva« mehrere sortenreine Traubendestillate an.

Jacopo Poli Die in dem Dorf Schiavon bei Bassano in der Provinz Vicenza alteingesessene Destillateurfamilie.Poli ist berühmt für ihren Uve (Traubenbrand) und für ihre weiteren hervorragenden Obstbrände. Das Herzstück der Poli-Destillate aber sind die Grappas. Zu den edelsten Tropfen auf dem Grappamarkt gehört zweifellos die Serie der »Amorosa«-Grappas, für die fünf sortenreine Trester aus der Gegend von Bassano del Grappa verwendet werden.

Die »Amorosa«-Grappas werden in mundgeblasenen Murano-Glasflaschen angeboten und zählen zu den edelsten Grappas.

Segnana Seit über hundert Jahren besteht die Distilleria Segnana in Borgo bei Triest. Sie hat sich auf die Herstellung von Grappa und Edelspirituosen spezialisiert. Bekannt wurde das Haus Segnana durch die Anwendung des ansonsten bei der Sherryherstellung üblichen Solera-Verfahrens beim Grappa.

Klare Spirituosen

ür die wasserhellen, deutschen Schnäpse hat sich der Begriff »Klarer« eingebürgert. Bestellt man im Norden Deutschlands einen »Klaren«, dann meint man in der Regel einen Korn, Steinhäger oder Wacholder. Es gibt aber auch klaren Schnaps, der als »Klarer« gehandelt wird. Diese Spirituose darf nach dem Gesetz aus jeder Art von zugelassenen Rohstoffen gewonnen werden. Der hochwertige Korn ist bereits seit dem 16. Jahrhundert bekannt. Er wird fast nur im nördlichen Teil Deutschlands hergestellt und getrunken. Seine beiden Hauptausgangsstoffe, Weizen und Roggen, ergänzen sich hervorragend: Weizenkorn ist weich und mild, Roggenkorn eher kräftig im Geschmack. Korn hat einen Mindestalko-

holgehalt von 32% vol und muss, wenn er als »Kornbrand«, »Doppelkorn« oder »Edelkorn« angeboten
wird, 37,5% vol aufweisen. Weitere typisch deutsche
klare Spirituosen sind die schon erwähnten »Steinhäger« und »Wacholder«, außerdem der «Enzian«.
»Steinhäger« mit 38% vol zählt zu den Spirituosen
mit Wacholder und darf nur in dem westfälischen
Städtchen Steinhagen hergestellt werden. Die
Herstellung von »Wacholder« erfolgt ebenfalls in
Westfalen, ist aber auf keinen bestimmten Ort beschränkt. »Wacholder« wird durch die Destillation
von mit Neutralalkohol überzogenen Wacholderbeeren gewonnen. Der Mindestalkoholgehalt betrug bisher 32% vol, bei Doppel-
wacholder 38% vol. Eine endgültige
Festlegung durch die EU steht noch aus.

**Weitere »klare Spiri-
tuosen« wie Aquavit,
Genever oder Wodka
werden in eigenen Ka-
piteln beschrieben (sie-
he Seite 24, 142, 522).**

Eine Spezialität aus den Alpen ist der »Enzian«, der
aus den von Juli bis Oktober gesammelten Wurzeln
des gelben Enzians hergestellt wird. Sein Mindestalkoholgehalt beträgt 37,5% vol, für bayerischen
Gebirgsenzian sind 38% vol vorgeschrieben.

*A*ls Vorgänger der heute bekannten Liköre gelten die aromatisierten Weine der alten Römer, der Griechen und der Völker des Vorderen Orients. Von diesen aromatisierten Weinen der Antike führt eine beinahe direkte Linie zu den Vermouths und Aperitifs von heute. Die Liköre, so wie wir sie heute kennen, gehen ungefähr auf das Jahr 1000 zurück. Nach Berichten verschiedener »Erfinder« sollen die ersten Liköre von Brüdern des Ordens San Romualdo präpariert worden sein. Sie stellten auf der Basis von »Acquavite« und dem süßen Saft der Pflaumen eine Mixtur her und versuchten, mit dieser die Malaria zu bekämpfen. Andere Quellen überliefern, dass Michele Savonarola, der berühmte

Arzt aus Padua, für die Frau eines Kaufmanns als Medikament einen »Acquavite« aus Honig und Rosenöl bereitet habe. Mit seiner Mischung hatte er das berühmte »Rosolio« geschaffen, von dem sich praktisch alle modernen Liköre herleiten lassen.

Bereits im Mittelalter erreichte die Likörherstellung in Italien eine hohe Blüte, während diese Spezialitäten in den anderen Ländern Europas noch kaum bekannt waren. Die moderne Likörindustrie erhielt dann wichtige Anstöße um das Jahr 1700, nachdem man neue Erkenntnisse über die Fermentation und die verschiedenen Phasen der Destillation gewonnen hatte. Wichtigster Entwicklungsschritt für die Likörproduktion war die Perfektionierung der Zuckerherstellung. Heute zählen die Liköre in ihrer Vielfalt zu den beliebtesten Spirituosen. Ihr Mindestalkoholgehalt beträgt 15% vol (Ausnahme ist der Eierlikör mit 14% vol). Untergliedert nach ihren Ausgangsprodukten werden im Folgenden die wichtigsten Likörgruppen und viele weltbekannte Marken vorgestellt.

Eine EU-Bestimmung definiert Liköre als Spirituosen mit einem Zuckergehalt von mehr als 100 Gramm pro Liter Fertigerzeugnis.

Fruchtlikör

APRICOT BRANDY LIQUEUR

PRODUCE OF HOLLAND

Ob Melonen aus Mexiko, Kiwis aus Neuseeland, Lychees aus China, Wildbeeren aus der Tundra oder Maracujas aus den Tropen – keine noch so exotische Frucht ist vor der Kreativität der Likörhersteller sicher. Dagegen wirken die heute schon zu den Klassikern zählenden Liköre aus Früchten wie Pfirsich oder Kokosnuss beinahe wieder altmodisch – obwohl sie auch erst seit rund 20 Jahren angeboten werden. Echte Klassiker sind jedoch die Fruchtliköre aus Kirschen, Johannisbeeren und Bananen. Wegen ihrer Vielfalt und den zahlreichen Mixmöglichkeiten sind sie auf den nachfolgenden Seiten jeweils mit einem eigenen Kapitel vertreten. Grundsätzlich unterscheidet man zwischen Frucht-

saft- und Fruchtaromalikören und Fruchtbrandys.
Bei den Fruchtsaftlikören muss der Saftanteil der
namengebenden Frucht mindestens 20 Liter auf
100 Liter Fertigerzeugnis betragen. Zusätze weiterer Fruchtsäfte und natürlicher Aromastoffe sind
erlaubt, eine Färbung mit Farbstoff jedoch nicht
zulässig. Auch Fruchtaromaliköre erhalten ihren
charakteristischen Geschmack von den namengebenden Früchten. Mit Ausnahme von Ethylvanillin
dürfen künstliche Aromastoffe nicht verwendet werden. Das Färben mit syntheti-
schen Farbstoffen ist jedoch erlaubt.
Fruchtbrandys sind Fruchtliköre, die
einen geschmackbestimmenden Anteil an Obstbrand enthalten (mindestens fünf Liter zu 40% vol je
100 Liter Fertigerzeugnis). Der Name Brandy ist
ansonsten in der Regel Weindestillaten vorbehalten,
für Fruchtbrandys jedoch wurde eine Ausnahme-
regelung getroffen. In der Wertigkeit stehen die
Fruchtbrandys noch vor den Fruchtsaft- und Fruchtaromalikören.

**Hauptbestandteile der
Liköre sind Alkohol,
Zucker und geschmack-
gebende Stoffe wie Frucht-
säfte, Pflanzenauszüge,
Kakao, Kaffee, Honig.**

Die wichtigsten Marken

Bols Das weltberühmte niederländische Haus Bols ist seit langer Zeit auf dem deutschen Markt präsent. Unter den zahlreichen Likörsorten des Hauses finden sich so interessante Kreationen wie »Maracuja Sun«, »Kontiki Red Orange«, »Kiwi Wonder« und »Grüne Banane«, außerdem die Fruchtbrandy-Klassiker »Cherry Brandy« und »Apricot Brandy«.

Charleston Follies Dieser leichte und fruchtige Likör ist die Novität des Hauses Marie Brizard. Er wird unter Verwendung von Aprikosen, Pfirsichen, Ananas, Mangos, Guaven und Passionsfrüchten hergestellt und in einer Shakerflasche aus metallischem Glas mit 20% vol Alkohol angeboten.

Liköre zählen zu den beliebtesten Spirituosen und belegen nach Wein- und Kornbrand in ihrer Gesamtheit den dritten Platz.

Dolfi Die bekanntesten Fruchtliköre der 1919 in Straßburg/Elsass gegründeten Firma sind »Fraise des Bois« (Walderdbeere), »Pêche« (Pfirsich), »Myrtille Sauvage« (Waldheidelbeere) mit je 25% vol Alkohol.

Kroatzbeere Es handelt sich hierbei um einen dunkelroten Fruchtsaftlikör mit violettem Unterton, sein Geschmack ist kräftig und säuerlich-fruch-

tig. Die Bezeichnung »Echte Kroatzbee- **In schlesischer Mund-**
art heißt die Brom-
re« (30% vol) ist für den Brombeerlikör **beere Kroatzbeere,**
eines einzigen Herstellers, der Firma **und nach ihr wird**
Brombeerlikör allge-
Moritz Thienelt in Düsseldorf, geschützt. **mein so genannt.**

De Kuyper Der niederländische Likörproduzent

bietet ein umfangreiches Sortiment an, darunter die

Marken »Melon«, »Apricot Brandy« und den aus

Brombeeren hergestellten »Blackberry Brandy«.

Kwai Feh Der »Lychee Liqueur Kwai Feh« wurde

vom niederländischen Haus De Kuyper entwickelt. Er

ist klar mit einer leichten rosa Färbung und wird in

satinierten Flaschen mit 20% vol Alkohol angeboten.

Lapponia In der Tundra Lapplands wachsen die

Beeren für die Likörspezialitäten des Hauses Marli

in Turku/Finnland. Für den »Lakka« wird die goldgel-

be Lakkabeere (Moltebeere), für den »Puolukka«

die wilde Preiselbeere verarbeitet (beide 21% vol).

Marie Brizard Das 1755 in Bordeaux gegründe-

te Haus ist der größte Likörproduzent Frankreichs.

Im umfangreichen Sortiment finden sich Fruchtlikörspezialitäten wie »Fraise de Bois«, »Poire William«, »Mandarine« und der rosafarbene »Melon Watermelon«. Die weiteren Sorten sind in den entsprechenden Unterkapiteln aufgeführt.

Midori Der im Fernen Osten seit langem bekannte klare, grüne »Midori Melon Liqueur« (20% vol) wird von der für ihre Whiskys berühmten japanischen Firma Suntory in Mexiko hergestellt.

Monin Weltbekannt wurde der französische Likörproduzent Monin durch seinen »Original Citron Vert Liqueur«. Der hellgoldene »Lime Liqueur« hat 33% vol Alkohol und ist in seiner Kategorie einzigartig. Monin bietet neben diesen Spezialitäten ein großes Sortiment von Likören und Sirupen an.

Hauptbestandteil des »Original Citron Vert Liqueur« ist ein durch dreifachen Brand gewonnenes Destillat aus der grünen Limette.

Passoã Das weltbekannte Haus Cointreau stellt seit 1986 den »Passoã – Licor de Maracuja«, her. Die Basis von »Passoã« bildet der Saft der Passionsfrucht (Maracuja), dazu kommen Alkohol, Zucker, Zitronensaft und weitere geschmacksabrundende Zutaten. Sein Alkoholgehalt beträgt 20% vol.

Pepino Die Danisco Distillers, Hersteller unter anderem von »Aalborg Akvavit«, bieten die Liköre »Birne«, »Peach«, »Himbeer« und »Banana« unter dem Markennamen »Pepino« mit 15% vol Alkohol an.

Safari Die Basis des Fruchtaromaliкörs »Safari African Drink« bilden Mango, Papaya, Maracuja und Limette. Er wird vom Likörproduzenten Verbunt in Tilburg/Niederlande hergestellt und mit 20% vol in flache, runde Henkelflaschen gefüllt.

Southern Comfort Diese älteste und größte Likörmarke der USA wird seit Mitte des 19. Jahrhunderts im Süden der Vereinigten Staaten, heute in New Orleans, hergestellt. Die Basis des trockenen, alkoholstarken »Southern Comfort« bilden unter anderem Pfirsiche, Orangen und Kräuter. Sein Alkoholgehalt beträgt 40% vol.

Zoco Der »Pacharan Zoco« mit 25% vol Alkoholgehalt wird in Pamplona/Spanien nach altem Rezept hergestellt. Als »Zoco« bezeichnet man einen rotbraunen Likör aus in Anis mazerierten Schlehen.

»Pacharan« hießen früher alle für den Hausgebrauch hergestellten Liköre des Baskenlandes und der Region Pacharan.

Sweet Dream

3 cl Apricot
Brandy

3 cl weißer Rum

3 cl Ananassaft

3 cl Sahne

fruchtig-leichter Damendrink

Im *Shaker* mit Eiswürfeln gut schütteln

und in eine Cocktailschale abgießen.

Midori Tropical

4 cl Midori
Melon Liqueur

2 cl Curaçao
Triple Sec

2 cl weißer Rum

4 cl Orangensaft

4 cl Ananassaft

2 cl Rose's Lime
Juice

Ananas,
Cocktailkirsche

Melone – Geschmack des Sommers '98

Im *Shaker* mit Eiswürfeln schütteln, in

Longdrinkglas auf Eiswürfel abgießen.

Ein Ananasstück mit einer Cocktailkir-

sche an den Glasrand stecken.

Midori Colada

5 cl Midori
Melon Liqueur

3 cl weißer Rum

2 cl Zitronensaft

10 cl Ananassaft

2 cl Cream of
Coconut

Melone

Cocktailkirsche

Piña-Colada-Variante mit Melone

Im *Shaker* (Elektromixer) mit Eiswür-

feln schütteln und in ein Longdrinkglas

auf crushed ice abgießen. Melonen-

stück mit Cocktailkirsche an den

Glasrand stecken.

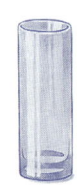

Scarlett O'Hara

herber Shortdrink für Experten

Im *Shaker* mit Eiswürfeln gut schütteln und in eine Cocktailschale abgießen.

5 cl Southern Comfort

3 cl Preiselbeernektar

2 cl Limettensaft

Sloth

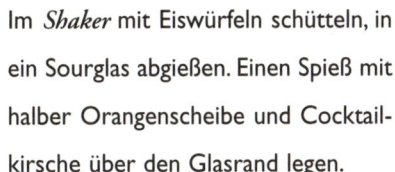

exquisiter Aperitif

Im *Shaker* mit Eiswürfeln schütteln, in ein Sourglas abgießen. Einen Spieß mit halber Orangenscheibe und Cocktailkirsche über den Glasrand legen.

2 cl Mandarine Liqueur

2 cl weißer Rum

2 cl Rose's Lemon Squash

4 cl Pink Grapefruitsaft

Orange

Cocktailkirsche

East Wind

aromatisch-fruchtiger Sommerdrink

Im *Elektromixer* mit crushed ice mixen und in ein Longdrinkglas auf crushed ice abgießen. Einen Spieß mit Lychees und Cocktailkirschen über den Glasrand legen.

4 cl Kwai Feh Lychee Liqueur

2 cl Cream of Coconut

10 cl Ananassaft

4 Lychees aus der Dose mit etwas Saft

Lychees

Cocktailkirschen

Golden Girl

3 cl Apricot Brandy
3 cl Wodka
6 cl Orangensaft
Kiwi
Cocktailkirsche

Happy-Hour-Drink für Golden Girls

Im *Shaker* mit Eiswürfeln schütteln, in eine Cocktailschale abgießen. Einen Spieß mit Kiwischeibe und Cocktailkirsche über den Glasrand legen.

Gluttony

2 cl Parfait Amour
2 cl weißer Tequila
1 cl Rose's Lemon Squash
5 cl roter Johannisbeernektar
Erdbeere

Kreation vom Feinsten

Im *Shaker* mit Eiswürfeln gut schütteln und in ein Sourglas abgießen. Eine Erdbeere an den Glasrand stecken.

Florida Comfort

5 cl Southern Comfort
2 cl Zitronensaft
2 cl Grenadine
10 cl Orangensaft
Orange

komfortabler Longdrink

Im *Shaker* mit Eiswürfeln gut schütteln und in ein Longdrinkglas auf Eiswürfel abgießen. Mit einer Orangenscheibe garnieren.

Apricot Sour

ein milder Sour für jede Tageszeit

Im *Shaker* mit Eiswürfeln schütteln, in ein Sourglas abgießen. Einen Spieß mit halber Orangenscheibe und Cocktailkirsche über den Glasrand legen.

4 cl Apricot Brandy
2 cl Zitronensaft
4 cl Orangensaft
Orange
Cocktailkirsche

Greed

gierig wird, wer ihn nicht hat

Im *Shaker* mit Eiswürfeln gut schütteln und in ein Sourglas abgießen. Eine Erdbeere an den Glasrand stecken.

2 cl Fraise des Bois
2 cl Wodka
2 cl Rose's Lemon Squash
4 cl Maracuja-nektar
Erdbeere

Wrath

feinherber Aperitif und Lady's Drink

Im *Shaker* mit Eiswürfeln gut schütteln und in ein Sourglas abgießen. Einen Karambolestern an den Glasrand stecken.

2 cl Crème de Mûre
2 cl Wodka
1 cl Grenadine
1 cl Zitronensaft
4 cl Grapefruitsaft
Karambole

Midori Sour

5 cl Midori Melon
Liqueur

3 cl Zitronensaft

2 cl Rose's Lime
Juice

Cocktailkirsche

ein leichter Sour als Aperitif

Im *Shaker* mit Eiswürfeln gut schütteln und in ein Sourglas abgießen. Eine Cocktailkirsche dazugeben.

Southern Trip

4 cl Southern
Comfort

4 cl Orangensaft

kalter Sekt oder
Champagner

Orange

Cocktailkirsche

Longdrink für die Sommerparty

In ein großes Becherglas auf Eiswürfel geben und mit Sekt oder Champagner auffüllen. Mit Orangenscheibe und Cocktailkirsche garnieren.

Melonball

5 cl Midori
Melon Liqueur

3 cl weißer Rum

12 cl Orangensaft

Orange

Melone

Party-Longdrink für Sommerabende

Im *Shaker* mit Eiswürfeln schütteln, in Longdrinkglas auf Eiswürfel abgießen. Mit Orangenscheibe und Melonenbäll-chen garnieren.

Comfort Manhattan

klassischer Shortdrink für Bargänger

Im *Rührglas* mit Eiswürfeln verrühren.
In ein vorgekühltes Cocktailglas abgießen. Eine Cocktailkirsche dazugeben.

4 cl Southern
Comfort
2 cl Vermouth
Dry
1 Spritzer
Angostura
Cocktailkirsche

Honolulu Juicer

kräftiger, aromatischer Longdrink

Im *Shaker* mit Eiswürfeln schütteln, in
ein großes Becherglas auf Eiswürfel
abgießen. Mit Ananasstück und Cocktailkirsche garnieren.

4 cl Southern
Comfort
4 cl brauner Rum
2 cl Rose's Lime
Juice
2 cl Zitronensaft
4 cl Ananassaft
Ananas
Cocktailkirsche

Comfort Cooler

fruchtiger Longdrink für die Party

Im *Shaker* mit Eiswürfeln gut schütteln
und in ein Longdrinkglas auf Eiswürfel
abgießen. Mit Limettenscheibe und
Cocktailkirsche garnieren.

6 cl Southern
Comfort
2 cl Limettensaft
12 cl Ananassaft
Limette
Cocktailkirsche

Passoã Exclusita

3 cl Passoã Passi-
on Fruit Liqueur
3 cl Cointreau
12 cl Orangensaft
Orange
Cocktailkirsche

erfrischend-aromatischer Longdrink

Im *Shaker* mit Eiswürfeln gut schütteln
und in ein Longdrinkglas auf Eiswürfel
abgießen. Mit Orangenscheibe und
Cocktailkirsche garnieren.

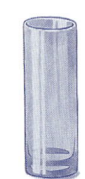

African Lion

3 cl Safari African
Liqueur
3 cl weißer Rum
12 cl Maracuja-
nektar
Maracuja

exotisch-fruchtiger Longdrink

Im *Shaker* mit Eiswürfeln gut schütteln
und in ein Longdrinkglas auf Eiswürfel
abgießen. Ein Maracujastück an den
Glasrand stecken.

Red Finish

3 cl Fraise des
Bois
2 cl Wodka
1 cl Zitronensaft
4 cl Orangensaft
Zitrone

fruchtiger Drink für den Nachmittag

Im *Shaker* mit Eiswürfeln gut schütteln
und in ein Sourglas abgießen. Mit einer
Zitronenscheibe garnieren.

Guinea Green

exotisch-fruchtiger Longdrink

Im *Shaker* mit Eiswürfeln gut schütteln und in ein Longdrinkglas auf Eiswürfel abgießen. Mit Kiwischeibe und Cocktailkirsche garnieren.

3 cl Safari African Liqueur
3 cl Gin
1 cl Curaçao Blue
12 cl Orangensaft
Kiwi
Cocktailkirsche

Hawaii Follies

Longdrink für den Sommerabend

Im *Shaker* mit Eiswürfeln schütteln und in ein Longdrinkglas auf Eiswürfel abgießen. Mit Ananasstück und Cocktailkirsche garnieren.

6 cl Charleston Follies
2 cl Kokossirup
4 cl Ananassaft
8 cl Grape-fruitsaft
Ananas
Cocktailkirsche

Golden Follies

starker Happy-Hour-Drink

Im *Shaker* mit Eiswürfeln gut schütteln und in eine Cocktailschale abgießen. Eine Orangenscheibe dazugeben.

3 cl Charleston Follies
3 cl Cognac
4 cl Orangensaft
Orange

Bananenlikör

*B*ananenlikör wird meist als Crème de Banane – also mit hohem Zuckergehalt – angeboten. In den 80er Jahren, mit Beginn der Tropicaldrinkwelle, kam auch der Bananenlikör wieder zu Ehren. Neben den gelben Likören sind zwei grüne sehr erfolgreich. »Bols Grüne Banane« (22% vol), der 1983 auf den Markt kam, wird aus einer auch im reifen Zustand grünen Bananensorte hergestellt. »Pisang Ambon« (21% vol) von Henkes United Distilleries in den Niederlanden beruht auf einem indonesischen Rezept. Pisang heißen die grünen Bananen. Die Unternehmen Bols, De Kuyper und Marie Brizard bieten jeweils »Crème de Banane(s)« an mit einem Alkoholgehalt zwischen 24% und 29% vol.

Banshee

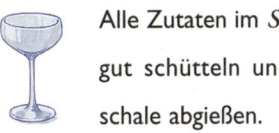

mild-cremiger Nachmittagsdrink

Alle Zutaten im *Shaker* mit Eiswürfeln gut schütteln und in eine Cocktailschale abgießen.

3 cl Crème de Banane
3 cl Crème de Cacao weiß
4 cl Sahne

Green Monkey

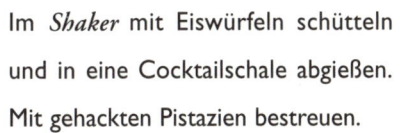

cremig-fruchtiger Nachmittagsdrink

Im *Shaker* mit Eiswürfeln schütteln und in eine Cocktailschale abgießen. Mit gehackten Pistazien bestreuen.

2 cl Bols Grüne Banane
2 cl Curaçao Blue
4 cl Orangensaft
4 cl Sahne
Pistazien

Chiquita Punch

fruchtig-milder Damendrink

Alle Zutaten im *Shaker* mit Eiswürfeln gut schütteln und in einen Tumbler auf Eiswürfel abgießen. Mit einer Orangenscheibe und einer Cocktailkirsche garnieren.

5 cl Crème de Banane
5 cl Orangensaft
5 cl Sahne
2 cl Grenadine
Orange
Cocktailkirsche

Bananen Flip

3 cl Crème de
Banane
2 cl Gin
I cl Zuckersirup
2 cl Sahne
I Eigelb
Muskatnuss

milder Shortdrink für den Nachmittag

Im *Shaker* mit Eiswürfeln gut schütteln und in ein Stielglas abgießen. Muskatnuss darüber reiben.

Silver Jubilee

4 cl Crème de
Banane
2 cl Gin
4 cl Sahne

cremiger Drink für zwischendurch

Alle Zutaten im *Shaker* mit Eiswürfeln gut schütteln und in eine Cocktailschale abgießen.

Banana Boat

3 cl Crème de
Banane
3 cl Gin
12 cl Orangensaft
einige Tropfen
Grenadine
Orange
Cocktailkirsche

erfrischender Drink für den frühen Abend

Im *Shaker* mit Eiswürfeln schütteln, in ein großes Becherglas auf Eiswürfel abgießen. Einige Tropfen Grenadine darauf träufeln. Mit Orangenscheibe und Cocktailkirsche garnieren.

Evergreen

süß-herber Drink zur Cocktail-Hour

Alle Zutaten im *Shaker* mit Eiswürfeln gut schütteln und in Tumbler auf Eiswürfel abgießen.

3 cl Crème de Banane

1 cl Curaçao Blue

1 cl Gin

5 cl Grapefruitsaft

Top Banana

fruchtiger Drink für den Nachmittag

Alle Zutaten im *Shaker* mit Eiswürfeln gut schütteln und in Tumbler auf Eiswürfel abgießen.

3 cl Crème de Banane

3 cl Wodka

6 cl Orangensaft

Jungle Juice

aromatisch-fruchtiger Longdrink

Alle Zutaten im *Shaker* mit Eiswürfeln gut schütteln und in ein großes Becherglas auf Eiswürfel abgießen. Mit einem Ananasstück und einer Cocktailkirsche garnieren.

4 cl Bols Grüne Banane

1 cl Apricot Brandy

2 cl Gin

1 cl Zitronensaft

8 cl Orangensaft

Ananas

Cocktailkirsche

Cassis

assis ist der französische Name sowohl für schwarze Johannisbeeren als auch für daraus hergestellte Produkte. In der Umgebung von Dijon im Burgund produzieren rund 30 Cassishersteller, weil die Johannisbeeren dort besonders gut gedeihen: Die Sträucher lieben kalkhaltige, trockene Böden, und viele Winzer der Côte d'Or pflanzen schwarze Johannisbeeren als zweite Kultur an. Die Ernte im Juli ist im Burgund ein ähnlich wichtiges Ereignis wie die Weinlese. Hier werden rund eine Million Kilogramm schwarze Johannisbeeren geerntet. Cassis entsteht durch Mazeration (siehe Seite 21) und ist ein reines Naturprodukt, dem keinerlei Fremdstoffe wie Extrakte oder Farbstoffe zugesetzt werden.

Die wichtigsten Marken

Boudier Von der nach alten handwerklichen Traditionen arbeitenden Firma Gabriel Boudier ist der klassische burgundische Crème de Cassis in Deutschland erhältlich. »Boudier Crème de Cassis« wird mit 16 und 20% vol Alkoholgehalt angeboten.

Guyot Im Herzen von Burgund, an der Côte d'Or, liegen die Weinberge und Obstplantagen des Hauses L'Héritier Guyot, das seit 1845 zu den weltberühmten Spezialisten der französischen Likör-Destillierkunst zählt. Von dem Hause Guyot werden in Deutschland angeboten: »Super-Crème de Cassis de Dijon« (20% vol), »Cassissé/Crème de Cassis de Dijon« (16% vol).

Lejay-Lagoute Denis Lagoute war der Erste, der Cassis industriell herstellte. Er begann 1841 in Dijon mit der Likörproduktion aus schwarzen Johannisbeeren. Inzwischen stellt die Firma auch andere Fruchtliköre, Spirituosen, Sirupe und Fruchtgetränke her; ihre Berühmtheit verdankt sie aber nach wie

Denis Lagoute und Henri Lejay erhielten 1858 auf der Weltausstellung in Dijon eine Ehrenmedaille für ihre Cassisproduktion.

vor dem Cassis. Das Haus Lejay-Lagoute, heute Marktführer in Frankreich, exportiert seinen »Crème de Cassis de Dijon« mit 20% vol Alkohol auch nach Deutschland.

Marie Brizard Der größte Likörproduzent Frankreichs stellt auch Crème de Cassis her. Die neu entwickelte Qualität wird seit Herbst 1994 mit 15% vol angeboten.

Perdrizet Das Haus Perdrizet entstand im 19. Jahrhundert in Dijon und ist heute eine Tochtergesellschaft des renommierten Hauses Lejay-Lagoute.

Der »Liqueur de Cassis« ist nach den berühmten Weinen die zweite bekannte Spezialität der französischen Region Burgund. Mit »Double Crème de Cassis de Dijon« (20% vol Alkohol) bietet Perdrizet einen Spitzenlikör bester französischer Tradition an. Mit dieser Spezialität begründete das Unternehmen seinen hervorragenden Ruf als Likörproduzent.

Philippe de Bourgogne Unter diesem Namen werden zwei klassische Liköre des Burgund angeboten: »Crème de Framboise de Dijon« (Himbeerlikör) mit 18% vol und »Crème de Cassis de Dijon«

mit 20% vol. Beide weisen ein feines, aber dennoch kräftiges Aroma auf. Die Früchte dafür stammen von den Hautes Côtes de Bourgogne. Sie werden heute hauptsächlich im Burgund und im Loiretal angebaut. Die Zubereitungsart »Maceration Viérge«, bei der man die Früchte nur ein einziges Mal in Alkohol mazeriert, wird – soweit bekannt – exklusiv von der Marke Philippe de Bourgogne angewandt. Dies ist der Grund für die außergewöhnlich hohe Konzentration von Frucht und Aroma.

Védrenne Das Haus Védrenne Père & Fils hat seinen Sitz im burgundischen Nuits-Saint-Georges. Das bekannteste Produkt ist der »Supercassis« (20% vol), der sich durch eine perfekte Balance zwischen Frucht und Süße und durch Verwendung der besten Grundstoffe auszeichnet. So werden nur Beeren der Sorten Noir de Bourgogne und Royal de Naple verwendet, die als die besten gelten. Das Herstellungsverfahren des »Védrenne Supercassis« gilt als äußerst aufwändig.

Cassis – bevorzugt für die französischen Spezialitäten »Kir« und »Kir royal« verwendet – eignet sich besonders gut zum Mixen.

Kir Cassis

I cl **Crème de Cassis**

weißer Burgunder

der Klassiker aus dem Burgund

Cassis in Weinglas geben und mit kaltem trockenen Weißwein aufgießen.

Cassis Lady

3 cl **Crème de Cassis**

I 1/2 cl **Kirschwasser**

I 1/2 cl **Vermouth Dry**

Orange

hoch aromatischer Before-Dinner-Drink

Alle Zutaten im *Rührglas* mit Eiswürfeln gut verrühren und in ein vorgekühltes Cocktailglas abgießen. Mit einer Orangenschale abspritzen.

Pink Sling

2 cl **Crème de Cassis**

4 cl **Gin**

I cl **Grenadine**

2 cl **Zitronensaft**

10 cl **Ananassaft**

Zitrone

Cocktailkirschen

fruchtiger Drink für den Nachmittag

Alle Zutaten im *Shaker* mit Eiswürfeln gut schütteln und in ein Longdrinkglas auf Eiswürfel abgießen. Mit einer Zitronenscheibe und Cocktailkirschen garnieren.

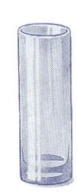

Kir Royal

der edle Aperitif

Cassis in eine Champagnertulpe geben und mit Champagner aufgießen.

1 cl **Crème de Cassis**

10 cl **Champagner**

Parisian

exquisiter Before-Dinner-Drink

Alle angegebenen Zutaten in einem *Rührglas* mit Eiswürfeln gut verrühren und in ein vorgekühltes Cocktailglas abgießen.

1 cl **Crème de Cassis**

2 cl **Gin**

2 cl **Vermouth Dry**

Pink Colada

aromatischer Longdrink für den Abend

Alle angegebenen Zutaten in den *Elektromixer* geben und in ein Longdrinkglas auf crushed ice abgießen. Mit einem Ananasstück und einer Cocktailkirsche garnieren.

1 cl **Crème de Cassis**

5 cl **weißer Rum**

6 cl **Orangensaft**

6 cl **Grapefruitsaft**

2 cl **Cream of Coconut**

2 cl **Sahne**

Ananas, Cocktailkirsche

*D*ie bei der Likörbereitung meistverwendete Frucht ist die Kirsche. Beim Kirschlikör handelt es sich um einen Fruchtsaftlikör, d. h., es müssen mindestens 20 Liter Kirschsaft in 100 Liter Fertigerzeugnis enthalten sein. Die wichtigsten Herstellerländer sind Deutschland, Frankreich, Italien, Niederlande und Dänemark. Den Maraska-Sauerkirschen verdankt der wasserhelle Kirschlikör Maraschino seinen Namen, der unter Zusatz von Maraska-Kirschbrand hergestellt wird. Sein Mindestalkoholgehalt beträgt 24% vol. Beinahe alle großen Likörproduzenten, darunter Bols, Marie Brizard, De Kuyper und Monin, haben Kirschlikör, Cherry Brandy und auch Maraschino im Programm.

Die wichtigsten Marken

Cherry Marnier Marnier-Lapostolle, Hersteller des weltberühmten Orangenlikörs »Grand Marnier«, ist auch der Produzent des »Cherry Marnier«. Die Basis des »Cherry Marnier« sind dalmatinische Maraska-Kirschen. Diese werden im Stammsitz des Unternehmens in Neauphle-le-Château, nahe Paris, verarbeitet. Fertiggestellt und abgefüllt wird »Cherry Marnier« im Werk in Gaillon. »Cherry Marnier« wird in einer Flasche mit origineller und typischer Form angeboten. Sein Alkoholgehalt beträgt 24% vol.

Für Cherry Brandy müssen mindestens fünf Liter 40-prozentiges Kirschwasser auf 100 Liter Kirschlikör zugesetzt werden.

Eckes Edelkirsch Der Likör- und Spirituosengigant Eckes in Niederolm/Rheinhessen ist Hersteller der größten deutschen Kirschlikörmarke – des »Eckes Edelkirsch«. Bereits 1949 zum Markenzeichen angemeldet, ist er die Traditionsmarke des Hauses. Seit den 60er Jahren behauptet er seine Position als der meistgetrunkene Fruchtsaftlikör in Deutschland. Der Namensbestandteil »Edel« weist auf einen hohen Fruchtsaftanteil hin. Verwendet werden vor allem die aromatischen Maraska-Kirschen. Sein Alkoholgehalt beträgt 20% vol.

Heering Die Geschichte des von der Firma Peter F. Heering in Kopenhagen hergestellten Kirschlikörs reicht in das Jahr 1818 zurück. Peter Heering begann damals als kleiner Brenner, und nach langem Experimentieren fand er das Rezept für den heute weltbekannten »Cherry Liqueur«. Selbstverständlich wird noch immer nach dem alten Familienrezept produziert. Seine dezente Süße und das herbe Fruchtaroma verdankt »Cherry Liquer« den dun-

Bei der Herstellung von Kirschlikören ist der Zusatz von Zuckercouleur oder das Färben mit anderen Farbstoffen nicht erlaubt.

kelroten Heering-Stevens-Kirschen, den reichlich zugesetzten zerdrückten und vergorenen Kirschkernen, der aufwändigen Mazeration und der über drei Jahre dauernden Lagerzeit in Eichenholzfässern. Der »Cherry Liqueur« von Heering enthält 25% vol.

Kirsberry Das Weinhaus Torben Anthon A/S wurde 1855 in Kopenhagen gegründet. Der Kirschlikör »Kirsberry« (15% vol), aus vollreifen Kirschen hergestellt, war das erste Produkt des Hauses.

Luxardo Als Einziger seiner Art darf sich »Luxardo Maraschino« »Original-Maraschino« nennen. Er ist eine Spezialität des Hauses Girolamo Luxardo, das im Jahr 1821 in Zara/Dalmatien gegründet wurde und heute in Torreglia bei Padua/Italien produziert. Sorgfältige Auslese der dunkelroten, herben Maraska-Kirschen sowie die dreifache Destillation und nicht zuletzt eine lange Reifezeit in Fässern aus finnischer Esche sind die hauptsächlichen Garanten für die hohe Qualität dieses Maraschinos mit einem Alkoholgehalt von 32% vol.

Maraschino ist ein Fruchtaromalikör, der unter Mitverwendung von Kirschbrand aus der Maraska-Kirsche hergestellt wird.

Marie Brizard Cherry Der größte französische Likörproduzent Marie Brizard in Bordeaux bietet auch einen Kirschlikör in Spitzenqualität an. Verwendet werden Früchte aus dem Südwesten Frankreichs und Maraska-Kirschen aus Padua in Italien. Dieser vollfruchtige und hoch aromatische Cherry mit seiner brillanten Farbe zählt zu den bekanntesten und beliebtesten Kirschlikören Frankreichs. Sein Alkoholgehalt beträgt 24% vol.

Cherry Blossom

2 cl Cherry
Liqueur
2 cl Cognac
1 cl Cointreau
1 cl Grenadine
2 cl Zitronensaft

aparter Drink für den Nachmittag

Alle Zutaten im *Shaker* mit Eiswürfeln gut schütteln und in einen Sektkelch abgießen.

Polynesian Cocktail

2 cl Cherry
Liqueur
4 cl Wodka
4 cl Limettensaft
Puderzucker

herb-kräftiger Shortdrink

Alle Zutaten im *Shaker* mit Eiswürfeln gut schütteln und in eine Cocktailschale mit Puderzuckerrand abgießen.

Pink Flamingo

3 cl Cherry
Liqueur
3 cl Gin
4 cl Ananassaft
4 cl Orangensaft
2 cl Cream of
Coconut
Orange, Kiwi
Cocktailkirsche

fruchtig-milder Partydrink für Damen

Alle Zutaten im *Elektromixer* durchmixen und in ein Longdrinkglas auf crushed ice abgießen. Eine Orangen- und Kiwischeibe mit Cocktailkirsche an den Glasrand stecken.

Cherry Rum

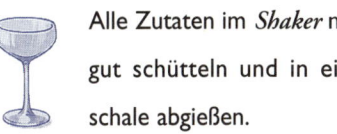

milder After-Dinner-Drink

Alle Zutaten im *Shaker* mit Eiswürfeln gut schütteln und in eine Cocktailschale abgießen.

3 cl Cherry Liqueur
3 cl weißer Rum
6 cl Sahne

Red Russian

ein Drink für Unentschlossene

Alle Zutaten im *Rührglas* mit Eiswürfeln gut verrühren und in ein kleines Stielglas abgießen.

2 (3) cl Cherry Liqueur
4 (3) cl Wodka

Cherry Banana

süß und sahnig, Drink nach dem Kaffee

Alle Zutaten im *Shaker* mit Eiswürfeln gut schütteln und in eine Cocktailschale abgießen. Einen Spieß mit Cocktailkirschen und Bananenscheiben über den Glasrand legen.

4 cl Cherry Liqueur
2 cl Crème de Banane
6 cl Sahne
Cocktailkirschen
Banane

Purple Bunny

3 cl Cherry
Liqueur
3 cl Crème de
Cacao weiß
6 cl Sahne

süßer After-Dinner-Drink

Alle Zutaten im *Shaker* mit Eiswürfeln
gut schütteln und in eine Cocktailschale abgießen.

Red Lips

2 cl Cherry
Liqueur
2 cl Campari
2 cl Gin
6 cl Orangensaft
Orange, Zitrone
Cocktailkirsche

erfrischender Drink für den Nachmittag

Im *Shaker* mit Eiswürfeln schütteln, in
Tumbler auf Eiswürfel abgießen. Eine
halbe Orangen- und Zitronenscheibe
und eine Cocktailkirsche dazugeben.

Cherry Colada

2 cl Cherry
Liqueur
2 cl weißer Rum
2 cl Cream of
Coconut
8 cl Pfirsichsaft
Pfirsich
Cocktailkirsche

milder Drink für den frühen Abend

Im *Elektromixer* durchmixen und in
ein großes Becherglas auf crushed ice
abgießen. Mit Pfirsichstück und Cocktailkirsche garnieren.

Kiss in the Dark

aromatischer Before-Dinner-Drink

Im *Rührglas* mit Eiswürfeln verrühren, in vorgekühltes Cocktailglas abgießen. Eine Cocktailkirsche dazugeben.

2 cl Cherry Liqueur
2 cl Gin
2 cl Vermouth Dry
Cocktailkirsche

Canadian Cherry

aromatischer Drink zur Cocktail-Hour

Im *Shaker* mit Eiswürfeln gut schütteln und in einen Sektkelch abgießen. Eine halbe Orangenscheibe und eine Cocktailkirsche dazugeben.

2 cl Cherry Liqueur
4 cl Canadian Whisky
2 cl Zitronensaft
2 cl Orangensaft
Cocktailkirsche

Orange Oasis

fruchtiger Longdrink für die Party

Im *Shaker* mit Eiswürfeln schütteln, in Longdrinkglas auf Eiswürfel abgießen. Mit etwas Ginger Ale auffüllen. Eine halbe Orangenscheibe dazugeben.

2 cl Cherry Liqueur
4 cl Gin
12 cl Orangensaft
kaltes Ginger Ale
Orange

Pfirsichlikör

*A*ls Pfirsichlikör war aufgrund des schwierigen Herstellungsverfahrens lange Jahre nur der »Peach Brandy« von Marie Brizard auf dem Markt. Dem Trend zu leichten Spirituosen folgend, brachten in den letzten zehn Jahren mehrere Hersteller Pfirsichliköre auf den Markt. Ausschlaggebend war die Herabsetzung des Alkoholgehalts, die in den EU-Bestimmungen von 1989 eine wichtige Rolle spielte.

Die wichtigsten Marken

Dolfi Die Straßburger Destille Dolfi führt in ihrem Likörprogramm den »Liqueur de Pêche« (18% vol).

Marie Brizard Vorläufer des heutigen »Peach« mit 18% vol war der einzige international bekannte

»Peach Brandy« mit damals 30% vol. Auch Marie Brizard folgte mit dieser Umstellung dem Trend zu niedrigprozentigen Likören.

Peachtree Von dem niederländischen Likörproduzenten De Kuyper wurde »Peachtree« in den USA entwickelt und 1986 auf dem deutschen Markt eingeführt. Der »Peachtree« mit 20% vol Alkoholgehalt ist heute der meistverkaufte Pfirsichlikör der Welt.

Pêcher Mignon Als erster der modernen und beliebten Pfirsichliköre wurde »Pêcher Mignon/Apéritif à la Pêche« 1986 auf dem deutschen Markt eingeführt. Weiße Pfirsiche aus dem französischen Roussillon sind seine Basis. »Pêcher Mignon«, was auf französisch – »péché mignon« – auch als »die kleine Sünde« verstanden werden kann, hat 18% vol Alkohol und eignet sich ausgezeichnet als Aperitif.

Für diesen Aperitif werden Pfirsiche in drei getrennten Verfahren verarbeitet und die gewonnenen Substanzen schließlich vereint.

Pepino Peach Die Danisco Distillers sind Hersteller einer Reihe von neuen, leichten Likören. Der Pfirsich-Aperitif »Pepino Peach« wurde 1989 eingeführt und hat 15% vol Alkohol.

Peach Sling

4 cl Pfirsichlikör
2 cl Wodka
6 cl Orangensaft
6 cl Ananassaft
I cl Grenadine
Pfirsich
Cocktailkirsche

fruchtig-aromatischer Longdrink

Alle Zutaten im *Shaker* mit Eiswürfeln schütteln und in ein Longdrinkglas auf Eiswürfel abgießen. Mit Pfirsichstück und Cocktailkirsche garnieren.

Peach Cup

5 cl Pfirsichlikör
I weißer Pfirsich
kalter Sekt oder
Champagner

spritziger Drink für den Nachmittag

Pfirsich schälen, in kleine Stücke schneiden und in einen Sektkelch geben. Pfirsichlikör dazugeben und mit Sekt oder Champagner auffüllen.

Pêcher Royal

2 cl Pfirsichlikör
kalter Sekt oder
Champagner

leichter Aperitif für jede Tageszeit

Den Pfirsichlikör mit einem Eiswürfel in einen Sektkelch geben und mit Sekt oder Champagner auffüllen.

Scotch & Peach

Whiskydrink für die Sommerparty

Alle Zutaten im *Shaker* mit Eiswürfeln schütteln und in ein Longdrinkglas auf Eiswürfel abgießen. Mit einem Pfirsich-stück und einer Erdbeere garnieren.

2 cl Pfirsichlikör
4 cl Scotch Whisky
I cl Erdbeersirup
2 cl Zitronensaft
10 cl Orangensaft
Pfirsich
Erdbeere

Peach Daiquiri

Pfirsichvariante des Daiquiri

Alle Zutaten im *Elektromixer* durch-mixen, dann etwas crushed ice dazu-geben und nochmals durchmixen. In eine Cocktailschale abgießen.

3 cl Pfirsichlikör
3 cl weißer Rum
1/2 Pfirsich
2 cl Zitronensaft
I cl Zuckersirup

Peach Blossom

fruchtiger Drink für den Nachmittag

Alle Zutaten im *Shaker* mit Eiswürfeln gut schütteln und in einen Sektkelch abgießen.

4 cl Pfirsichlikör
2 cl weißer Rum
I cl Grenadine
I cl Zitronensaft
4 cl Sahne

Peach Bunny

3 cl Pfirsichlikör
3 cl Crème de Cacao weiß
3 cl Sahne

süßer Sahnedrink für den Nachmittag

Alle Zutaten im *Shaker* mit Eiswürfeln gut schütteln und in eine Cocktailschale abgießen.

Peach Lady

2 cl Pfirsichlikör
4 cl Wodka
6 cl Orangensaft
6 cl Pfirsichnektar
1 cl Grenadine
Pfirsich

erfrischend-fruchtiger Sommerdrink

Im *Shaker* mit Eiswürfeln schütteln, in Longdrinkglas auf Eiswürfel abgießen. Pfirsichstück an den Glasrand stecken.

Peach Ball

4 cl Pfirsichlikör
2 cl Erdbeersirup
2 cl Zitronensaft
12 cl Orangensaft
Pfirsich
Erdbeere

aromatischer Partydrink

Alle Zutaten im *Shaker* mit Eiswürfeln gut schütteln und in ein Longdrinkglas auf Eiswürfel abgießen. Ein Pfirsichstück mit einer Erdbeere an den Glasrand stecken.

Golden Daze

kräftiger Drink zur Cocktailstunde

Alle Zutaten im *Shaker* mit Eiswürfeln gut schütteln und in eine Cocktail-schale abgießen.

2 cl Pfirsichlikör
4 cl Gin
4 cl Orangensaft

Sex on the Beach

In-Drink der 90er in den USA

Alle Zutaten im *Shaker* mit Eiswürfeln gut schütteln und in ein Longdrinkglas auf Eiswürfel abgießen.

3 cl Pfirsichlikör
3 cl Wodka
6 cl Preiselbeer-nektar
6 cl Ananassaft

Peach Velvet

spritziger Drink für den frühen Abend

Alle Zutaten im *Shaker* mit Eiswürfeln gut schütteln und in einen Sektkelch abgießen. Mit Sekt oder Champagner auffüllen. Ein Pfirsichstück an den Glasrand stecken.

3 cl Pêcher Mignon
1 cl Grenadine
3 cl Orangensaft
kalter Sekt oder Champagner
Pfirsich

Amaretto

Der bekannte italienische Mandellikör wird aus natürlichem Mandelextrakt, mazerierten Mandelschalen, verschiedenen Geschmacksaromen und Bourbon-Vanille hergestellt. Damit sich alle Zutaten zu einem harmonischen Geschmack verbinden, wird der Amaretto erst nach längerer Lagerzeit abgefüllt.

Die wichtigsten Marken

Amaretto Florio Im Jahr 1833 baute Vincenzo Florio in der Hafenstadt Marsala die größte Weinkellerei für Marsalaweine. 1975 wurde im Hause Florio, das sich nach wie vor in Marsala befindet, der gleichnamige Amaretto (25% vol) entwickelt. Florio ist heute ein Unternehmen der Cinzano-Gruppe.

Amaretto Vaccari Arturo Vaccari, einer der Wegbereiter der modernen Destillationsverfahren in Italien, wurde durch die Erfindung des »Galliano« berühmt. Bis vor einigen Jahren wurde auch der »Amaretto Vaccari« in die für den »Galliano« typischen langen Flaschen abgefüllt. »Amaretto Vaccari« (28% vol) zählt zu den Premiummarken.

DiSaronno Amaretto Originale Nach einer Legende soll der Maler Luini 1525 auf Fresken in der Wallfahrtskirche in Saronno eine junge Witwe verewigt haben. Zum Dank schenkte die Schöne dem Künstler ein Tongefäß, gefüllt mit einem delikaten, **Der meist 25- bis 28-prozentige Amaretto ist ideal zum Mixen und – pur serviert – eine vorzügliche Beigabe zum Kaffee.** bernsteinfarbenen Likör. Das Originalrezept ist noch heute im Besitz der alteingesessenen lombardischen Familie Reina, die seit vielen Generationen den »DiSaronno Amaretto Originale« herstellt. Ein Extrakt aus Aprikosenkernöl und 23 weitere Ingredienzen geben dem bernsteinfarbenen Likör seinen süß-bitteren Geschmack. Weltweit ist »DiSaronno« (28% vol) der meistverkaufte Amaretto.

217

Baked Almonds

3 cl Amaretto
3 cl Crème de
Cacao braun
3 cl Sahne

aromatisch-süßer Sahnedrink

Alle Zutaten im *Shaker* mit Eiswürfeln gut schütteln und in eine Cocktailschale abgießen.

Julia

3 cl Amaretto
3 cl weißer Rum
6 cl Sahne
3-5 Erdbeeren

lieblich-sahniger Drink für den Nachmittag

Im *Elektromixer* durchmixen. Crushed ice dazugeben, Mixer nochmals laufen lassen. In eine Cocktailschale abgießen und eine Erdbeere an den Glasrand stecken. Mit Trinkhalm servieren.

Ferrari

2 cl Amaretto
4 cl Vermouth
Dry

herb-süßer Before-Dinner-Drink

Alle Zutaten im *Rührglas* mit Eiswürfeln gut verrühren und in ein vorgekühltes Cocktailglas abgießen.

Sweet Maria

aromatischer Digestif

Alle Zutaten im *Shaker* mit Eiswürfeln gut schütteln und in eine Cocktailschale abgießen.

3 cl Amaretto
3 cl Wodka
3 cl Sahne

Southern Lady

fruchtig-aromatischer Longdrink

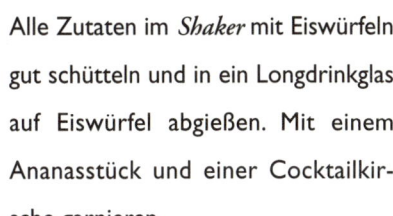

Alle Zutaten im *Shaker* mit Eiswürfeln gut schütteln und in ein Longdrinkglas auf Eiswürfel abgießen. Mit einem Ananasstück und einer Cocktailkirsche garnieren.

2 cl Amaretto
3 cl Wodka
1 cl Grenadine
2 cl Sahne
12 cl Ananassaft
Ananas
Cocktailkirsche

Saronno

aromatischer Digestif

Alle Zutaten im *Shaker* mit Eiswürfeln gut schütteln und in eine Cocktailschale abgießen.

3 cl Amaretto
3 cl Cognac
3 cl Sahne

Godmother

2 cl Amaretto
4 cl Wodka

herb-aromatischer Digestif

Alle Zutaten in einen Tumbler auf Eiswürfel geben und gut verrühren.

Yellow Almond

2 cl Amaretto
4 cl Wodka
6 cl Orangensaft
6 cl Ananassaft
Ananas
Cocktailkirsche

fruchtiger Partydrink

Im *Shaker* mit Eiswürfeln gut schütteln
und in ein Longdrinkglas auf Eiswürfel
abgießen. Mit einem Ananasstück und
einer Cocktailkirsche garnieren.

Amaretto Sour

5 cl Amaretto
3 cl Zitronensaft
2 cl Orangensaft
Orange
Cocktailkirsche

fruchtig-milder Sour

Im *Shaker* mit Eiswürfeln gut schütteln
und in ein Sourglas abgießen. Einen
Spieß mit einer halben Orangenscheibe und einer Cocktailkirsche über
den Glasrand legen.

Godfather

herb-aromatischer Digestif

Alle Zutaten in einen Tumbler auf Eiswürfel geben und gut verrühren.

2 cl Amaretto
4 cl Scotch Whisky

Italian Coffee

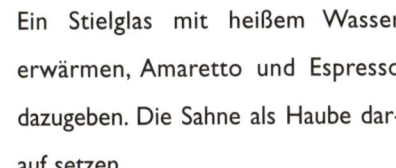

süße Irish-Coffee-Variante

Ein Stielglas mit heißem Wasser erwärmen, Amaretto und Espresso dazugeben. Die Sahne als Haube darauf setzen.

4 cl Amaretto
I Tasse heißer Espresso
leicht geschlagene Sahne

Lust

Drink für den frühen Abend

Im *Shaker* mit Eiswürfeln gut schütteln und in ein Sourglas abgießen. Einen Spieß mit einem Ananasachtel und einer Cocktailkirsche über den Glasrand legen.

3 cl Amaretto
I cl Curaçao Blue
2 cl Zitronensaft
4 cl Ananassaft
Ananas
Cocktailkirsche

Curaçao

TRIPLE SEC CURAÇAO

PRODUCE OF HOLLAND

Curaçao ist eine Gattungsbezeichnung für Liköre, bei deren Herstellung das Destillat von Schalen der Curaçao-Früchte verwendet wird. Die Früchte kamen ursprünglich von der westindischen Insel Curaçao. Heute werden sie auch aus Haiti und Südeuropa importiert. Die Curaçao-Frucht ähnelt der Pomeranze, der herb-bittere duftige Pomeranzencharakter ist bei ihr jedoch noch stärker ausgeprägt. Curaçao wird in erster Linie in den Niederlanden und in Frankreich in verschiedenen Trockenheitsgraden hergestellt. Der farblose »Triple Sec«, der einen geringeren Zuckergehalt aufweist, ist heute der bekannteste Curaçao. Sein Name soll »dreifache Trockenheit« und hohen Alkoholgehalt ausdrücken. Curaçao wird selten pur getrunken, ist jedoch als Geschmacksgeber für Mixgetränke unentbehrlich. Der klassische Curaçao ist wasserhell und klar, wird jedoch auch gefärbt als »Curaçao Orange« (orangefarben) und »Curaçao Blue«, »Curaçao Red« und »Curaçao Green« angeboten. Besonders der »Curaçao Blue« dient für viele Drinks als Farbgeber. Der Alkoholgehalt von Curaçao erreicht hauptsächlich beim »Triple Sec« 40% vol, die anderen Sorten liegen je nach Hersteller im 20- bis 35%-vol-Bereich. Alle großen Likörproduzenten wie Bols (»Triple Sec«, 39% vol, »Curaçao Blue«, 30% vol, »Dry Orange Curaçao«, 35% vol), De Kuyper (»Curaçao Blue«, »Curaçao Red«, »Curaçao Green«, »Curaçao Orange«, 30% vol, »Triple Sec«, 40% vol), Marie Brizard (»Curaçao Blue«, 25% vol, »Triple Sec«, 39% vol) und Monin (»Curaçao Blau« und »Curaçao Grün«, 20% vol, »Triple Sec«, 25 und 35% vol) haben diesen beliebten und »farbigen« Likör im Programm.

Keine Likörgattung ist in so vielen Drinks zu finden wie der Curaçao in all seinen unterschiedlichen Farben und Versionen.

After Dinner

3 cl Curaçao Triple Sec
3 cl Apricot Brandy
3 cl Zitronensaft

süß-säuerlicher After-Dinner-Drink

Alle Zutaten im *Shaker* mit Eiswürfeln gut schütteln und in eine Cocktailschale abgießen.

Vanity

2 cl Curaçao Blue
2 cl Gin
3 cl Ananassaft
2 cl Zitronensaft
1 cl Grenadine
Kapstachelbeere

herb-süßer Drink für den Nachmittag

Im *Shaker* mit Eiswürfeln schütteln, in ein Sourglas abgießen. Eine Kapstachelbeere an den Glasrand stecken.

Adria Look

2 cl Curaçao Blue
2 cl Gin
2 cl Zitronensaft
kalter Sekt
Aprikose
Cocktailkirsche

erfrischender Sektdrink

Im *Shaker* mit Eiswürfeln schütteln, in eine Champagnertulpe abgießen und mit Sekt auffüllen. Ein Aprikosenstück an den Glasrand stecken und eine Cocktailkirsche dazugeben.

Zitronen-Flip

für die späten Vormittagsstunden

Im *Shaker* mit Eiswürfeln schütteln und in ein Sourglas abgießen. Mit fein geriebener Muskatnuss bestreuen.

2 cl Dry Curaçao Orange
2 cl Gin
4 cl Zitronensaft
1 cl Zuckersirup
2 cl Sahne
1 Eigelb, Muskatnuss

Mediterranée

erfrischender Sommerdrink

In ein Longdrinkglas auf Eiswürfel geben und mit Bitter Lemon auffüllen. Eine Orangenscheibe dazugeben.

2 cl Curaçao Blue
2 cl Gin
kaltes Bitter Lemon
Orange

Green Almond

fruchtiger Sommerdrink

Alle Zutaten im *Shaker* mit Eiswürfeln gut schütteln und in ein Longdrinkglas auf Eiswürfel abgießen. Mit einem Ananasstück und einer Cocktailkirsche garnieren.

4 cl Curaçao Blue
2 cl Amaretto
8 cl Orangensaft
8 cl Ananassaft
Ananas
Cocktailkirsche

Kokoslikör

D er Likör mit dem einzigartigen Geschmack dieser tropischen Nuss war zum Zeitpunkt seiner
Markteinführung in Deutschland längst überfällig. Ab
1978 stand mit dem »Batida de Coco« erstmals ein
Likör auf Kokosnussbasis zur Verfügung. In den
frühen 80er Jahren folgten weitere Marken – und
kein Unternehmen hat die Markteinführung in
Deutschland bereut. Kokosliköre gibt es milchig
trüb und wasserhell. Sie eignen sich zum Mixen
fruchtiger Longdrinks, denn sie vertragen sich gut
mit Zutaten wie Fruchtsäften, Spirituosen, anderen
Likören und Limonaden. Die beiden Marktführer in
Deutschland – Batida de Coco und Malibu – ermög-
lichten die Kreation vieler tropischer Mixgetränke.

Die wichtigsten Marken

Batida de Coco Die Bezeichnung »Batida« kommt aus Brasilien und steht dort für einen erfrischenden Drink. Hergestellt wird dieser bei uns bekannteste aller Kokosliköre jedoch von dem renommierten Spirituosenunternehmen Buton in Bologna/Italien, und zwar auf der Basis von Kokosnuss und Milch. Der milchig trübe »Batida de Coco« hat 16% vol.

> **»Batida de Coco« wird in Deutschland als Fertigprodukt angeboten. Man trinkt ihn am besten gekühlt oder auf Eiswürfeln.**

Coconut Creole Der niederländische Spirituosenkonzern Bols brachte 1993 den wasserhellen »Coconut Creole« mit 24% vol Alkoholgehalt auf den Markt. Er wird in satinierten Flaschen angeboten.

Cocoribe Eine der ersten Kokoslikörmarken in den USA war »Cocoribe« von der Firma National Distillers. Nur kurzzeitig gab es den wasserhellen »Cocoribe« (21% vol Alkohol) auch in Deutschland.

Malibu Erst 1980 komponiert, hat dieser Kokoslikör einen wahren Siegeszug rund um die Welt angetreten. Die alkoholische Basis des wasserhellen »Malibu« (24% vol) bildet weißer Caribbean Rum.

Cocoskiss

4 cl klarer
Kokoslikör

2 cl weißer Rum

I cl Maracujasirup

6 cl Orangensaft

6 cl Ananassaft

Ananas

Cocktailkirsche

aromatischer Longdrink für den Abend

Im *Shaker* mit Eiswürfeln schütteln, in Longdrinkglas auf Eiswürfel abgießen. Ein Ananasstück mit einer Cocktailkirsche an den Glasrand stecken.

Malibu Alexander

4 cl Malibu

2 cl Cognac

4 cl Sahne

After-Dinner-Drink

Im *Shaker* mit Eiswürfeln schütteln und in eine Cocktailschale abgießen.

Crazy Coconut

4 cl klarer
Kokoslikör

2 cl Crème de
Banane

I cl Curaçao Blue

6 cl Ananassaft

6 cl Grapefruitsaft

Kiwi, Banane

Cocktailkirschen

aromatischer Longdrink für die Party

Im *Shaker* mit Eiswürfeln schütteln und in ein Longdrinkglas auf Eiswürfel abgießen. Einen Spieß mit Kiwi- und Bananenscheiben sowie Cocktailkirschen über den Glasrand legen.

Topolino

aromatischer Longdrink für den Abend

Im *Shaker* mit Eiswürfeln schütteln, in Longdrinkglas auf Eiswürfel abgießen. Spieß mit Bananenscheiben und Cocktailkirschen über den Glasrand legen.

2 cl klarer Kokoslikör
2 cl Crème de Banane
2 cl Wodka
12 cl Ananassaft
Banane
Cocktailkirschen

Gold Coconut

anregender Drink zur Cocktail-Hour

Im *Shaker* mit Eiswürfeln schütteln und in eine Cocktailschale abgießen.

3 cl klarer Kokoslikör
3 cl Cognac
6 cl Orangensaft
einige Tropfen Grenadine

Blue Cobra

süß-herber Longdrink

Im *Shaker* mit Eiswürfeln schütteln. Orangenschalenspirale mit Eiswürfeln in ein Longdrinkglas geben und die Mischung dazugießen. Mit Tonic Water auffüllen. Cocktailkirschen dazugeben.

4 cl klarer Kokoslikör
2 cl Curaçao Blue
4 cl Ananassaft
1 cl Zitronensaft
kaltes Tonic Water
Orange
Cocktailkirschen

Malibu Sunrise

6 cl Malibu
1 cl Zitronensaft
12 cl Orangensaft
1 cl Grenadine
Orange

fruchtig-milder Longdrink

Im *Shaker* mit Eiswürfeln schütteln, in Longdrinkglas auf Eiswürfel abgießen. Grenadine darüber träufeln. Orangenscheibe an den Glasrand stecken.

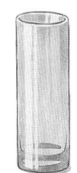

Batida Cherie

4 cl Batida de
Coco
6 cl Sauerkirsch-
nektar
10 cl kalter Sekt

aromatischer Partydrink

In Longdrinkglas Eiswürfel geben. Batida de Coco und Kirschnektar dazugießen und mit Sekt auffüllen.

Brasilian Fever

4 cl Batida de
Coco
2 cl weißer Rum
12 cl Bananen-
nektar
Banane
Cocktailkirschen

schnell gemixter Partydrink

In Longdrinkglas mit Eiswürfeln geben und verrühren. Einen Spieß mit Bananenscheiben und Cocktailkirschen über den Glasrand legen.

Cocobanana

exotisch-fruchtiger Longdrink

Im *Shaker* mit Eiswürfeln schütteln, in Longdrinkglas auf Eiswürfel abgießen. Ein Ananasstück mit einer Cocktailkirsche an den Glasrand stecken.

4 cl Batida de Coco
2 cl brauner Rum
2 cl Bananensirup
6 cl Maracuja-nektar
6 cl Orangensaft
Ananas
Cocktailkirsche

Brasil Tropical

fruchtig-milder Partydrink

In Longdrinkglas mit Eiswürfeln geben und gut verrühren. Eine Erdbeere an den Glasrand stecken.

6 cl Batida de Coco
2 cl Erdbeersirup
10 cl Grapefruit-saft
Erdbeere

Night in Blue

Sommerdrink für die Party

Zutaten in ein Longdrinkglas mit Eiswürfeln geben und verrühren. Ein Ananasstück mit einer Cocktailkirsche an den Glasrand stecken.

4 cl Batida de Coco
2 cl Curaçao Blue
12 cl Ananassaft
Ananas
Cocktailkirsche

Yellow Cat

2 cl Malibu
2 cl Vermouth Dry
3 cl Orangensaft
kalter Sekt
Erdbeere

Nachmittags- und Partydrink

Im *Shaker* mit Eiswürfeln schütteln und in Sektkelch abgießen. Mit Sekt auffüllen und mit Erdbeere garnieren.

Cool Caribbean

4 cl klarer Kokoslikör
2 cl Crème de Banane
Schweppes Bitter Orange
Orange, Cocktailkirsche

schnell gemixter Partydrink

In ein Longdrinkglas geben und mit Bitter Orange auffüllen. Mit Orangenscheibe und Cocktailkirsche garnieren.

Batida Lemon

4 cl Batida de Coco
2 cl Kirschlikör
4 cl Orangensaft
10 cl kaltes Bitter Lemon
Zitrone
Cocktailkirsche

spritziger Fruchtdrink

Im *Shaker* mit Eiswürfeln schütteln, in ein Longdrinkglas auf Eiswürfel abgießen. Mit Bitter Lemon auffüllen. Eine Zitronenscheibe und eine Cocktailkirsche dazugeben.

Malibu Mint

cremiger After-Dinner-Drink

Im *Shaker* mit Eiswürfeln schütteln und in eine Cocktailschale abgießen. Mit Schokoladenraspeln bestreuen.

4 cl Malibu
2 cl Crème de Menthe grün
4 cl Sahne
Schokoladenraspel

Baccara

für den späten Nachmittag

Im *Shaker* mit Eiswürfeln schütteln und in eine Cocktailschale abgießen. Ein Minzeblatt dazugeben.

3 cl klarer Kokoslikör
3 cl Calvados
2 cl grüner Pfefferminzsirup
4 cl Sahne
Minze

Blue Sky

spritziger, herb-süßer Partydrink

Im *Shaker* mit Eiswürfeln schütteln, in ein Longdrinkglas auf Eiswürfel abgießen. Mit Bitter Lemon auffüllen. Einen Karambolestern an den Glasrand stecken.

4 cl Batida de Coco
2 cl Curaçao Blue
8 cl Ananassaft
einige Tropfen Zitronensaft
10 cl Bitter Lemon
Karambole

Malibu Hot Chocolate

4 cl Malibu
I Tasse heiße
Schokolade
leicht geschla-
gene Sahne
Schokoladen-
raspel

für kühle Abende

Ein Stielglas mit heißem Wasser erwärmen, Malibu und heiße Schokolade eingießen. Die Sahne als Haube darauf setzen und mit Schokoladenraspeln bestreuen.

Grass Shirt

4 cl klarer
Kokoslikör
2 cl weißer Rum
4 cl Ananassaft
2 cl Zitronensaft

für den frühen Abend

Im *Shaker* mit Eiswürfeln schütteln und in eine Cocktailschale abgießen.

Cococherry

4 cl Batida de
Coco
2 cl Kirschlikör
4 cl Orangensaft
10 cl Bitter
Lemon
Zitrone
Cocktailkirsche

für heiße Nachmittage

Im *Shaker* mit Eiswürfeln schütteln, in Longdrinkglas auf Eiswürfel abgießen. Mit Bitter Lemon auffüllen. Mit Zitronenscheibe und Kirsche garnieren.

Red and White

milder Nachmittagsdrink

Im *Elektromixer* durchmixen. Crushed ice dazugeben, nochmals mixen. Den Rand einer Cocktailschale mit Kokosraspeln versehen, die Mischung dazugießen. Erdbeere an Glasrand stecken.

6 cl Batida de Coco
4 cl Orangensaft
3–5 Erdbeeren
Kokosraspel
Erdbeere

Batida Sunrise

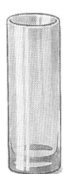

leichter und fruchtiger Longdrink

In Longdrinkglas auf crushed ice geben, darauf den Kirschlikör gießen.

4 cl Batida de Coco
12 cl Ananassaft
2 cl Kirschlikör

Malibu Banana

Nachmittags- und After-Dinner-Drink

Alle Zutaten im *Shaker* mit Eiswürfeln gut schütteln und in eine Cocktailschale abgießen. Mit gehackten Pistazien bestreuen.

4 cl Malibu
2 cl Crème de Banane
6 cl Sahne
Pistazien

Orangenlikör

Orangenliköre bilden die Klassiker unter den Mixlikören. Ihr wichtigster Bestandteil sind getrocknete Schalen der karibischen Bitterorangen, die auf dem Weg der Mazeration und Destillation verarbeitet werden. Die alkoholische Basis bilden reinster Alkohol oder auch Cognac, Armagnac oder Rum, dazu kommen Zucker und Wasser. Ein gelblicher Farbton entsteht durch karamellisierten Zucker.

Die wichtigsten Marken

Aurum Dieser goldfarbene, sehr herbe Likör stammt aus den Abruzzen. Er wird aus in Wein mazerierten Kräutern und Orangenschalen destilliert, wobei besonders Letztere sein Bukett prägen.

Bols Kontiki Red Orange 1987 erweiterte Bols sein Longdrink-Sortiment mit der Marke »Red Orange«, die heute »Kontiki Red Orange« heißt. Bei der Kreation dieses Fruchtaromalikörs mit seiner klaren, tiefroten Farbe wurde ein neuartiges Erscheinungsbild mit einem ebensolchen Geschmack verbunden. »Kontiki Red Orange« schmeckt fruchtig nach Orangen, ist aber nicht zu süß. Sein Alkoholgehalt beträgt 24% vol.

Cointreau Aus Angers an der Loire kommt der »Cointreau«. Von dort trat der berühmte Likör seinen Siegeszug in die ganze Welt an. In der 1849 gegründeten Destillerie schuf Edouard Cointreau um 1875 den kristallklaren »Cointreau«, einen 40-prozentigen herbsüßen Likör aus den Schalen bitterer Orangen, die auf den Antillen, in Brasilien und Spanien wachsen. Diese werden bis heute nach dem alten Rezept verarbeitet. »Cointreau« ist als klarer Orangenlikör die international bekannteste Marke und Bestandteil vieler weltbekannter Mixrezepte.

Cointreau und Grand Marnier zählen zu den größten Likörmarken der Welt und sind die absolut führenden Orangenliköre.

Grand Marnier Die Geschichte des »Grand Marnier« beginnt im Jahr 1827. In dem Städtchen Neauphle-le-Château bei Paris, in der dort ansässigen Destille Lapostolle, beschäftigte man sich mit der Herstellung von Likören. Eugène, der Sohn des Firmengründers, zog sich wegen des Kriegs von 1870 nach Cognac zurück und begann mit dem Ankauf von Cognac. Nach dem Krieg kamen die Liköre in Mode. Dem Trend folgend, versuchte Louis Alexandre Marnier-Lapostolle, der Schwiegersohn von Eugène, einen außergewöhnlichen Likör zu kreieren. Er experimentierte mit Cognac und den Extrakten karibischer Bitterorangen und hatte schließlich einen aromatischen, bernsteinfarbenen Likör gefunden. Der »Grand Marnier« war geboren und wurde erfolgreich wie kaum ein Likör dieser Zeit. Folgende Marken bietet das Haus Marnier-Lapostolle heute an: »Grand Marnier Cordon Rouge« ist ein Orangenlikör auf der Basis von Cognac. Der dafür verwendete Cognac stammt vom

Aus Wassermangel mutierten die von den Spaniern gepflanzten Orangen auf der Insel Curaçao zu den süßen Bitterorangen.

Château de Bourg im Herzen der Charente, wo die
von Marnier-Lapostolle angekauften Brände lagern
und reifen. »Grand Marnier Cuvée du Centenaire«
ist ein zum 100-jährigen Bestehen des Hauses ent-
wickelter Likör, der ebenfalls wie der »Cordon
Rouge« hergestellt wird. Die für ihn verwendeten
Cognacs sind jedoch weitaus länger gereift. »Grand
Marnier Cuvée de Cent Cinquantenaire« wurde aus
Anlass des 150-jährigen Bestehens 1977 geschaffen.
Die Basis dieses Spitzenprodukts bildet besonders
alter Cognac aus der Petite und der Grande Champagne. Außergewöhnlich ist auch das **Das in der Schale der**
Behältnis für diesen Likör: Die mit einem **karibischen Bitteroran-**
gen enthaltene aroma-
Blumenmuster im Jugendstil dekorierten **tische ätherische Öl**
ist eine wichtige Likör-
Flaschen hat einst der Glaskünstler Emile **komponente.**
Gallé (1840 – 1904) entworfen; das Original befindet
sich in der Privatsammlung von Jacques Marnier-
Lapostolle. Der Alkoholgehalt aller Sorten beträgt
40% vol. Außerdem produziert Marnier-Lapostolle
»Cherry Marnier«, »Cognac Marnier« und den
Cream-Liqueur »Crème de Grand Marnier«.

Hesperidina Der Bitterorangenlikör »Hesperidina« stammt aus Argentinien und ist die einzige typische Spirituosenspezialität des Landes. Von den Anden-Kordilleren und aus der Ebene (Pampa)

»Hesperidina« wird seit dem Jahre 1864 hergestellt und erhielt bei seiner Anmeldung als Warenzeichen einst die Nummer 1.

stammen die Bitterorangen, aus deren Schalen der Likör bereitet wird. Dazu werden ihm verschiedene Kräuter zugesetzt. Der Name stammt von »Hesperidio«, der altspanischen Bezeichnung für Orangen. Hersteller ist die Bagley S.A. in Buenos Aires. »Hesperidina« hat einen Alkoholgehalt von 26% vol und wird vorzugsweise als Longdrink mit Soda, Tonic Water oder Fruchtsäften getrunken.

Nassau Orange Liqueur Die niederländische Firma De Kuyper ist Hersteller des »Nassau Orange Liqueurs«. Er wird in weißen Flaschen mit blauem holländischen Dekor im Stil alter Delfter Kacheln abgefüllt. Der 40-prozentige Likör wird nach einem alten Rezept des Hauses aus Destillaten von Curaçao-Bitterorangen, Zitronen- und Orangenschalen komponiert und mit Cognac verfeinert.

Orangero »Orangero« wird von Marie Brizard, dem größten französischen Likörproduzenten, aus süßen und bitteren andalusischen Orangen herge-stellt. Cognac bildet die alkoholische Basis des bern-steinfarbenen »Orangero«, der einen Alkoholgehalt von 38% vol aufweist.

Pousse Rapière »Pousse Rapière« ist eine Spe-zialität der Gascogne – ein Orangenlikör (24% vol) mit Armagnac als alkoholische Basis.

Sangster's Wild Orange Liqueur Dr. Ian Sang-ster's »World's End«-Destillerie in Gordon Town/ Jamaica produziert außer hervorragendem Rum auch Likörspezialitäten. Sein »Wild Oran-ge Liqueur« wird geprägt von dem Aroma der wild wachsenden Bitterorangen der Insel und dem Rum, der die alkoholische Basis für diesen Likör bildet. In den Handel kommt er in handgefertigten Steingutdekantern – Nachbil-dungen eines aus dem 17. Jahrhundert stammenden Rumflakons. »Wild Orange Liqueur« hat einen Alkoholgehalt von 30% vol.

Ausschlaggebend für die Qualität der Oran-genliköre sind die Aus-züge aus den Orangen-schalen und die Qualität des Alkohols.

Red Bird

2 cl Cointreau
2 cl Wodka
2 cl Vermouth Rosso
kaltes Tonic Water
Zitrone

spritziger Drink für den Nachmittag

In ein großes Becherglas mit Eiswürfeln geben und mit Tonic Water auffüllen. Eine Zitronenscheibe an den Glasrand stecken.

Mer du Sud

4 cl Cointreau
1 cl Curaçao Blue
4 cl Ananassaft
kaltes Ginger Ale
Ananas
Cocktailkirsche

prickelnder Drink für Sommertage

In ein Longdrinkglas mit Eiswürfeln geben, gut verrühren und mit Ginger Ale auffüllen. Mit Ananasstück und Cocktailkirsche garnieren.

Black Sun

4 cl Cointreau
2 cl brauner Rum
kaltes Cola
Zitrone

aromatisch-frischer Sommerdrink

In ein Longdrinkglas mit Eiswürfeln geben und mit Cola auffüllen. Eine Zitronenscheibe dazugeben.

Sunny Dream

cremig-fruchtiger Drink für heiße Tage

Im *Elektromixer* durchmixen, in ein Longdrinkglas mit Eiswürfeln abgießen. Eine Orangenscheibe mit Cocktailkirsche an den Glasrand stecken.

4 cl Cointreau
2 cl Apricot Brandy
6 cl Orangensaft
6 cl Ananassaft
2 cl Sahne
I cl Zitronensaft
I EL Vanilleeis
Orange, Cocktailkirsche

Kingston Town

exotischer Fruitpunch mit Pfiff

Im *Shaker* mit Eiswürfeln schütteln, in ein Longdrinkglas auf Eiswürfel abgießen. Mit Orangen- und Kiwischeibe und Cocktailkirsche garnieren.

3 cl Cointreau
3 cl weißer Rum
I cl Crème de Banane
I cl Curaçao Blue
12 cl Ananassaft
Orange, Kiwi
Cocktailkirsche

Fireball

spritziger Partydrink

In ein großes Becherglas auf Eiswürfel geben, mit Tonic Water auffüllen. Eine halbe Orangenscheibe dazugeben.

3 cl Bols Kontiki Red Orange
2 cl Wodka
kaltes Tonic Water
Orange

Red Lion

2 cl Grand Marnier
3 cl Gin
1 cl Zitronensaft
4 cl Orangensaft
einige Tropfen Grenadine

fruchtiger Klassiker zur Cocktail-Hour

Im *Shaker* mit Eiswürfeln gut schütteln und in eine Cocktailschale abgießen.

Tropical Red

4 cl Bols Kontiki Red Orange
2 cl Gin
6 cl Orangensaft
6 cl Grapefruitsaft
Orange
Cocktailkirsche

aromatischer Sommer-Partydrink

Im *Shaker* mit Eiswürfeln schütteln und in ein Longdrinkglas auf Eiswürfel abgießen. Mit einer Orangenscheibe und einer Cocktailkirsche garnieren.

Passing Shot

4 cl Cointreau
1 cl Campari Bitter
8 cl Bananen-nektar
1 cl Grenadine
Cocktailkirschen
Banane

fruchtiger Drink für den Nachmittag

Im *Shaker* mit Eiswürfeln gut schütteln und in einen Tumbler auf Eiswürfel abgießen. Einen Spieß mit Cocktailkirschen und Bananenscheiben über den Glasrand legen.

Rêve d'Or

fruchtiger Drink für die Abendstunden

Im *Shaker* mit Eiswürfeln gut schütteln und in eine Cocktailschale abgießen.

4 cl Grand Marnier
I cl Galliano
2 cl Sahne
4 cl Orangensaft

Cointreau Caipirinha

Caipirinha-Variante mit Cointreau

Die Limettenviertel mit Holzstößel in einem Tumbler ausdrücken. Glas mit crushed ice füllen. Den Cointreau dazugeben und gut umrühren.

I/2 Limette
4 cl Cointreau

Café Cointreau

feiner Drink für den Nachmittag

Ein Stielglas mit heißem Wasser erwärmen. Cointreau und Zucker dazugeben, gut umrühren und mit Kaffee auffüllen. Die Sahne als Haube daraufsetzen.

4 cl Cointreau
I Teelöffel Zucker
I Tasse heißer Kaffee
leicht geschlagene Sahne

Grand Margarita

3 cl Grand Marnier
3 cl Tequila
3 cl Zitronensaft
Salz
Limette

aromatische Margarita-Variante

Im *Shaker* mit Eiswürfeln schütteln, in Cocktailschale mit Salzrand abgießen. Eine Limettenscheibe dazugeben.

Grand Marnier Sour

4 cl Grand Marnier
2 cl Zitronensaft
4 cl Orangensaft
Orange
Cocktailkirsche

erfrischender Sour für den Nachmittag

Im *Shaker* mit Eiswürfeln schütteln, in Sourglas abgießen. Spieß mit einer halben Orangenscheibe und einer Cocktailkirsche über den Glasrand legen.

Grand Marnier à l'Orange

2 cl Grand Marnier
6 cl Orangensaft
kalter Sekt oder Champagner
Orange

spritziger Aperitif und Partydrink

Im *Shaker* mit Eiswürfeln schütteln, in eine Champagnertulpe abgießen. Mit Sekt oder Champagner auffüllen. Eine halbe Orangenscheibe dazugeben.

Chapeau Blanc

aromatischer After-Dinner-Drink

Im *Rührglas* mit Eiswürfeln vermischen, in ein kleines Stielglas abgießen. Die Sahne als Haube darauf setzen.

4 cl Grand Marnier

2 cl Cognac

leicht geschlagene Sahne

Fire on Ice

fruchtiger Drink für die Cocktail-Hour

Im *Shaker* mit Eiswürfeln schütteln und in einen Tumbler auf Eiswürfel abgießen. Mit Karambolestern und Minzezweig garnieren.

3 cl Cointreau

2 cl brauner Rum

2 cl Zitronensaft

8 cl Orangensaft

I cl Grenadine

Karambole

Minze

Cointreau Tropical

Nachmittagsdrink für heiße Tage

Im *Rührglas* mit Eiswürfeln rühren. Ein Longdrinkglas mit Zuckerrand versehen, mit Früchten bis obenhin füllen und die Mischung dazugießen.

4 cl Cointreau

12 cl roter Traubensaft

Früchte, z. B. Erdbeeren, Trauben, Kirschen, halbe Orangenscheiben, Pfirsich- und Aprikosenstücke

Pfefferminz-likör

Pfefferminzliköre werden aus Pfefferminzöl, Wasser, reinem Alkohol und Zucker hergestellt. Das Öl wird durch Wasserdampfdestillation aus den Blättern bestimmter Pfefferminzarten gewonnen. Durch den hohen Anteil an Menthol hat das Öl eine kühlende Wirkung. Pfefferminzlikör ist wasserhell oder grün gefärbt und wird gekühlt pur oder auf Eiswürfeln getrunken. Als »Crème de Menthe« weist er einen höheren Zuckergehalt auf. Pfefferminzliköre werden von allen großen Likörproduzenten wie Bols (»Peppermint« grün, 24% vol), De Kuyper (»Crème de Menthe« grün und weiß, 24% vol), Marie Brizard (»Crème de Menthe« grün und weiß, 25% vol) angeboten.

Grasshopper

süß-cremiger After-Dinner-Drink

Alle Zutaten im *Shaker* mit Eiswürfeln gut schütteln und in eine Cocktailschale abgießen.

3 cl Crème de Menthe grün
3 cl Crème de Cacao weiß
3 cl Sahne

After Eight

aromatischer Hot-Drink

Ein Stielglas mit heißem Wasser erwärmen, die Liköre und den Kaffee eingießen, umrühren und die Sahne als Haube darauf setzen. Mit Schokoladenraspeln bestreuen.

2 cl Crème de Menthe grün
4 cl Duchalet Schokoladenlikör
1 Tasse heißer Kaffee
leicht geschlagene Sahne
Schokoladenraspel

Alexander's Sister

süß-herber Sahnedrink

Alle Zutaten im *Shaker* mit Eiswürfeln gut schütteln und in eine Cocktailschale abgießen.

3 cl Crème de Menthe grün
3 cl Gin
3 cl Sahne

Menthe Frappé

5 cl Crème de Menthe grün

überaus erfrischender Allround-Drink

Einen Tumbler mit crushed ice füllen und Crème de Menthe dazugießen. Mit einem kurzen, dicken Trinkhalm servieren.

Cool Man

2 cl Crème de Menthe grün
4 cl Duchalet Schokoladenlikör
4 cl Sahne

süß-cremiger After-Dinner-Drink

Die angegebenen Liköre und die Sahne im *Shaker* mit Eiswürfeln gut schütteln und in eine Cocktailschale abgießen.

Coffee Grasshopper

3 cl Crème de Menthe weiß
3 cl Kaffeelikör
3 cl Sahne

süß-cremiger After-Dinner-Drink

Alle Zuaten im *Shaker* mit Eiswürfeln gut schütteln und in eine Cocktailschale abgießen.

Caruso

aromatischer Before-Dinner-Drink

Alle angegebenen Zutaten im *Rühr-glas* mit Eiswürfeln gut verrühren und in ein vorgekühltes Cocktailglas abgießen.

1 cl **Crème de Menthe grün**

3 cl **Gin**

2 cl **Vermouth Dry**

Apotheke

herb-milder Magentrank

Alle angegebenen Zuaten im *Rührglas* mit Eiswürfeln gut verrühren und in ein vorgekühltes Cocktailglas abgießen.

1 cl **Crème de Menthe grün**

2 cl **Fernet Branca**

2 cl **Carpano Punt e Mes**

White Banana

süß-cremiger After-Dinner-Drink

Alle Zuaten im *Shaker* mit Eiswürfeln gut schütteln und in eine Cocktail-schale abgießen.

3 cl **Crème de Menthe weiß**

3 cl **Crème de Banane**

3 cl **Sahne**

Dieser klassische, mit Anis aromatisierte italienische Likör wird zwar zu den Anislikören gezählt, gilt aber als eigenständige Gruppe unter den Anisgetränken, da seine alkoholische Basis Holunder ist. Sambuca ist ein ausgezeichneter Digestif und wird gerne zusammen mit drei gerösteten Kaffeebohnen »con la mosca« (= mit der Fliege) serviert und getrunken. Sehr beliebt ist es auch, den Sambuca »con la mosca« kurze Zeit anzuzünden. Neben dem klassischen Sambuca wird auch eine dunkle Variante angeboten, der bereits mit Kaffee gemischte Sambuca Negra. Sambuca ist mit einem Zuckeranteil von 350 Gramm pro Liter Fertigerzeugnis sehr süß; Sambuca muss mindestens 38% vol Alkohol enthalten.

Die wichtigsten Marken

Barbero Die 1891 in Canale/Piemont gegründete Firma Barbero zählt zu den bedeutendsten Wein- und Spirituosenherstellern Italiens. Der »Gran Sambuca di Canale« des Hauses hat 40% vol Alkohol.

Inga Der »Sambuca Inga« (40% vol Alkohol) zählt zu den großen Likörmarken der Destillerie Inga.

Molinari Der »Sambuca Molinari« (Alkoholgehalt 40% vol) wird vom gleichnamigen Familienunternehmen in Civitavecchia bei Rom nach der alten Rezeptur der Familie hergestellt. »Molinari« ist die führende Sambucamarke in Italien und auf den Exportmärkten.

Die von Seagram/Italia übernommene Firma Piave produziert mit »Sambuca Piave« (40% vol) eine der überregionalen Marken.

Ramazzotti Das Mailänder Haus Ramazotti stellt neben seinem berühmten Amaro auch einen Amaretto und einen Sambuca mit 40% vol Alkohol her.

Vaccari Der berühmte »Galliano« ist das bekannteste Produkt des in Solero ansässigen Unternehmens Vaccari, das außerdem auch einen Amaretto und einen Sambuca (38% vol Alkohol) herstellt. Alle drei Rezepturen stammen noch von Arturo Vaccari.

Kräuter- und Gewürzlikör

Die Heilkundigen und Alchemisten des späten Mittelalters schufen die Grundlage für diese Likörgattung. In den Klöstern experimentierten die Mönche mit Kräutern und Gewürzen auf der Suche nach Heilmitteln gegen die allgegenwärtige Bedrohung durch Krankheiten und Seuchen. Dabei entdeckten sie viele Wirkstoffe in Pflanzen und anderen natürlichen Materialien und schufen zahlreiche Elixiere mit tatsächlicher oder vermeintlicher Heilwirkung. Eines der wichtigsten Verfahren, den Heilmitteln aus der Natur ihre Wirkstoffe zu entziehen, war und ist dabei das Verfahren der Mazeration. Unterstützt wurde diese Entwicklung durch die Verbreitung der Destillation, die eine bessere Auslaugung der Grundstoffe ermöglichte. Eine Besonderheit in Deutschland stellt der Gewürzlikör Kümmel dar, der in drei Arten und Qualitäten angeboten wird, die sich durch verschieden stark ausgeprägtes Kümmelaroma und durch den Alkohol- und Zuckergehalt voneinander unterscheiden.

Berliner Kümmel und ihm ähnliche Erzeugnisse haben einen Alkoholgehalt von 32 bis 40% vol und relativ wenig Zucker; mehr Alkohol (etwa 45% vol) und Zucker enthält der Allasch; die dritte Gruppe stellen die Eis- oder Kristallkümmel mit sehr viel Alkohol (50 bis 60% vol) und mittlerem Zuckergehalt dar. Zur Verfeinerung des Aromas werden alle Arten mit Anis-, Koriander- und Zitronenöl versetzt. Als reine Destillationserzeugnisse sind die Kümmelliköre kristallklar und wasserhell, haben ein starkes, reines Kümmelaroma und einen Mindestalkoholgehalt von 30% vol. Kräuter- und Gewürzliköre trinkt man bevorzugt als Digestif pur und leicht gekühlt oder verwendet sie zum Mixen.

Im Gegensatz zu den Bittern weisen die Kräuter- und Gewürzliköre einen hohen Zuckergehalt auf und sind aromatisch-süß.

Die wichtigsten Marken

Bénédictine D.O.M. Unter den Mönchen des 958 gegründeten Benediktinerklosters Fécamp in der Normandie lebte im 16. Jahrhundert Bruder Bernardo Vincelli. Er bereitete im Jahr 1510 ein Elixier zu, dessen Rezeptur einem heute weltbekannten Getränk zugrunde liegt: dem »Liqueur Bénédictine D.O.M.« Im Lauf der Geschichte verschwand zwar das Rezept, aber bevor 1789 in den Wirren der Französischen Revolution die Abtei zerstört wurde, brachten die Mönche von Fécamp Bücher, Akten und Urkunden in Sicherheit. Schließlich stieß Alexandre Le Grand, ein Kaufmann in Fécamp, bei der Durchsicht geerbter Papiere im Jahr 1863 auf das Pergament mit den Formeln des Vincelli-Elixiers. Von diesen Unterlagen ausgehend, vertiefte er sich in die Geheimnisse der Kräuter und begann zu experimentieren, bis es ihm gelang, die alte Rezeptur nachzuempfinden und zu einem Likör zu verfeinern, den er »Bénédictine« nannte. Die Herstellung des Eli-

Die einstigen Heilelixiere, die teilweise noch nach den alten Originalrezepten zubereitet werden, sind heute beliebte Genussmittel.

xiers beginnt mit dem Zuordnen verschiedener in Art und Aroma zueinander passender Kräuter. Es entstehen fünf unterschiedliche Mischungen, vier von ihnen werden sorgfältig destilliert; die fünfte, die hauptsächlich aus Früchten und Fruchtschalen besteht, wird mazeriert. Die fünf Grundsubstanzen kommen in verschlossene Steinguttöpfe und lagern dort bis zur vollkommenen Reife. Erst danach werden sie gemäß dem alten Rezept miteinander vermischt. Die Abkürzung D.O.M. steht für lateinisch »deo optimo maximo« und bedeutet »dem besten und größten Gott geweiht«. Seit 1938 kommt aus Fécamp auch der »B and B« (»Bénédictine« und Brandy), der den Geschmack des Likörs mit dem Bukett eines guten Cognacs vereint. »B and B« wird fertig gemischt oder getrennt in einer Doppelflasche (»La bouteille du couple«) angeboten. »Bénédictine« und »B and B« schmecken am besten leicht gekühlt. »Bénédictine« wird auch zum Mixen sehr geschätzt. Der Alkoholgehalt beider Sorten beträgt 40% vol.

Auf der Basis von Kräutern und Gewürzen hergestellte Liköre, sind immer hoch aromatisch und meist alkoholstark.

Calisay Das Erfolgsgeheimnis der zweitgrößten Likörmarke Spaniens beruht auf einer Rezeptur, die die heutigen Hersteller, die Destilerías Mollfulleda S.A., vor über 100 Jahren von den Mönchen des Klosters Bohemia erwarben. Diese Likörspezialität auf Kräuter-Zitrus-Basis wird nach einem sehr aufwändigen Verfahren aus Kräutern und Früchten destilliert, die zu zwei Dritteln aus vielen Ländern rund um den Erdball importiert werden. Weinbrand bildet die alkoholische Basis für diesen Likör, der 33% vol Alkoholgehalt aufweist.

Die heutigen Klassiker unter den Likören entstanden zum größten Teil nach den in den Klöstern vor Jahrhunderten entwickelten Rezepturen.

Chartreuse »Chartreuse« ist einer der berühmtesten Kräuterliköre. Seine Geschichte begann im Jahr 1605, als man den Kartäusermönchen von Saint-Bruno, die sich im Grande-Chartreuse-Gebirge angesiedelt hatten, ein Geheimmanuskript überließ. Es handelte sich um das vergessene Werk eines Alchemisten mit Anleitungen für eine gesunde Lebensführung und Rezepten für diverse Heilmittel. Da die Schrift kaum zu entziffern war, legten die

Mönche die Papiere erst einmal zur Seite. Erst 100 Jahre später gelang es schließlich einem der frommen Brüder, nach den uralten Aufzeichnungen ein genießbares Elixier zuzubereiten. Für den Likör werden 130 Kräuter verwendet. Zu diesen kommt Weinbrand als Grundlage. Unter Aufsicht der Mönche wird Wein gepflanzt, geerntet und destilliert. Nach sorgfältiger Zubereitung reift der Likör rund fünf Jahre in zum Teil über 100-jährigen Fässern. Die riesigen Reifekeller von Chartreuse sind die längsten Likörkeller der Welt. Es gibt »Chartreuse Verte« (grün) mit 55% und »Chartreuse Jaune« (gelb) mit 40% vol Alkohol, ferner »Elixier Végétal de la Grande Chartreuse« (71% vol), sowie die besonders gealterten »Chartreuse Vep Grün« mit 54% vol und »Chartreuse Vep Gelb« mit 42% vol Alkohol.

Zum 900-jährigen Bestehen des Klosters stellten die Mönche den »Liqueur du 9ième Centenaire Chartreuse« her.

Escorial Grün Die 1835 in München gegründete Likörmanufaktur Anton Riemerschmid ist Hersteller und Erfinder des »Escorial Grün«, der seit Jahrzehnten zu den bekanntesten Likörspezialitäten

Deutschlands zählt. Durch seinen Alkoholgehalt von 56% vol ist »Escorial Grün« dem Geschmackscharakter nach trocken mit einer Spur Süße.

Ettaler Klosterlikör Der Ort Ettal liegt in rund 1000 Meter Höhe in einem romantischen Tal nahe Oberammergau. Einige Gewerbebetriebe, darunter eine Brauerei und vor allem die Liköre, trugen zum weltweiten Ruf des dortigen Klosters bei. Ettaler Klosterlikör wird bis heute ausschließlich von den Mönchen hergestellt. Sie produzieren zwei Marken: »Original Ettaler Kloster-Liqueur gelb« (40% vol) und »Original Ettaler Kloster-Liqueur herb« (42% vol), wobei der »gelbe« etwas süßer und der »herb-grüne« würziger im Geschmack ist. Gekühlt serviert kommt das duftend-feine Aroma bei beiden besonders gut zur Geltung.

Die Anfänge der Likörherstellung im Kloster Ettal vermutet man nach einem Vertrag mit einem Braumeister um das Jahr 1610.

Galliano »Galliano«, eine italienische Spezialität, wird nach altem Rezept aus 70 verschiedenen Kräutern und Blumen hergestellt. Produzenten sind seit 1896 die Distillerie Riunite di Liquore in Solaro bei

Mailand. Als Namenspatron des Likörs diente der italienische Kommandant Giuseppe Galliano, der im Abessinienkrieg 1895/96 mit seinen Soldaten heldenhaft einer Belagerung standhielt. Der goldgelbe »Galliano« mit einem Alkoholgehalt von 35% vol wird in einer besonders formschönen und überlangen Flasche angeboten und eignet sich ausgezeichnet für viele Mixgetränke.

Gilka Kaiser Kümmel Stammsitz des Hauses Gilka war einst Berlin, heute produziert die J.A. Gilka KG in Kettwig. Die Geschichte des Unternehmens geht bis ins Jahr 1836 zurück, der berühmte Kümmel wurde auch im deutschen Kaiserhaus getrunken. »Gilka Kaiser Kümmel« ist leicht gesüßt und weist 38% vol Alkoholgehalt auf. Die doppelte Destillation des feinen Kümmelsamens garantiert seine Qualität.

Der Kümmel als beliebtester Likör Preußens spielte eine große Rolle im gesellschaftlichen Leben des ausgehenden 19. Jahrhunderts.

Innerhalb der Kümmelprodukte kann man ihn geschmacklich zwischen Aquavit und Allasch (Kümmellikör) einordnen. »Gilka Kaiser Kümmel« sollte immer gut gekühlt getrunken werden.

Izarra Die Heimat des Likörs »Izarra« ist Bayonne im französischen Baskenland. Für die Produktion des grünen »Izarra« werden 48 verschiedene Blüten und andere Pflanzenteile benötigt, für den gelben »Izarra« genügen 32. Die grüne Version ist trockener und kräftiger in Aroma und Alkoholgehalt (48% vol), die gelbe Version leichter (40% vol) und lieblicher. Beide wurden 1835 zum ersten Mal von Joseph Grattau, dem Gründer der Destillerie, hergestellt.

Die in Alkohol mazerierten Pflanzen und Blüten ergeben den »Geist«, der in kleiner Dosierung für den Izarra verwendet wird.

Strega »Liquore Strega« ist ein 40-prozentiger, safranfarbener italienischer Kräuterlikör. Seit rund 120 Jahren stellt die Firma Giuseppe Alberti im mittelitalienischen Benevento den »Strega« im Destillationsverfahren aus über 70 Kräutern her. Nach einer Legende sollen schöne, als Hexen verkleidete Mädchen (italienisch »strega« = Hexe) das magische Getränk einst erfunden haben.

Tunel Bisher nur Mallorca-Urlaubern und anderen Spanienfreunden bekannt ist der Kräuterlikör »Hierbas Tunel«, der seit 1898 auf Mallorca hergestellt wird. Wildkräuter aus dem Bergland der Insel verleihen dem grünlich klaren Likör auf Anisbasis seinen Geschmack. Zusätzlich werden dem Likör Zweige von Kräutern beigegeben. Dieser äußerst beliebte Digestif (30% vol) ist nicht zu süß, hoch aromatisch und wird auch in Deutschland angeboten.

Verveine du Velay Die Auvergne ist die Heimat des »Verveine du Velay«. An der oberen Loire, in der Gegend um Velay, wachsen viele Pflanzen und Kräuter, darunter das Eisenkraut (verveine), das dem Likör seinen Namen gegeben hat. Neben dem Eisenkraut sind 32 weitere Pflanzen nötig, um den »Verveine du Velay« herzustellen. 1859 wurde der Likör zum ersten Mal produziert, wobei das Mischungsverhältnis von reinem Alkohol und Cognac mit Zucker, Honig und 33 Kräutern bis heute streng geheim gehalten wird. Beide Liköre reifen mindestens zehn Monate in Fässern. Der gelbe Likör ist mild, süß und enthält 43% vol Alkohol, die grüne, alkoholreichere (55% vol) Variante weist eine kräftigere Würze auf.

Die Kräuter des »Verveine« ziehen rund 20 Tage lang in Weindestillaten und geben dabei ihre natürlichen Aromen ab.

Gipsy

2 cl **Bénédictine**
4 cl **Wodka**
1 **Spritzer Angostura**

alkoholstarker Aperitif

Alle Zutaten im *Rührglas* mit Eiswürfeln gut verrühren und in ein vorgekühltes Cocktailglas abgießen.

Golden Dream

4 cl **Galliano**
2 cl **Cointreau**
2 cl **Orangensaft**
2 cl **Sahne**

beliebter süßer Sahnedrink

Alle Zutaten im *Shaker* mit Eiswürfeln gut schütteln und in eine Cocktailschale abgießen.

Frisco Sour

2 cl **Bénédictine**
3 cl **Bourbon Whiskey**
3 cl **Zitronensaft**
1 cl **Zuckersirup**
Orange
Cocktailkirsche

aromatischer Sour für den Nachmittag

Alle Zutaten im *Shaker* mit Eiswürfeln schütteln und in ein Sourglas abgießen. Einen Spieß mit einer halben Orangenscheibe und einer Cocktailkirsche über den Glasrand legen.

Alaska

kräftiger Before- und After-Dinner-Drink

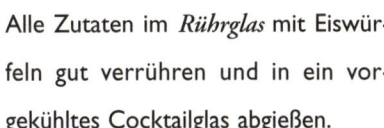

Alle Zutaten im *Rührglas* mit Eiswürfeln gut verrühren und in ein vorgekühltes Cocktailglas abgießen.

2 cl Chartreuse gelb

3 cl Gin

Bijou

kräftiger Before-Dinner-Drink

Alle Zutaten im *Rührglas* mit Eiswürfeln gut verrühren und in ein vorgekühltes Cocktailglas abgießen.

2 cl Chartreuse grün

2 cl Gin

2 cl Vermouth Dry

Chartreuse Cooler

erfrischender Drink für heiße Tage

Alle Zutaten im *Shaker* mit Eiswürfeln
gut schütteln und in ein Longdrinkglas
auf Eiswürfel abgießen. Mit Bitter
Lemon auffüllen. Eine Orangenscheibe
an den Glasrand stecken.

4 cl Chartreuse gelb

6 cl Orangensaft

2 cl Zitronensaft

kaltes Bitter Lemon

Orange

Café Royal

4 cl Chartreuse gelb oder grün
1 Tasse heißer Kaffee
1 Teelöffel Zucker
leicht geschlagene Sahne

für die kalten Tage

Ein Stielglas mit heißem Wasser erwärmen. Chartreuse, Kaffee und Zucker dazugeben und gut verrühren. Die Sahne als Haube daraufsetzen.

Strega Sun Witch

4 cl Strega
3 cl Crèma de Cacao weiß
4 cl Sahne
3 cl Ananassaft
3 cl Orangensaft
Orange

verhext süß und aromatisch

Alle Zutaten im *Shaker* mit Eiswürfeln gut schütteln und in ein Longdrinkglas auf Eiswürfel abgießen. Eine Orangenscheibe an den Glasrand stecken.

Galliano Tonic

4 cl Galliano
2 cl Rose's Lime Juice
einige Tropfen Zitronensaft
Tonic Water
Limette

erfrischender Drink für den Nachmittag

Alle Zutaten in ein großes Becherglas geben und mit Tonic Water auffüllen. Eine Limettenscheibe dazugeben.

Café Bénédictine

für die kalten Tage

Ein Stielglas mit heißem Wasser erwärmen. Bénédictine, Kaffee und Zucker dazugeben und gut verrühren. Die Sahne als Haube daraufsetzen.

4 cl Bénédictine
1 Tasse heißer Kaffee
1 Teelöffel Zucker
leicht geschlagene Sahne

Strega Daiquiri

Daiquiri-Variante zur Cocktail-Hour

Alle Zutaten im *Shaker* mit Eiswürfeln gut schütteln und in eine Cocktailschale abgießen. Eine Cocktailkirsche dazugeben.

4 cl Strega
2 cl weißer Rum
2 cl Zitronensaft
2 cl Orangensaft
Cocktailkirsche

Froggy

aromatischer Drink zur Cocktail-Hour

Alle Zutaten im *Shaker* mit Eiswürfeln gut schütteln und in eine Cocktailschale abgießen.

3 cl Galliano
3 cl Curaçao Blue
3 cl Orangensaft
3 cl Sahne

B and B

3 cl Bénédictine
2 cl Cognac

gehaltvoller Digestif zum Kaffee

Im *Rührglas* mit Eiswürfeln verrühren und in ein kleines Stielglas abgießen.

Terrazza

4 cl Galliano
2 cl Wodka
4 cl Ananassaft
2 cl Sahne
1 cl Grenadine
Ananas
Cocktailkirschen

Drink für die Sommerterrasse

Im *Shaker* mit Eiswürfeln gut schütteln und in einen Sektkelch abgießen. Einen Spieß mit Ananasstückchen und Cocktailkirschen über den Glasrand legen.

Yellow Bird

2 cl Galliano
4 cl brauner Rum
2 cl Crème de Banane
4 cl Orangensaft
4 cl Ananassaft
Ananas
Cocktailkirsche

weich-samtiger Drink für den Abend

Alle Zutaten im *Shaker* mit Eiswürfeln schütteln und in ein großes Becherglas auf Eiswürfel abgießen. Ein Ananasstück mit einer Cocktailkirsche an den Glasrand stecken.

Strega Stinger

aromatischer Digestif für den Abend

Alle Zutaten in ein kleines Becherglas auf Eiswürfel geben und gut verrühren.

4 cl Cognac
2 cl Strega

Italian Alexander

milder Drink zur Cocktail-Hour

Alle Zutaten im *Shaker* mit Eiswürfeln gut schütteln und in eine Cocktailschale abgießen. Fein geriebene Muskatnuss darüber streuen.

3 cl Galliano
3 cl Strega
6 cl Sahne
Muskatnuss

Bossa Nova

milder Drink für jede Gelegenheit

Alle Zutaten im *Shaker* mit Eiswürfeln gut schütteln und in ein großes Becherglas auf Eiswürfel abgießen. Einen Spieß mit Kiwischeibe und zwei Erdbeeren über den Glasrand legen.

2 cl Galliano
I cl weißer Rum
I cl Apricot Brandy
8 cl Ananassaft
I cl Zitronensaft
Kiwi
Erdbeeren

Galliano Hot Shot

2 cl Galliano
2 cl heißer Kaffee
leicht geschla-
gene Sahne

kleiner »Schuss« für zwischendurch

In ein kleines Stielglas den Galliano geben, darauf langsam den Kaffee gießen. Die Sahne als Haube darauf setzen. Die Zutaten sollen sich nicht vermischen.

Banana Italiano

3 cl Galliano
3 cl Crème de
Banane
6 cl Sahne

ersetzt das Dessert nach dem Dinner

Alle Zutaten im *Shaker* mit Eiswürfeln gut schütteln und in einen Sektkelch abgießen.

Golden Torpedo

3 cl Galliano
3 cl Amaretto
6 cl Sahne

für Damen zur Cocktail-Hour

Alle Zutaten im *Shaker* mit Eiswürfeln gut schütteln und in einen Sektkelch abgießen.

Golden Colada

aromatische Piña-Colada-Variante

Alle Zutaten in den *Elektromixer* geben und in ein Longdrinkglas auf crushed ice abgießen. Ein Ananasstück mit einer Cocktailkirsche an den Glasrand stecken.

4 cl Galliano
2 cl brauner Rum
2 cl Sahne
10 cl Ananassaft
2 cl Cream of Coconut
Ananas
Cocktailkirsche

Northern Kiss

frisch-aromatischer After-Dinner-Drink

Alle Zutaten im *Shaker* mit Eiswürfeln gut schütteln und in eine Cocktailschale abgießen.

4 cl Galliano
2 cl Crème de Menthe weiß
4 cl Sahne

Golden Cadillac

eine Variante des Golden Dream

Alle Zutaten im *Shaker* mit Eiswürfeln gut schütteln und in eine Cocktailschale abgießen.

4 cl Galliano
2 cl Crème de Cacao weiß
4 cl Sahne

roße Bewegung entstand ab 1975 auf dem internationalen und ab 1979 auf dem deutschen
Likörmarkt durch den Erfolg des ersten Creamlikörs. Creamliköre haben nichts mit den ehrwürdi-
gen Fruchtlikören »Crème de Banane«, »Crème de
Cacao« oder »Crème de Cassis« zu tun, die diesen
Namen aufgrund ihres besonders hohen Zuckerge-
halts tragen. Die Creamliköre weisen als Basis
immer Sahne auf, dazu kommen eine Spirituosen-
oder Likörsorte oder Kaffee und Ähnliches, sowie
aromatische Substanzen. Gesüßt wird mit Zucker
oder Honig. Die alkoholische Grundlage der ersten
und bis heute erfolgreichsten Marke »Baileys« ist
Irish Whiskey. Dieser folgten viele Nachahmer und

weitere Kreationen auf der Basis von Cognac, Calvados oder Rum und einer Reihe von Likören. Auch mit für diesen Zweck ausgefallenen Spirituosen wie Fernet oder Grappa versuchten einige Hersteller ihr Glück. Viele davon kamen und gingen sehr schnell wieder auf dem umkämpften Markt. Generell müssen Creamliköre einen Sahneanteil von 15 Prozent und diese einen Mindestfettgehalt von zehn Prozent aufweisen. Der Mindestalkoholgehalt beträgt 15% vol. Creamliköre sollten gekühlt aufbewahrt und getrunken werden. Sie eignen sich hervorragend zum Mixen und sind besonders beliebt als Zugabe zum Kaffee.

Nachdem von der EU auch niedrigprozentige Spirituosen zugelassen worden waren, konnten die Sahneliköre ihren Siegeszug antreten.

Die wichtigsten Marken

Amarula Für diesen südafrikanischen Creamlikör wird die Marula verarbeitet. Diese tropisch-herbe, hellgelbe Frucht hat den vierfachen Vitamin-C-Gehalt einer Orange und erreicht etwa die Größe einer Pflaume. Das daraus gewonnene Destillat reift drei Jahre und wird dann mit Sahne zum »Amarula Wild Fruit Cream Liqueur« (17% vol) verarbeitet.

Baileys Die Basis für »Baileys Original Irish Cream« bilden irische Sahne, irischer Whiskey und natürliche Aromastoffe. Der R & A Bailey & Co. Ltd. in Dublin gelang es in jahrelangen Versuchsreihen, zwei der bekanntesten Produkte Irlands stabil zu verbinden: Whiskey und Sahne. 1975 wurde »Baileys« in Großbritannien und in einigen Ländern Nordeuropas eingeführt, 1979 kam er mit großem Erfolg auf den amerikanischen und deutschen Markt. Heute ist »Baileys« mit einem Jahresabsatz von über 50 Millionen Flaschen die bedeutendste Likörmarke der Welt. Sein Alkoholgehalt beträgt 17% vol.

Bei Baileys wurde vier Jahre lang experimentiert, bis eine dauerhafte Verbindung zwischen Sahne und Alkohol gefunden war.

Cappuccino Cream 1993 führte das Unternehmen Bols einen »Apricot Cream« auf dem Markt ein, der 1995 durch den »Cappuccino Cream« abgelöst wurde. »Cappuccino Cream« schmeckt abgerundet nach Kaffee und Sahne und enthält 15% vol Alkohol.

Capucine Der »Café Crème Liqueur Capucine« stammt aus der Mozart Liqueur Manufactur in Salzburg. »Capucine« wird wie das Hauptprodukt des Hauses – der »Mozart-Liqueur« – in mit Papier umwickelten Flaschen angeboten, die wie überdimensionale Mozartkugeln gestaltet sind. Sein Alkoholgehalt beträgt 17% vol.

Carolans Seit 1979 gibt es den »Finest Irish Cream Liqueur Carolans« (Alkoholgehalt 17% vol) aus irischem Whiskey, irischer Sahne und hochwertigem Klee- und Heidehonig. Hersteller dieses zweitbeliebtesten aller Creamliköre ist Grant's of Ireland, eine Tochtergesellschaft von Guinness.

Produkttechnisch gehören die Cream- und Sahneliköre ebenso wie Eier- und Schokoladenlikör zu den Emulsionslikören.

Chantré fino Cappuccino »Chantré Cream« war 1980 der erste Creamlikör aus deutscher Produktion. Vor kurzem erst wurde diese erfolgreiche Marke durch den »Chantré fino Cappuccino« ersetzt, dessen Alkoholgehalt 15% vol beträgt.

Crème de Grand Marnier Das für seinen Orangenlikör berühmte Haus Grand Marnier brachte Mitte der 80er Jahre den »Crème de Grand Marnier« (17% vol) auf den Markt. Er ist der einzige Creamlikör auf Cognacbasis. Seine weiteren Zutaten sind Extrakte aus Bitterorangen und Sahne aus der Normandie. »Crème de Grand Marnier« wird in edler Ausstattung und in der gleichen Flaschenform wie das Original angeboten.

Keiner anderen Likörart war jemals ein solcher Erfolg beschieden wie den Creamlikören. Auslöser des Booms war der 1974 eingeführte »Baileys«.

Busnel Im Besitz des französischen Spirituosen- und Getränkeriesen Pernod-Ricard ist mit Busnel auch das älteste – 1820 gegründete – Calvados-Haus. Calvados von Busnel und holländische Sahne sind die Hauptzutaten dieses Creamlikörs. Der 1993 eingeführte Busnel Cream war der erste mit Calvados als alkoholische Basis und hat 17% vol.

Millwood Millwood Whiskey Cream (16% vol) ist eine Marke des französischen Spirituosen- und Getränkeriesen Pernod-Ricard. Millwood Whiskey Cream wird in den Niederlanden aus Irish Whiskey und Sahne hergestellt. Er hat ein feines Schokoladenaroma.

Saint Brendan's »Saint Brendan's Superior Irish Cream Liqueur« (17% vol) wurde 1983 vorgestellt und entwickelte sich seitdem zu einem besonders in den USA erfolgreichen Getränk. »Saint Brendan's« wird auf der Basis von Irish Whiskey hergestellt und in flache (Armagnac-) Flaschen abgefüllt.

Sheridan's »Sheridan's Double Liqueur« besteht aus zwei Likören in einem und ist bisher einzigartig auf dem Markt. Die »Doppelflasche« enthält einerseits 50 Zentiliter schwarzen Kaffee-Schokoladen-Likör mit 26% vol und andererseits 20 Zentiliter hellen, sahnigen Likör mit 17% vol und leichtem Vanillegeschmack. Einer der Gründe für die Trennung der beiden Likörsorten ist, dass man nach Geschmack separat eingießen kann, z. B. im Verhältnis drei zu eins erst den »Black« und dann den »White«.

Nach dem Welterfolg von Baileys wurde von der IDV 1993 ein weiterer, innovativer Likör, der Sheridan's eingeführt.

Van der Hum »Van der Hum/The Original Cape Dutch Cream Liqueur« (17% vol) hat als fruchtigen Bestandteil die Kaptangerine, die kleinste Sorte in der Familie der Mandarinen.

Baileys Coconut Milk

4 cl Baileys
2 cl Malibu
1 cl Curaçao
Triple Sec
6 cl Milch
2 cl Sahne
Schokoladen-
und Kokosraspel

Drink für den Nachmittag

Im *Shaker* mit Eiswürfeln schütteln, in ein großes Becherglas auf Eiswürfel abgießen. Mit Schokoladen- und Kokosraspeln bestreuen.

Butterfly

4 cl Crème de
Grand Marnier
2 cl Curaçao
Blue
8 cl Orangensaft
Karambole
Kiwi

Drink für den frühen Abend

Im *Shaker* mit Eiswürfeln schütteln, in ein großes Becherglas auf Eiswürfel abgießen. Mit Karambolestern und Kiwischeibe garnieren.

Marula Paradise

4 cl Amarula Wild
Fruit Cream
2 cl weißer Rum
2 cl Curaçao
Triple Sec
2 cl Grenadine
Kapstachelbeere

aromatischer After-Dinner-Drink

Im *Shaker* mit Eiswürfeln schütteln, in einen Sektkelch abgießen. Kapstachelbeere an den Glasrand stecken.

Elefanten-Café

für den kühlen Nachmittag

Ein Stielglas mit heißem Wasser erwärmen. Amarula und Kaffee eingießen. Sahne als Haube darauf setzen, mit Schokoladenraspeln bestreuen.

4 cl Amarula
Wild Fruit
Cream

1 Tasse heißen
Kaffee

leicht geschla-
gene Sahne

Schokoladen-
raspel

Kilimanjaro

fruchtiger Party-Longdrink

Im *Shaker* mit Eiswürfeln schütteln und in ein Longdrinkglas auf Eiswürfel abgießen. Mit einer Orangenscheibe und einer Cocktailkirsche garnieren.

4 cl Amarula Wild
Fruit Cream

2 cl Wodka

2 cl Curaçao
Triple Sec

12 cl Orangensaft

Orange

Cocktailkirsche

African Queen

leichter Drink für den Nachmittag

Alle Zutaten im *Shaker* mit Eiswürfeln gut schütteln und in ein Sourglas abgießen.

4 cl Amarula Wild
Fruit Cream

4 cl Kirschsaft

4 cl Milch

Kaffeelikör

*D*ie Basis für diese hoch aromatischen Liköre bildet der Kaffee, der ursprünglich in Äthiopien im Nordosten Afrikas beheimatet ist. Durch die Suche nach neuen Anbauflächen mit günstigen klimatischen Bedingungen gelangte der Kaffee nach Mittel- und Südamerika. Dort ist auch der Ursprung der Kaffeeliköre zu finden. Kaffeelikör wird hergestellt, indem man frisch gerösteten und gemahlenen Kaffee perkoliert, d. h., ständig mit Alkohol (aus Zuckerrohr) übergießt. Dabei werden die Extrakt-, Aroma- und Farbstoffe des Kaffees frei. Diesem Perkolat werden Muskat, Zimt oder Vanille und Zucker hinzugefügt. Die Kaffeeliköre der einzelnen Hersteller unterscheiden sich z. T. erheblich.

Die wichtigsten Marken

Kahlúa Der mexikanische »Kahlúa« ist die größte Kaffeelikörmarke und – nach »Baileys« – die zweitgrößte Likörmarke überhaupt. Er wird von der Kahlúa S.A. in Mexico City hergestellt, einer Tochtergesellschaft des Spirituosenmultis Allied Domecq. Der tief dunkle, hoch aromatische »Kahlúa« (26,5 % vol Alkoholgehalt) ist ein idealer Begleiter zum Kaffee. Man trinkt ihn pur oder »on the rocks«.

Um einen reintönigen und wohlschmeckenden Kaffeelikör herzustellen, werden nur frisch geröstete Kaffeebohnen verwendet.

Tía Maria »Tía Maria Jamaica Coffee Liqueur« ist der Kaffeelikör mit internationalem Rang von der bekannten Ruminsel. Das Rezept dieses exotischen Kaffeelikörs ist schon über 200 Jahre alt. »Tía Maria« wird vielfach zum Mixen verwendet.

Bols Espresso Das niederländische Likörhaus Bols führt ebenfalls einen Kaffeelikör mit einem Alkoholgehalt von 25 % vol im Sortiment. Dafür verwenden die Hersteller einen Kaffee mit besonders kräftiger und intensiver Röstung, den italienischen Espresso.

Jamaican Hop

3 cl Tía Maria
3 cl Crème de Cacao weiß
4 cl Sahne

aromatischer Drink zur Cocktail-Hour

Im *Shaker* mit Eiswürfeln schütteln und in eine Cocktailschale abgießen.

White Russian

2 (3) cl Kahlúa
4 (3) cl Wodka
leicht geschlagene Sahne

passt immer zwischendurch

Im *Rührglas* mit Eiswürfeln gut verrühren und in ein kleines Stielglas abgießen. Die Sahne als Haube darauf setzen.

Caribbean Coffee

2 cl Kahlúa oder Tía Maria
2 cl brauner Rum
1 TL brauner Rohrzucker
1 Tasse heißer Kaffee
leicht geschlagene Sahne

für den kühlen Abend

Ein Stielglas mit heißem Wasser erwärmen. Coffee Liqueur, Rum und Zucker dazugeben und gut verrühren. Mit Kaffee aufgießen und die Sahne als Haube darauf setzen.

Kahlúa Alexander

Sahnedrink für den frühen Abend

Im *Shaker* mit Eiswürfeln schütteln und in eine Cocktailschale abgießen.

2 cl Kahlúa
4 cl Cognac
4 cl Sahne

Tía Tropical

2 cl Tía Maria

mild-fruchtiger Party-Longdrink

Im *Shaker* mit Eiswürfeln schütteln und in ein Longdrinkglas auf Eiswürfel abgießen. Eine Erdbeere an den Glasrand stecken.

2 cl weißer Tequila
2 cl Erdbeersirup
l cl Zitronensaft
6 cl Orangensaft
6 cl Maracuja-nektar
Erdbeere

Tía Banana

fruchtiger Drink für den Nachmittag

Im *Shaker* mit Eiswürfeln schütteln, in ein großes Becherglas auf Eiswürfel abgießen. Einen Spieß mit Bananen-scheiben und einer Erdbeere auf den Glasrand legen.

3 cl Tía Maria
l cl Cognac
l cl Crème de Banane
4 cl Orangensaft
8 cl Bananen-nektar
Banane
Erdbeere

Sombrero

4 cl Kahlúa
leicht geschlagene Sahne

feine Sache zum Kaffee

Kahlúa im *Rührglas* mit Eiswürfeln kühlen. In ein kleines Stielglas abgießen und einen Fingerbreit Sahne darüber geben.

Kahlúa Colada

4 cl Kahlúa
2 cl weißer Rum
2 cl Kokossirup
2 cl Sahne
10 cl Ananassaft
Ananas
Cocktailkirsche

für den heißen Sommertag

Im *Shaker* mit Eiswürfeln schütteln, in Longdrinkglas auf Eiswürfel abgießen. Ein Ananasstück mit einer Cocktailkirsche an den Glasrand stecken.

Black Russian

2 (3) cl Kahlúa
4 (3) cl Wodka

klassischer After-Dinner-Drink

Im *Rührglas* mit Eiswürfeln gut verrühren und in ein vorgekühltes Cocktailglas abgießen.

Coco Sun

fruchtiger Partydrink

Im *Shaker* mit Eiswürfeln gut schütteln und in ein Longdrinkglas auf Eiswürfel abgießen. Mit einem Ananasstück garnieren.

3 cl Kahlúa
3 cl klarer Kokoslikör
14 cl Ananassaft
Ananas

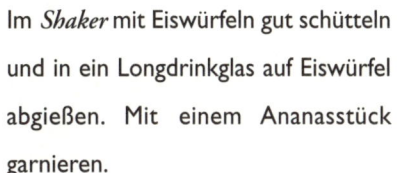

Tía Orange

schnell gemixter Partydrink

Tía Maria und Orangensaft in ein Longdrinkglas mit Eiswürfeln geben und gut verrühren. Eine Orangenscheibe an den Glasrand stecken.

4 cl Tía Maria
16 cl Orangensaft
Orange

B 52

ein Likörpotpourri zum Kaffee

Die Liköre in einem kleinen Stielglas so in Schichten aufeinander setzen, dass sie sich nicht vermischen.

2 cl Coffee Liqueur (Kahlúa oder Tía Maria)
2 cl Irish Cream Liqueur (Baileys)
2 cl Grand Marnier

Kakao- und Nusslikör

Der »Crème de Cacao« ist ein häufig verwendeter Mixlikör. Er wird braun und weiß angeboten. Der braune schmeckt etwas herber und kräftiger nach Kakao, der weiße, wasserhelle etwas süßer. Der weiße Kakaolikör ist in der Regel ein Destillatserzeugnis, der braune dagegen eine Mischung aus Destillat und Mazerat. Kakaoliköre werden aus Kakaobohnen, Zucker und Neutralalkohol hergestellt und mit Gewürzauszügen abgerundet. »Crème de Cacao« weist einen höheren Zuckergehalt als einfache Kakaoliköre auf. Die Basis von Nusslikören bilden Hasel- oder Walnüsse. Sie werden auf dem Weg der Mazeration hergestellt und mit Aromastoffen, wie Arrak und Bittermandelöl, abgerundet.

Die wichtigsten Marken

Bols Der internationale Likörproduzent Bols hat die Likörklassiker »Crème de Cacao Brown« und »Crème de Cacao White« im Programm. Beide Sorten haben einen Alkoholgehalt von 27% vol.

De Kuyper Zwei Sorten werden von De Kuyper angeboten: »Crème de Cacao Braun« und »Crème de Cacao Weiß« mit jeweils 24% vol Alkohol.

Marie Brizard Die beiden Varianten aus dem Hause Marie Brizard »Crème de Cacao Brown« und »Crème de Cacao White« mit 25% vol Alkohol werden aus Kakaobohnen von den Hochebenen Venezuelas und der afrikanischen Elfenbeinküste gewonnen.

Die Kakaoliköre von Marie Brizard – mit Vanille aus Madagaskar aromatisiert – zählen zu den besten erhältlichen Qualitäten.

Frangelico Der Haselnusslikör »Frangelico« mit einem Alkoholgehalt von 24% vol ist die weitaus größte Nusslikörmarke. Er wird von der 1891 in Canale/Piemont gegründeten Barbera S.p.A. hergestellt und in über 50 Länder exportiert. Neben dem marktbeherrschenden »Frangelico« gibt es noch einige kleinere Hersteller, hauptsächlich in Italien.

Barbara

2 cl **Crème de Cacao weiß**
4 cl **Wodka**
4 cl **Sahne**
Muskatnuss

aromatisch-süßer Sahnedrink

Alle Zutaten im *Shaker* mit Eiswürfeln gut schütteln und in eine Cocktailschale abgießen. Fein geriebene Muskatnuss darüber streuen.

White Cloud

2 cl **Crème de Cacao weiß**
4 cl **Wodka**
2 cl **Sahne**
1 cl **Cream of Coconut**
Kokosraspel

süßer After-Dinner-Drink

Zutaten im *Shaker* mit Eiswürfeln gut schütteln und in eine Cocktailschale abgießen. Mit Kokosraspeln bestreut servieren.

Mulata

1 cl **Crème de Cacao braun**
2 cl **Limettensaft**
4 cl **brauner Rum**

erfrischender Drink zur Cocktail-Hour

Alle Zutaten mit crushed ice im *Elektromixer* gut durchmixen und in eine Cocktailschale abgießen.

Butterfly Flip

für die späten Nachmittagsstunden

Alle Zutaten im *Shaker* mit Eiswürfeln gut schütteln und in ein Stielglas abgießen. Fein geriebene Muskatnuss darüber streuen.

3 cl Crème de Cacao braun
2 cl Cognac
2 cl Sahne
1 Eigelb
Muskatnuss

Fifth Avenue

süßer After-Dinner-Drink

Zutaten im *Shaker* mit Eiswürfeln gut schütteln und in eine Cocktailschale abgießen. Mit Schokoladenraspeln bestreuen.

3 cl Crème de Cacao braun
3 cl Apricot Brandy
3 cl Sahne
Schokoladen-raspel

Pink Squirrel

feiner Digestif zum Kaffee

Alle Zutaten im *Shaker* mit Eiswürfeln gut schütteln und in ein Cocktailglas abgießen.

3 cl Nusslikör
1 cl Crème de Cacao weiß
3 cl Sahne

Schokoladenlikör

Besonders in der Schweiz und den Niederlanden erfreuen sich Schokoladenliköre schon lange großer Beliebtheit. Obwohl Schokolade auch bei uns die beliebteste Süßigkeit ist, konnte sie sich in flüssiger Form erst vor kurzem durchsetzen. Schokoladenliköre werden entweder nur aus Schokolade oder mit Zusätzen wie Pfefferminz oder Kirschwasser hergestellt. Das Ausgangsprodukt bildet verflüssigtes Schokoladenpulver, das mit Wasser, Alkohol und Aromastoffen wie etwa Vanille versetzt wird. Bei der Entwicklung dieses Likörs bereiteten die Fragen der Haltbarkeit, der Emulsion und der Konsistenz die größten Probleme. Schokoladenlikör wird gekühlt getrunken und im Kühlschrank aufbewahrt.

Die wichtigsten Marken

Chocolat Royal Der größte und bekannteste französische Likörproduzent Marie Brizard hat auch einen ausgezeichneten Schokoladenlikör im Programm: den »Chocolat Royal«. Bei der Produktion des »Chocolat Royal« werden Kakaobohnen mitverarbeitet und mit Vanille abgerundet. »Chocolat Royal« zählt zu den Meisterwerken der Likörbereitung bei Marie Brizard. Sein Alkoholgehalt beträgt 18% vol.

Schokoladenliköre können leicht gekühlt zum oder im Kaffee getrunken werden, sind aber auch zur Verfeinerung von Desserts geeignet.

Chocolate Mint Die amerikanisch-kanadische Firma Hiram Walker ist mit diesem populären Likör auf dem Markt vertreten, der aus brasilianischem Chouao-Kakao, Pfefferminze und besonders ausgesuchten Gewürzen hergestellt wird. Sein Alkoholgehalt beträgt 27% vol.

Droste Der delikate, bittersüß schmeckende »Droste Bittersweet Chocolate Liqueur«, dessen Alkoholgehalt 27% vol beträgt, wird nach einem seit 1894 unveränderten Rezept von der Firma Droste in Holland hergestellt.

DuChalet Die 1905 gegründete Marmot-Kellerei zählt zu den bedeutendsten Herstellern und Händlern von Spirituosen in der Schweiz. 1989 erfolgte die Markteinführung von »DuChalet«. Heute wird er bereits in über 30 Länder exportiert. Die Basis des in flache, braungoldene Flaschen abgefüllten »DuChalet« ist feinste Milchschokolade. Sein Alkoholgehalt beträgt 20% vol.

Godet 1995 wurde vom Hause Godet der »Belgian White Chocolate Liquer« vorgestellt. Er ist der erste weiße Schokoladenlikör auf dem deutschen Markt. Seine Basis bildet weiße Schokolade mit Cognac und Neutralalkohol. Er wird mit 15% vol in einer eleganten, flachen, weißlackierten Flasche angeboten.

Das Unternehmen Godet in Brüssel wurde 1838 von einer im Weinbrand-Fasshandel tätigen holländischen Familie gegründet.

Mozart-Liqueur Die Mozart Liqueur Manufactur in Salzburg stellt diesen Nougat-Schokolade-Likör (17% vol) her. In einem aufwändigen Verfahren verschmelzen Nougat, Schokolade, aromatisches Kirschwasser und weitere natürliche Zutaten. »Mozart-Liqueur« ist seit kurzem auch als »Weiße Chocolade« mit 15% vol auf dem Markt. Die beiden Versionen werden in Flaschen angeboten, die einer überdimensionalen Mozartkugel nachempfunden sind.

Sabra Dieser Schoko-Orangen-Likör kommt aus Israel. »Sabra« bedeutet Distel – mit »Sabres« bezeichnet man auch die im Land geborenen Israelis. Zitrusalkohol bildet die Basis des Likörs. Orangen geben den süß-pikanten Geschmack, der mit Schokolade abgerundet wird. Sein Alkoholgehalt beträgt 30% vol.

Die Probleme der Haltbarkeit, der Vermischung und der Konsistenz der Schokoladenliköre haben die heutigen Hersteller gelöst.

Suisceri »Suisceri« ist ein delikater, aus aromatischen Schweizer Kirschen hergestellter Kirsch-Schokoladen-Likör. In Deutschland wurde er unter dem Namen »Suisceri« angeboten, ansonsten international auch als »Chéri Suisse«. Der Alkoholgehalt dieses Likörs beträgt 26% vol.

Vandermint In Holland wird der »Vandermint« mit 30% vol Alkoholgehalt hergestellt. Diese Likörspezialität schmeckt nach Pfefferminz und Schokolade. Sie wird in einer Flasche angeboten, die an die alten Muster der Delfter Fayencen erinnert.

Virgin Punch

**4 cl Schoko-
ladenlikör**
2 cl Kirschlikör
2 cl Sahne
**12 cl Marajuca-
nektar**
Banane
Cocktailkirschen

milder Longdrink für den Abend

Im *Shaker* mit Eiswürfeln schütteln, in Longdrinkglas auf Eiswürfel abgießen. Spieß mit Bananenscheiben und Cocktailkirschen über den Glasrand legen.

Chocolate Shake

**4 cl Schoko-
ladenlikör**
2 cl Cognac
10 cl kalte Milch
1 Kugel Vanilleeis
**Schokoladen-
raspel**

aromatischer Sommerdrink

Im *Elektromixer* gut durchmixen und in ein Longdrinkglas auf Eiswürfel abgießen. Mit Schokoladenraspeln bestreuen.

Matterhorn

**3 cl DuChalet
Schokoladen
Liqueur**
3 cl Wodka
**leicht geschla-
gene Sahne**

aromatischer Digestif zum Kaffee

Im *Rührglas* mit Eiswürfeln vermischen, in ein kleines Stielglas abgießen. Die Sahne als Haube darauf setzen.

Chocolate Colada

fruchtiger, milder Damendrink

Im *Shaker* mit Eiswürfeln schütteln, in Longdrinkglas auf Eiswürfel abgießen. Ein Ananasstück mit einer Cocktailkirsche an den Glasrand stecken.

4 cl DuChalet Schokoladen Liqueur

2 cl Wodka

2 cl Batida de Coco

2 cl Sahne

10 cl Ananassaft

Ananas

Cocktailkirsche

Chocolate Coffee

für den kühlen Abend

Ein Stielglas mit heißem Wasser erwärmen. Likör und Kaffee eingießen, die Sahne als Haube darauf setzen. Mit Schokoladenraspeln bestreuen.

4 cl Schokoladenlikör

I Tasse heißer Kaffee

leicht geschlagene Sahne

Schokoladenraspel

Chocolate Paradise

Damendrink zur Cocktail-Hour

Alle Zutaten im *Shaker* mit Eiswürfeln gut schütteln und in eine Cocktailschale abgießen.

4 cl Schokoladenlikör

2 cl Cognac

4 cl Bananennektar

2 cl Sahne

Whiskylikör

ie ältesten Whiskylikör-Marken stammen aus Irland und Schottland. Doch auch aus amerikanischem und kanadischem Whisky werden Liköre hergestellt. Charakteristisches Merkmal der europäischen Marken ist durchwegs die Süßung mit Honig, außerdem werden Kräuterauszüge zugesetzt. Außerdem gibt es Whisky-Creamliköre auf Sahnebasis (siehe Seite 272ff.). Während die irischen und schottischen Whiskyliköre mehr als Digestifs gedacht sind, wurden die amerikanischen und kanadischen Marken eher als Basis für Longdrinks konzipiert. Alle lassen sich jedoch ausgezeichnet zum Mixen verwenden, und allen zu eigen ist der relativ hohe Alkoholgehalt.

Die wichtigsten Marken

Drambuie Die Basis für diesen »Scotch Whisky Liqueur« (40% vol) bilden bis zu 15 Jahre alte Highland Malt Whiskys. Sie werden bis heute nach dem alten Skye-Rezept mit Heidehonig, Kräutern und Gewürzen kombiniert: »Drambuie« hieß der Likör von Prinz Charles Edward. Er verriet aus Dankbarkeit für die Hilfe zur Flucht vor den Engländern 1745 dem auf der Isle of Skye ansässigen MacKinnon-Clan das Rezept. 1892 wurde die Marke registriert, 1906 begann Malcolm MacKinnon in Edinburgh den ersten »Drambuie« außerhalb von Skye herzustellen.

Der Name »Drambuie« kommt vom gälischen Ausdruck »An Dram Buidheach« und bedeutet »das Getränke, das zufrieden macht«.

Glayva Dieser relativ junge Likör auf Whiskyhonigbasis wurde erstmals nach dem Zweiten Weltkrieg hergestellt. »Glayva« (von altgälisch »Gle'mhath« = sehr gut) ist eine Komposition aus altem Scotch, herb-aromatischem Heidehonig sowie ausgewählten Kräutern. »Glayva, The smooth Liqueur from Scotland« (35% vol), wird in Edinburgh von der Glayva Liqueur Ltd. hergestellt.

Irish Mist Der Whiskylikör »Irish Mist« (mist = Nebel) wird unter Verwendung von irischem Whiskey, Heidehonig und Kräutern des irischen Hochlands hergestellt. Produzent dieses klassischen irischen Likörs mit 35% vol Alkoholgehalt ist die Irish Mist Liqueur Co. Ltd. in Tullachmhor, von wo er in über 100 Länder exportiert wird.

Lochan Ora »Lochan Ora« ist schottisch und bedeutet »Goldsee«. Dieser Scotch-Whisky-Liqueur wird von der Firma Chivas Brothers Ltd. in Aberdeen-Schottland aus Scotch Whisky, Heidehonig und Kräutern komponiert und hat 35% vol Alkohol.

Wild Turkey Liqueur Die Austin Nichols Distilling Company aus Kentucky, Hersteller des Premium Bourbon Wild Turkey, bietet mit »Wild Turkey Liqueur« eine Whiskylikörkomposition aus Honig und Wild Turkey Bourbon Whiskey an. »Wild Turkey Liqueur« schmeckt mild, leicht und weist eine angenehme Whiskynote mit hauchfeinem Honiggeschmack auf. Sein Alkoholgehalt beträgt 30% vol.

Irischer und amerikanischer Whiskey und schottischer und kanadischer Whisky wird unterschiedlich geschrieben.

Rusty Nail

starker schottischer Edel-Digestif

Alle Zutaten im *Rührglas* mit Eiswürfeln gut verrühren und in ein vorgekühltes Cocktailglas abgießen.

2 (3) cl Drambuie
4 (3) cl Scotch Whisky

Rose of Skye

fruchtiger Drink zur Cocktail-Hour

Alle Zutaten im *Shaker* mit Eiswürfeln gut schütteln und in einen Sektkelch abgießen. Eine Erdbeere an den Glasrand stecken.

3 cl Drambuie
3 cl Wodka
2 cl Zitronensaft
2 cl Orangensaft
1 cl Grenadine
Erdbeere

Corcovado

erfrischender Sommerdrink

In ein großes Becherglas auf Eiswürfel geben und verrühren. Mit Sprite auffüllen und je eine Orangen- und Zitronenscheibe an den Glasrand stecken.

2 cl Drambuie
2 cl Curaçao Blue
2 cl weißer Tequila
kaltes Sprite
Orange
Zitrone

Sparkling Honey

2 cl Drambuie
2 cl Gin
4 cl Orangensaft
1 Spritzer Angostura
kalter Sekt oder Champagner
Orange
Cocktailkirsche

spritzig-aromatischer Partydrink

Im *Shaker* mit Eiswürfeln schütteln, in Champagnertulpe abgießen. Mit Sekt/ Champagner auffüllen. Mit Orangenscheibe und Cocktailkirsche garnieren.

Drambuie Sour

4 cl Drambuie
2 cl Zitronensaft
4 cl Orangensaft
Orange
Cocktailkirsche

aromatisch-milder Shortdrink

Im *Shaker* mit Eiswürfeln schütteln, in ein Sourglas abgießen. Spieß mit halber Orangenscheibe und Cocktailkirsche über den Glasrand legen.

Highland Dream

4 cl Drambuie
2 cl Scotch Whisky
6 cl Maracuja-nektar
Cocktailkirschen

Shortdrink für den frühen Abend

Im *Shaker* mit Eiswürfeln schütteln, in einen Tumbler auf Eiswürfel abgießen. Einige Cocktailkirschen dazugeben.

The Caledonian

erfrischender Partydrink

Im *Shaker* mit Eiswürfeln schütteln, in Longdrinkglas auf Eis abgießen. Mit Bitter Lemon auffüllen. Mit Orangen-, Limettenscheibe, Erdbeere garnieren.

2 cl Drambuie
3 cl Scotch Whisky
1 cl Zitronensaft
4 cl Orangensaft
kaltes Bitter Lemon
Orange, Limette
Erdbeere

Drambuie Punch

fruchtiger Drink zur Happy-Hour

Im *Shaker* mit Eiswürfeln schütteln, in ein großes Becherglas auf Eiswürfel abgießen. Eine halbe Orangenscheibe dazugeben.

4 cl Drambuie
2 cl Zitronensaft
10 cl Orangen-saft
Orange

Old Nick

wer nickt, bekommt noch einen

Im *Shaker* mit Eiswürfeln schütteln, in ein Sourglas abgießen. Eine halbe Orangenscheibe dazugeben.

3 cl Drambuie
3 cl Scotch Whisky
2 cl Zitronensaft
2 cl Orangensaft
2 Spritzer Angostura, Orange

Likör-
spezialitäten

E Es gibt Liköre, bei denen es sich um eigenständige, meist regionale Spezialitäten handelt. Ihre Zahl ist fast unüberschaubar, bei den hier aufgeführten handelt es sich um die Auswahl der wichtigsten.

Die wichtigsten Marken

Advocaat Advocaat ist ein von mehreren Firmen verwendeter Phantasiename für Eierlikör. Die Bezeichnung leitet sich von der Avocadofrucht ab, die ursprünglich in Südamerika beheimatet war und nach Indonesien und Indien gebracht wurde. Die Niederländer stellten zunächst in ihren Kolonien aus Avocado, Alkohol und Gewürzen einen Likör her, dessen Hauptzutat, die Avocado, in Mitteleuropa jedoch nicht gedeihen wollte, so dass man sie in der Heimat schließlich durch Eigelb ersetzte.

Eierliköre sind Emulsionsliköre (unter einer Emulsion versteht man eine Mischung aus fett- und wasserhaltigen Substanzen, die bei der Herstellung homogenisiert werden müssen). Eierliköre bestehen aus Alkohol, Zucker und Eigelb, wobei ein Liter Likör (Mindestalkoholgehalt 14% vol) mindestens 140 Gramm Eigelb enthält.

Fast alle Liköre werden mit feinem Kristallzucker gesüßt. Weitere Süßmittel sind vor allem Honig, Glukose und Kandiszucker.

Allasch Unter Verwendung von Kümmeldestillat wird der Kümmellikör »Allasch« hergestellt. Die früher weit verbreitete, heute fast vergessene Spezialität verdankt den seltsamen Namen ihrem Ursprungsort, einem Gut in der Nähe von Riga.

Bärenfang Dieser berühmte Honiglikör, der früher aus Ostpreußen kam, enthält insgesamt 25 Kilogramm Bienenhonig auf 100 Liter fertigen Likör.

Cordial Medoc Dieser Weinbrandlikör wird aus feinem Weindestillat oder Weinbrand in Kombination mit Bordeauxweinen oder schweren, aromatischen Weinen anderer Regionen, vor allem aus Malaga, hergestellt. Manche Produzenten verwenden in erster Linie Fruchtextrakte und angeblich keinen Wein. Das allen Cordial-Medoc-Likören gemeinsame Veilchenaroma entsteht durch die Beigabe von Iriswurzeln. Feiner »Cordial Medoc« schmeckt stark nach Wein oder Weinbrand und zählt zu den edelsten Likören. Der Begriff »Cordial« bedeutet wörtlich »herzstärkend« und wird in den USA als allgemeine Bezeichnung für Liköre verwendet.

Cuarenta y Tres (Licor 43) Angeblich beginnt die Geschichte dieses Likörs bereits im alten Karthago, von dort sollen die Römer das Rezept in die

Dem großen Reichtum an Früchten und natürlichen Aromastoffen ist die internationale Vielfalt an Likören zu verdanken.

spanische Stadt Cartagena gebracht haben. In Spanien wurde dieses Rezept dann von Generation zu Generation weitervererbt. Heute stellt die traditionsreiche Firma Diego Zamora den goldgelben »Licor 43« mit einem Alkoholgehalt von 34% vol her, von dem lediglich die Hauptbestandteile Milch, Bananen und Zitrusfrüchte bekannt sind.

Danziger Goldwasser Bereits 1598 soll in Danzig das erste »Goldwasser« hergestellt worden sein. Der heute angebotene farblose, süße Gewürzlikör (Alkoholgehalt 38% vol) wird aus Neutralalkohol mit Gewürzen wie Kardamom, Koriander, Wacholderbeeren, Macis, Kümmel, Lavendel, Selleriesamen, Nelken, Zimt sowie Pomeranzen- und Zitronenschalen zubereitet. Orangenblüten- und Rosenwasser ergänzen den Geschmack. Das besondere Kennzeichen dieses Likörs sind aber die in der Flasche schwebenden echten Blattgoldteilchen, die in einer Stärke von 1/8000 Millimeter zugesetzt werden.

Besonders ihre Farben machen die Liköre so attraktiv. Als Färbemittel dienen z. B. Safran, Karotten, Blätter und Sirupe.

Parfait Amour Der lilafarbene »Parfait Amour« (auf deutsch = vollkommene Liebe) ist ein mit Zitronen, Koriander, Orangen, Anis, verschiedenen Blüten wie beispielweise Veilchen und anderen Zutaten aromatisierter Likör. Zwar haben alle großen Likörproduzenten den Fruchtaromalikör »Parfait Amour« im Programm, doch wird in Deutschland zur Zeit keiner im Handel angeboten.

*D*ie 900 Kilometer von Portugal entfernte, mitten im Golfstrom gelegene Atlantikinsel Madeira war noch unbewohnt, als sie 1419 von dem Portugiesen Joao Conçalves, genannt Zarco, entdeckt wurde. Damals bedeckten noch Wälder das Vulkangestein, doch bald brannten die Bäume – nach überlieferten Berichten von Zeitgenossen sieben Jahre lang. Diese Dauerbrände sind der Grund für die besonders fruchtbaren Böden Madeiras, die mit einer dicken Schicht Holzasche bedeckt sind; von den urzeitlichen Bäumen blieb so gut wie nichts übrig. 1445 brachte Heinrich der Seefahrer die Malvasia-Rebe von Candia/Kreta nach Madeira, doch war der damals erzeugte Wein mit dem heutigen nicht vergleichbar: Bis 1745 ist die Qualität der Madeiraweine eher bescheiden zu nennen. Als einer der Ersten begann der junge Engländer Francis Newton, den Weinbau und die Methoden der Weinherstellung auf der Insel zu verbessern. Auf diese Zeit geht auch die Veränderung des Madeiras zu dem Wein zurück, den wir heute kennen. Sein Geschmack wurde auf die Länder zugeschnitten, die zur damaligen Zeit neben Portugal Hauptabnehmer waren: England und seine Kolonien – vor allem Indien – und die Ostküste Nordamerikas. Um 1770 verstärkten bereits alle Exporteure ihren Wein mit zusätzlichem Alkohol. Während die Zugabe von Weinbrand den exportierten Wein verbesserte, machte sie ihn für den Verzehr auf Madeira ungenießbar. In den langen Monaten an Bord der Handelsschiffe war der Wein nämlich ständig in Bewegung. Dabei wurde das »Feuer« des Weinbrands zwar gemildert, der Wein erhielt aber eine Stärke und einen Geschmack, die allein durch Reifung in Lagerhäusern

Madeiraweine verdanken ihr Ansehen den Engländern, die schon im 13. Jahrhundert von den Venezianern die süßen Weine kauften.

nie erzielt worden wären. Zusätzlich wurde der Wein in den Fässern »gebacken«, wenn die Schiffe sich dem Äquator näherten oder ihn passierten. Diese Prozesse stellen im Grunde bis heute die »Geheimnisse« im Herstellungsverfahren des Madeiraweins dar: Dem Traubensaft setzt man während der Gärung Alkohol zu, dann wird der Wein »gebacken« und geschüttelt. Kein anderer Wein der Welt durchläuft eine ähnliche Prozedur.

Das Herstellungsprinzip der Madeiraweine ist bis heute den Transportverhältnissen auf einem kleinen Schiff nachempfunden.

Die Gärung geht in großen »Lodge Pipes« mit fast 500 Liter Inhalt vor sich. Das »Backen« erfolgt in »Estufas« (Öfen), in denen der Wein mindestens drei Monate lang auf rund 50 °C erhitzt wird – alles in allem ahmt das Herstellungsverfahren bis heute die Bedingungen nach, die früher auf einer Reise an Bord eines kleinen Schiffes herrschten. Nach dieser Wärmebehandlung ruht der Wein bis zu drei Jahre, dann wird er nach dem Solera-Verfahren (siehe Seite 417ff.) verschnitten und noch einmal mit Alkohol verstärkt. Erst jetzt beginnt für diesen »Vinho

Generoso« die eigentliche Reifezeit, die mindestens
acht Jahre dauern sollte. Auch nach der Flaschenabfüllung wird Madeira noch reifer und besser. Guter
Madeira sollte 15 Jahre im Fass und ebenso viele
Jahre in der Flasche lagern. Schon seit der Zeit um
1800 werden bei der Produktion des Madeira die
»Estufas« verwendet; außerdem gab es zwei weitere entscheidende Veränderungen: Als Erstes trat bei
vielen Herstellern das Solera-System an die Stelle
der Jahrgangsweine. Die zweite Veränderung vollzog sich im 19. Jahrhundert,
nachdem Krankheiten und Schädlinge –
erst der trockene Mehltau, dann die Reblaus – die Weinberge der Insel heimgesucht hatten.
Der trockene Mehltau befiel die Reben 1852.
20 Jahre später tauchte die Reblaus auf. Man begeg-
nete dem Problem auf Madeira genauso wie überall
in Europa: Die Winzer importierten immune, amerikanische Reben. Auf der Insel Madeira, die vom
Rand des Meeres bis auf Höhen von 1000 Meter
hinauf fortlaufend terrassiert ist, reifen die Trauben

Nach dem Import von amerikanischen Reben wurden zwar die alten, aber längst nicht alle einst gebräuchlichen Sorten aufgepfropft.

sehr lange; auch die Weinlese zieht sich länger hin als anderswo. Die Reben auf Madeira wachsen an hohen Spalieren, unter denen häufig noch Gemüse angebaut wird, denn kultivierter Boden ist hier knapp. In der Regel werden die »Verdelhos« und »Buals« als Erste – Ende August – geerntet. Dann folgt die Malvasia-Lese und zuletzt die der Sercial-Trauben in den höheren Lagen. Heute werden auf Madeira überwiegend diese vier Traubensorten angebaut, nach denen man auch die Weine unterscheidet. Die Süße bestimmen jedoch nicht die Trauben – sie hängt von Menge und Zeitpunkt des Weinbrandzusatzes ab. Sercial ist die trockenste der vier Weinsorten. Zwar schmeckt sie nicht so trocken und herb wie zum Beispiel ein Fino-Sherry, dafür aber kräftiger. Die Weine werden – wie die Verdelhos – langsam ausgegoren. Dabei fügt man nach und nach den Weinbrand dazu. Die Sercial-Ernten sind klein, und der Wein soll mindestens acht Jahre gelagert werden.

Madeiraweine werden nach den vier auf der Insel angebauten Traubensorten Sercial, Verdelho, Bual und Malvasia unterschieden.

Beim Verdelho handelt es ich um einen halbtrockenen, goldfarbenen, im Ausland eher unbekannteren
Wein. Er ist der elementarste unter den Madeiras,
besitzt aber nicht die Frische des Sercial oder die
Fülle des Bual. Der leichtere Bual hat einen würzigen, rauchigen Geschmack, er ist ausgewogen und
gehaltreich. Malmsey aus der Malvasia-Traube ist der
wichtigste, körperreichste und süßeste Madeira-
wein. Tief bernsteinfarben mit leichtem Honig-
aroma, kann er sich durchaus mit den **Bei Madeiraweinen
kennt man keine so**
hervorragenden Vintage-Ports messen. **genannten guten Jahrgänge wie es beispiels-**
Bei bestimmten, sehr alten Madeiras ver- **weise bei Portweinen**
stärkt sich durch Lagerung der Ge- **der Fall ist.**
schmack. Sie werden konzentrierter, manchmal auch
dunkler. Ihre Lebenszeit ist nicht bekannt. Gute
Madeiras können sich zu ganz ungewöhnlicher Qualität steigern. Alle britischen Madeirahersteller
gehören zur Madeira Wine Association Ltd. Es exis-
tieren heute nur noch wenige unabhängige Madeira-
produzenten. Madeiras haben einen Alkoholgehalt
zwischen 18 und 21% vol.

Marc

arcs heißen die seit dem 15. Jahrhundert bekannten Tresterbrände Frankreichs. Aus einem Arme-Leute-Getränk entwickelte sich im Laufe der Zeit dank Qualitätsverbesserung und reglementierter Herkunftsbezeichnung eine Spezialität. Wenn die Trauben gekeltert sind, kommt der Most in die Weinherstellung, und die Rückstände wie Schalen, Stängel und Kerne werden in luftdicht verschlossene Fässer gefüllt, damit sie vergären. Im Unterschied zum Weißweintrester wandert Rotweintrester gleich in die Destillation, weil die Rückstände des Pressens mitvergoren werden. Weißweintrester müssen vor der Gärung eingemaischt werden. Das Destillat lagert bis zur Reifung in Eichenfässern.

Die wichtigsten Marken

Jean Goyard Der feine Marc de Champagne aus dem Haus Goyard spiegelt die Eleganz seiner Herkunft wider. Hier, wo auch die roten Trauben zu Weißwein verarbeitet werden, ist der Trester frischer und saftiger. Das Unternehmen avancierte durch langjährige Erfahrung in der Destillation zum Vorbild aller Destillateure; einige der renommiertesten Häuser der Champagne lassen ihren Marc bei Goyard brennen. Die hauseigene Marke heißt schlicht »Jean Goyard/Marc de Champagne Égrappé/ Très vieux« und weist einen Alkoholgehalt von 40% vol auf.

Viele Champagnerhersteller, aber auch Weinproduzenten und Obstbrenner in Frankreich stellen Marc aus bekannten Rebsorten her.

Marc de Hospices de Beaune-Védrenne Dieser edle Marc aus dem Château de Beaune, einer »destillation artisanale«, also einer Destillerie, die noch ganz nach alter Handwerkstradition arbeitet, besteht aus roten und weißen Trestern der berühmtesten Lagen des Burgund. »Marc de Hospices de Beaune-Védrenne« reift mindestens zehn Jahre lang in Holzfässern. Sein Alkoholgehalt beträgt 45% vol.

Obstbrand

VAL de LOIRE

O bstbrände haben im deutschen Spirituosensortiment immer mehr an Bedeutung gewonnen. Ihren Ursprung haben sie in den obstreichen Gebieten Süd- und Südwestdeutschlands, vornehmlich im Schwarzwald. »Schwarzwälder Kirschwasser« zum Beispiel ist weltweit ein Begriff. Man unterscheidet bei den Obstbränden zwischen Wässern und Geisten: Wässer sind Brände aus Kern- und Steinobst wie Kirschen, Zwetschen, Mirabellen, Pflaumen, Birnen, Äpfeln und mehr. Bei der Herstellung der Wässer werden die sortenreinen Früchte in Fässern oder Tanks vergoren. Dabei wandelt sich der natürliche Fruchtzucker in Alkohol um. Nach der Gärung wird die Maische ohne Zugabe von weiterem Alkohol zunächst zum so genannten Rohbrand destilliert; darauf folgt ein zweiter Destillationsprozess, der Feinbrand. Die Kunst des Brennens liegt darin, Vor- und Nachlauf sorgfältig zu trennen und nur den rein schmeckenden Mittellauf – das »Herz« des Brandes – abzunehmen. Geiste dagegen werden aus zuckerarmem Obst, vor allem aus Beeren, hergestellt. Diese Früchte, vornehmlich Himbeeren, Brombeeren, Vogelbeeren und Schlehen, aber auch Johannisbeeren, Erdbeeren und Holunderbeeren, haben von Natur aus zu wenig Zucker, um genügend eigenen Gärungsalkohol zu bilden. Damit das Aroma dennoch voll erhalten bleibt, werden diese Früchte zuerst in Alkohol konserviert und später dem gleichen Destillationsprozess unterworfen wie die Wässer. Sobald einer dieser Brände die Brennblase verlassen hat, darf er nicht mehr verändert werden – erlaubt ist lediglich, den Alkoholgehalt auf Trinkstärke herabzusetzen. Kernobstbrände aus Äpfeln und Birnen heißen weder »Wasser« noch »Geist«,

Die ideale Trinktemperatur für Obstbrände liegt bei 16 °C. Das geeignetste Glas ist ein kleines tulpenförmiges Stielglas.

sondern einfach »Brand« – wie zum Beispiel der Apfelbrand oder das berühmte Destillat aus der Williamsbirne. Als »Obstwasser« (Obstler) darf ein Kernobstbrand nur bezeichnet werden, wenn ein deutlich lesbarer Zusatz auf dem Etikett darauf hinweist, dass dieses Produkt nur aus Birnen und/oder Äpfeln oder deren Säften hergestellt wurde. Die aus der Brennerei kommenden hochprozentigen Wässer und Geiste werden in Eschenholzfässern, Glas- oder Steingutbehältern gelagert, bis sie die entsprechende Reife erreicht haben. Ein gutes Kirschwasser sollte mindestens zwei Jahre gelagert worden sein. Neben den großen gewerblichen, den Verschlussbrennereien, gibt es in Deutschland immerhin rund 33 000 bäuerliche Kleinbrennereien. Allein die Hälfte davon befindet sich in der Schwarzwaldregion. Während bei den Verschlussbrennereien die Erzeugung mengenmäßig nicht begrenzt ist, dürfen die Kleinbrenner höchstens 300 Liter im Jahr produzieren. Die Vermarktung der in den kleinen Brenne-

Die mitunter beachtlichen Preisunterschiede der einzelnen Produkte sind letztlich auch auf die Dauer ihrer Lagerzeiten zurückzuführen.

reien hergestellten Wässer erfolgt nach sorgfältiger Auswahl der Destillate durch die größeren Brennereien. Die strenge Herkunftsbezeichnung für Schwarzwälder Obstbrände ist gesetzlich geregelt. Außerhalb Süddeutschlands werden hochwertige Obstbrände hauptsächlich in klimatisch günstigen Lagen in Frankreich, der Schweiz, in Italien, Österreich, dem ehemaligen Jugoslawien und in Ungarn hergestellt. Die französischen Eau-de-vies, Schweizer Kirsch und William, österreichischer Marillenbrand, jugoslawischer Slivovitz und der ungarische Barack Pálinka genießen Weltruf. Eau-de-vie (»Wasser des Lebens«) ist die französische Bezeichnung für die destillierten Spirituosen Frankreichs. Die elsässischen Klassiker sind Eau-de-vie de Kirsch, de Framboise (Himbeere), de Poire William u. a.. Bei den nachfolgend aufgeführten, weniger bekannten Sorten bedeutet der bei Früchten oft gebrauchte Zusatz »Sauvage«, dass wild wachsende Früchte verwendet wurden:

Für Obstbrände ist ein Mindestalkoholgehalt von 37,5% vol, mit der Bezeichnung »Schwarzwälder« sind 40% vol vorgeschrieben.

Weniger bekannte Eau-de-vies

Airelle	Preiselbeere
Alisier	Mehlbeere
Aubépine	Weißdorn
Baie de Houx	Stechpalmbeere (Ilex)
Burgeon de Sapin	Tannenspitzen
Citronnelle	Zitronenmelisse
Coing	Quitte
Cormier	Eberesche
Églantine	Hagebutte
Feuille de Menthe	Minze
Fleur d'Acacia	Akazienblüte
Fleur de Molene	Wollkrautblüte
Fleur de Sureau	Holunderblüte
Fleur de Tilleul	Lindenblüte
Gentiane	Enzian
Griotte	Sauerkirsche
Mûre	Brombeere
Myrtille	Heidelbeere
Nèfle	Mispel
Prune	Pflaume
Prunelle	Schlehe
Quetsch	Zwetschge
Reine des Bois	Waldmeister
Sorbier des Oiseaux	Vogelbeere
Sureau Noir	Schwarzer Holunder
Sureau Rouge	Roter Holunder

Die wichtigsten Obstbrände

Barack Pálinka Der ungarische Aprikosenbrand »Barack Pálinka« ist neben dem Slivovitz der meistgetrunkene Obstbrand Osteuropas. Im Süden Ungarns liegt das Obstanbaugebiet um die Stadt Kecskemét. Die saftigen Aprikosen dieser sonnenreichen Region gelten als die besten der Welt.

Himbeergeist Neben dem Kirschwasser ist der Himbeergeist der bekannteste deutsche Obstbrand. Er wird nicht, wie sonst bei den Wässern üblich, aus vergorener Maische, sondern durch Destillation unvergorener, mit Alkohol angesetzter Früchte gewonnen. Dabei nutzt man nicht den nur in geringen Mengen vorhandenen Zucker, sondern löst das feine Fruchtaroma der Waldhimbeeren. Außer der Herabsetzung auf Trinkstärke darf nach der Destillation keine Veränderung vorgenommen werden. Sein Alkoholgehalt beträgt 40% vol. Neben dem deutschen Himbeergeist ist besonders auch der elsässische Framboise auf dem Markt von Bedeutung.

Wie beim Wein gibt es auch beim Obst Jahre, die aufgrund der Qualität der Früchte besonders feine Destillate hervorbringen.

Kirschwasser Auf der Beliebtheitsskala der Obstbrände steht das Kirschwasser an erster Stelle. Die bekanntesten und besten Kirschwässer kommen aus dem Schwarzwald, den Vogesen, aus der Schweiz und auch aus Südtirol. Für diese Kirschwässer werden verschiedene Süßkirschensorten mit besonders hohem Zuckergehalt verwendet.

Mirabelle Aus Lothringen, dem Anbaugebiet der bekanntermaßen feinsten Mirabellen, kommt das

Außerhalb Lothringens werden Schnäpse aus Mirabellen hauptsächlich noch in Österreich, Baden und der Schweiz gebrannt. »Eau-de-vie de Mirabelle«. Die Destillation erfolgt mit einem geringen Steinzusatz, anschließend reift der Obstbrand in Glasgefäßen. Der Mindestalkoholgehalt von Mirabellenbrand beträgt 37,5 % vol.

Slivovitz Der edelste Slivovitz wird aus der Pocegaca-Pflaume destilliert – einer besonders fleischigen, saft- und aromareichen Pflaumensorte. »Slivovitz« kommt vom serbischen »silva« (= Pflaume). Allein der Name weist also schon auf das Gebiet des ehemaligen Jugoslawien als Ursprungsland des gebrannten Zwetschgenwassers hin. Im Übrigen darf jeder Brenner sein Zwetschgenwasser so nennen, wenn er gewisse Vorschriften für die Schreibweise einhält: So kann in Deutschland hergestelltes Pflaumen- oder Zwetschgenwasser unter der Bezeichnung »Slibowitz« in den Handel gebracht werden. Nach zweimaliger Destillation lagert der Slivovitz in großen Eichenholzfässern. Dabei zieht er Farbstoffe aus dem Holz und färbt sich goldfarben. Guter Slivovitz ist mindestens acht Jahre alt. Erst dann besitzt er den vollen Fruchtgeschmack. Sein Mindestalkoholgehalt muss 37,5% vol betragen.

In der Steiermark und in Tirol heißt das Pflaumenwasser »Schligowitz«, in Ungarn »Schivotiza« und in Slowenien »Slivooka«.

William Unter der Bezeichnung William kennt man die weltbekannten Obstbrände aus der Williamsbirne (französisch: Poire William). Ursprünglich nur ein Produkt aus dem Schweizer Rhônetal, wird heute Williamsbirnenbrand sowohl im Elsass und in Südwestdeutschland als auch in Südtirol hergestellt. Zum Teil ist Williamsbirnenbrand auch mit den attraktiven, in die Flasche hineingewachsenen Birnen erhältlich.

Zibartenbrand Die Zibarte ist eine hauptsächlich im Schwarzwald wild wachsende Pflaumenart. Aus dieser Frucht lässt sich ein besonders hochwertiger Pflaumenbrand herstellen. Die Firma Schladerer bietet ihn als »Zibärtle« an (42% vol Alkohol).

Zwetschgenwasser Die weit verbreitete, aromatische, süße Herbstzwetschge wird in vielen Sorten angebaut und destilliert – hauptsächlich im süddeutschen Raum, sowohl in Franken, in Baden, Württemberg und im Schwarzwald, als auch im Elsass, in der Schweiz (Pflümliwasser) und nicht zuletzt in Österreich, in Jugoslawien (Slivovitz) und in Ungarn.

Für wirklich gutes Zwetschgenwasser dürfen die Zwetschgen nur von Bäumen stammen, die mindestens 20 Jahre alt sind.

Die wichtigsten Marken

Bailoni Die »1. Wachauer Marillen-Destillerie« wurde bereits im Jahre 1872 von Eugen Bailoni in Krems/Österreich gegründet. Diese Destillerie produziert seit langem einen ausgezeichneten Marillenbrand mit einem Alkoholgehalt von 40% vol sowie Marillenlikör und weitere Obstbrände.

Beyer Das Haus Léon Beyer in Eguisheim zählt zu den Spitzenweinproduzenten im Elsass. Neben seinen Weinen bietet Beyer qualitativ hervorragende Obstbrände an, darunter die klassischen Elsässer Sorten und mehrere Spezialitäten.

Bon Père Das Haus Germanier, traditionsreiches Familienunternehmen in Balavaud-Vétroz, im Herzen des Kantons Wallis im Rhônetal wurde im Jahre 1907 gegründet. Das Unternehmen destillierte im Jahr 1943 zum ersten Mal im Wallis Williamsbirnen. »Bon Père William« gibt es mit und ohne Birne in der Flasche. Außerdem werden »Bon Père Framboise« und »Bon Père Abricot« angeboten – wie der Birnenbrand jeweils mit 40% vol Alkohol.

Um die Birnen in die Flaschen zu bekommen, werden diese im Mai über die befruchteten Blüten gesteckt und Ende August abgehängt.

Cœur du Breuil Der bekannte Calvadosproduzent »Château du Breuil« bietet unter diesem Namen einen ausgezeichneten Pflaumenbrand an. Für diesen in Eichenholzfässern gelagerten »Prune« (41% vol Alkohol) werden die Sorten Mirabelle, Reine claude und La Prune d'Alsace verwendet.

Dettling In Brunnen am Vierwaldstätter See wurde die Firma Arnold Dettling 1867 gegründet. Bis heute befindet sich das Haus in Familienbesitz – und es ist nach wie vor die einzige Destillerie, die

Der Klassiker »Kirschwasser Reserve« wird aus verschiedenen, mehrere Jahre gelagerten Destillaten zusammengestellt.

ausschließlich Kirschwasser herstellt. Verwendet werden nur die kleinen schwarzen und hoch aromatischen Bergkirschen der Innerschweiz. Die berühmteste Marke ist der zehn Jahre gereifte »Kirsch«. Des Weiteren werden die Klassiker des Hauses, der »Réserve« und der »Extra« angeboten. Alle genannten Sorten enthalten 41% vol Alkohol. Außerdem gibt es limitiert verschiedene Kirschwasserjahrgänge.

Etter Seit 1870 destilliert die Schweizer Familienbrennerei Etter aus Zug edle Fruchtbrände. Neben dem Kirsch, der auch in mehreren Jahrgängen angeboten wird, umfasst das Sortiment die klassischen Brände der Schweiz sowie einige Spezialitäten des Hauses. Etter bietet seine Brände in vielen exquisiten Flaschenformen an. Relativ neu sind die Fruchtbrandliköre William, Kirsch und Pflaume.

Fassbind Schon viele Generationen der Schweizer Familie Fassbind, deren Stammbaum lückenlos bis in das Jahr 1395 zurückreicht, haben Kirschbäume kultiviert und Kirschwasser gebrannt, auch schon lange vor der offiziellen Firmengründung im Jahr 1846. Der Stammvater der damals aus Holland eingewanderten Familie soll ein Küfer, also ein Fassbinder im wahrsten Sinne des Wortes gewesen sein.

Die »Alte Urschwyzer Brennerei« Fassbind bietet eine komplette Reihe hervorragender Edelobstbrände an: »Vieux Kirsch du Righi« (auch mit Jahrgängen), »Williams du Valais«, »Framboise Sauvage«, »Pruneaux Vieux«, »Abricots du Valais« und »Quittenbrand« mit einem Alkoholgehalt von 43% vol.

Besonders die kleine, schwarze, zuckersüße Bergkirsche von den berühmten Rigi-Hängen wird für das Kirschwasser verwendet.

Gerasdorfer Die traditionsreiche österreichische Landbrandmanufaktur Gerasdorfer bietet in Deutschland sowohl die Sorten Himbeergeist und Kirschwasser als auch Marillenbrand und Birnenbrand an. Alle erhältlichen Qualitäten weisen einen Alkoholgehalt von 40% vol auf.

Hämmerle Die Destillerie Freihof in Lustenau/ Vorarlberg wurde 1885 als bäuerliche Gastwirtschaft »Zum Freihof« mit angeschlossener Mosterei und Brennerei gegründet. Bis heute ist die Destillerie – die sich seit 1954 ganz auf die Erzeugung von Edelbränden und Likören spezialisiert hat – im Besitz der Familie und einer der bedeutendsten Spirituosenerzeuger Österreichs. Vom Großvater gegründet, vom Sohn weitergeführt und vom Enkel Gebhard Hämmerle 1952 übernommen, gehört die Freihof-Destille heute zu den führenden Herstellern von Qualitätsbränden in Österreich. Als Spezialist auf dem Spirituosenmarkt setzt man bei Freihof konsequent auf Qualität und auf erstklassige Aufmachung. Neben den bekanntesten Obstbränden bietet Hämmerle in der Serie »Vom ganz Guten« Grafensteiner Apfelbrand sowie Marillen-, Holunder- und Vogelbeerbrand an. Highlights der Destillierkunst sind die »Herzstück«-Destillate von Marillen-, Quitten- und Himbeerbrand.

Die Marke »Freihof« ist heute nicht nur in Österreich, sondern weit über die Landesgrenzen hinaus zum Begriff geworden.

Lantenhammer Die Destillerie Lantenhammer
wurde 1928 von Josef Lantenhammer gegründet und
liegt im Herzen der bayerischen Alpen am Schlier-
see. Die Lantenhammer-Brände, produziert mit den
gesammelten Erfahrungen aus über drei Generationen, zählen zu den absoluten Spitzenprodukten
unter den Obstbränden. Angeboten werden »Wil-
liamsbrand«, »Waldhimbeergeist«, »Schlehengeist«,
»Apfel- & Williamsobstbrand«, »Waldkirschbrand«,
»Sauerkirschbrand« und »Mirabellenwasser«.

Massenez Jean-Baptiste Massenez war einer der
Männer, die man »Bouilleurs de Crus« (private
Eigenbrenner) nannte. Seit 1870 destillier- **Der Pflaumenbrand**
te er im entlegensten Winkel des Villé- **»Vieille Prume« reift**
als einziges Eau-de-vie
Tals, in Urbeis, hervorragende Schnäpse. **aus dem Hause Masse-**
In der Zeit um 1913 stellte Eugène Mas- **nez in Eichenholz-**
senez mit großem Erfolg als einer der Ersten Him- **fässern.**
beergeist her. Anfang der 50er Jahre verlegte man
die Destillerie nach Bassemberg, und 1979 wurde
die neue, hochmoderne Brennanlage am heutigen
Standort Villé/Dieffenbach-au-Val errichtet. In

Deutschland werden vom Hause Massenez die Sorten »William«, »Framboise Sauvage«, »Mirabelle«, »Kirsch« und »Vieille Prune« angeboten mit einem Alkoholgehalt von jeweils 40% vol.

Metté In Ribeauvillé im Elsass arbeitet Jean-Paul Metté, der Nestor der Destillateure. Er war es, der bis dahin nicht verarbeitete Früchte und Blüten als Brände zum Leben erweckte. Über 60 Sorten – darunter natürlich auch die klassischen Obstbrände – umfasst die Palette der derzeitigen Metté-Produkte.

Morand Die in Martigny im Wallis seit 1889 bestehende Firma begann 1953 mit der Herstellung eines Birnenbrandes und ließ sich dafür das Markenzeichen »Williamine« eintragen und schützen. Die Früchte kommen aus dem Rhônegebiet im Kanton Wallis. Weiter bietet Morand »Abricotine«, »Kirsch Vieux«, »Framboise«, »Mirabelle«, »Pflümliwasser«, »Prune«, »Golden Delicious« an, jeweils mit 43% vol Alkohol, außerdem den »Williamine Réserve LM« mit 48% vol und weitere Spirituosen und Liköre.

André Morand baute 1930 die Destillerie weiter aus und verwandelte als Erster die Williams-Christ-Birne in eine Spirituose.

Nusbaumer Die Spezialitätenbrennerei Nusbaumer, eine der ältesten der Region, hat ihren Sitz im
oberen Villétal im Elsass. Die Verwendung
hochwertiger Obstsorten und ausgesuchter Beeren sowie die sorgfältige
Destillation verleiht den Nusbaumer-Pro-
dukten einen hohen Standard. Von den hervorragenden Erzeugnissen dieses Hauses sind »Poire William« mit 40% vol, »Mirabelle«, »Framboise«,
»Kirsch« und »Quetsch« mit 45% vol sowie
»Prune« mit 42% vol auch in Deutschland erhältlich.

**Die Nusbaumer Obst-
brände werden in
den typischen hohen
Schlegelflaschen mit
originell geflammtem
Etikett angeboten.**

Pascall In Fougerolles am Rand der Vogesen hat
die 1864 gegründete Destille La Cigogne ihren Sitz.
Unter dem Markennamen »Pascall« werden die
klassischen Obstbrände sowie »Reine Claude« und
»La Vieille Prune« mit einem Alkoholgehalt von
40% vol in attraktiven Krugflaschen angeboten.

Psenner Die Brennerei Psenner wurde 1947 auf
Schloss Rechental bei Tramin an der Südtiroler
Weinstraße gegründet. Kurz darauf läutete der Fir-
mengründer Ludwig Psenner mit der Destillation

von Obst den ersten großen Durchbruch für das Unternehmen ein. Psenner ist die älteste Williamsbrennerei Italiens – mittlerweile wird in fünf eigenständigen Brennanlagen eine große Palette an hochwertigen Bränden produziert. Psenner exportiert folgende Obstbrände: »Williamsbirne«, »Marillenbrand« und »Obstler« sowie – in der Reihe »Exclusiv« – »Williams«, »Aprikot« und »Framboise«, jeweils mit einem Alkoholgehalt von 43% vol.

Die klimatisch günstig gelegenen Länder mit intensivem Obstanbau sind natürlich die Hauptproduzenten von Obstbränden.

Rouyer In Dieffenbach-au-Val im Elsass ist die renommierte Destillerie Rouyer ansässig. Sie exportiert folgende Sorten nach Deutschland: »Framboise«, »Kirsch« und »Mirabelle« mit 43% vol sowie »Poire William« und »Vieille Prune« mit 40% vol.

Schladerer Die Firma Schladerer in Staufen im Breisgau wurde 1844 von Sixtus Schladerer gegründet. Heute ist das renommierte Unternehmen unter Leitung von Nicolaus Schladerer (fünfte Generation) der größte Obstbrandproduzent Europas, der in über 40 Länder exportiert. Neben den klassischen Obstbränden werden Schlehen-, Brombeer-, Heidelbeer- und Johannisbeergeist hergestellt. Die Spitzenprodukte, angeboten in der Raritätenreihe, sind: ein Jahrgangskirschwasser (zehn Jahre alt), ein Markgräfler Sauerkirsch und – mit »Zibärtle« – ein rares Destillat aus der seltenen, wild wachsenden Zibarte. Des Weiteren ist ein exquisiter Traubenbrand von Gewürztraminer im Programm.

Schwarzwälder »Schwarzwälder« ist eine Herkunftsbezeichnung für im Schwarzwald hergestellte Produkte. Für Kirschwasser dürfen auch Kirschen aus dem Schwarzwälder Vorland verwendet werden, die Grenzen der Gebiete sind allerdings präzise festgelegt. Brennereien außerhalb des Schwarzwaldes, die

Die höheren Kosten für die Ausgangsprodukte (Obst) begründen die höheren Preise der Obstbrände gegenüber anderen Spirituosen.

bereits vor 1963 Kirschwasser aus Schwarzwälder Kirschen produziert haben, dürfen ihr Produkt jedoch weiterhin als Schwarzwälder Kirschwasser verkaufen. Obstbrände mit dem Namenszusatz »Schwarzwälder« müssen einen Alkoholgehalt von mindestens 40% vol aufweisen.

St. George Spirits Obwohl erst im Jahr 1982 von dem im Elsass geborenen Deutschen Jörg Rupf gegründet, ist St. George Spirits der älteste und zugleich führende Hersteller von Edelobstbränden in den Vereinigten Staaten. Jörg Rupf brachte nicht nur die badische Destillationstradition der Familie,

St. George Spirits nimmt eine Sonderstellung ein, da sich die Herstellung von Obstbränden sonst auf Mitteleuropa beschränkt.

sondern auch die heimischen Brennkolben zu den reichen Obstgärten Kaliforniens. Die Brennerei St. George Spirits befindet sich in der Bucht von San Francisco mit herrlichem Blick auf die Altstadt. Hier erzeugt Jörg Rupf mit seiner Mannschaft jährlich knapp 40000 Flaschen Edelobstbrände. Die Palette reicht dabei von »Williams Pear« über »Framboise« und »Kirsch« bis zu »Pruneau« (Zwetschgenwasser). Daneben werden für den einheimischen amerikanischen Markt kleinere Mengen von Quittenbrand und Kiwibrand hergestellt. Außerdem wird bei St. George Spirits ein Marc aus der beliebten amerikanischen Rotweinrebsorte Zinfandel erzeugt.

CALIFORNIA PEAR EAU DE VIE
PEAR BRANDY 40% ALC BY VOL

Stettner Die in Kolbermoor bei Rosenheim im bayerischen Voralpenland ansässige Destillerie Franz Stettner & Sohn ist weit über die Region Bayerns hinaus bekannt. Stettner produziert alle klassischen Obstbrände und bietet besonders edle Destillate in der »Selektion Franz Stettner« in Schlegelflaschen an. In der »Classiker«-Reihe werden seltene Destillate wie Wildkirsch, Holunder und Quitte in schlanke, klare Flaschen und Kolbenflaschen abgefüllt.

Val de Loire Dieser französische Williamsbirnenbrand (Alkoholgehalt 40% vol) wird aus Früchten der Loireregion hergestellt. Jede Flasche trägt das Datum des Erntejahres.

Ziegler Bei Wertheim am Main, in Freudenberg, hat die renommierte Destillerie Ziegler ihren Sitz. Berühmt ist sie für ihren Wildkirschedelbrand mit dem Namen »Ziegler No 1«. Daneben stellt sie eine Reihe außergewöhnlicher Brände her. Sie werden in den markanten Vierkantflaschen des Hauses Ziegler angeboten und enthalten 43% vol Alkohol.

Eine besondere Spezialität ist der Schlehenedelbrand, dessen Früchte erst nach dem ersten Frost geerntet werden.

Rose Cocktail

3 cl Kirschwasser
3 cl Vermouth Dry
1 Barlöffel Grenadine
Cocktailkirsche

klassischer Obstbrand-Aperitif

Im *Rührglas* mit Eiswürfeln gut verrühren und in ein vorgekühltes Cocktailglas abgießen. Eine Cocktailkirsche
dazugeben.

Pinky

2 cl Himbeergeist
2 cl Campari
10 cl Grapefruit-saft
kaltes Tonic Water
Himbeeren

Longdrink für Sommertage

Im *Shaker* mit Eiswürfeln schütteln, in
Longdrinkglas auf Eiswürfel abgießen.
Mit Tonic Water auffüllen. Mit Him-
beeren garnieren.

Sommertraum

4 cl Himbeergeist
1 cl Grenadine
kaltes Bitter Lemon
Himbeeren

erfrischender Drink für Sommertage

In ein großes Becherglas mit Eiswürfeln geben und mit Bitter Lemon auffüllen. Einige Himbeeren dazugeben.

VW

aromatischer Before-Dinner-Drink

Im *Rührglas* mit Eiswürfeln gut verrühren und in ein vorgekühltes Cocktailglas abgießen. Eine Cocktailkirsche dazugeben.

2 cl Vermouth Dry

3 cl Williamsbirnenbrand

Cocktailkirsche

Imperial

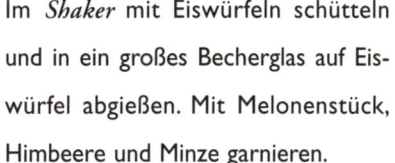

2 cl Himbeergeist

3 cl Crème de Cassis

fruchtiger Partydrink

Im *Shaker* mit Eiswürfeln schütteln und in ein großes Becherglas auf Eiswürfel abgießen. Mit Melonenstück, Himbeere und Minze garnieren.

1 cl Grenadine

6 cl Orangensaft

4 cl Ananassaft

Melone, Himbeere

Minze

Swiss Shake

ein Digestif wie Kirschschokolade

Alle Zuaten im *Shaker* mit Eiswürfeln gut schütteln und in ein kleines Stielglas abgießen.

3 cl Kirschwasser

3 cl DuChalet Schokoladen Liqueur

4 cl Sahne

Pisco

*D*ie Heimat des Pisco ist die südlich von Perus Hauptstadt gelegene Hafenstadt gleichen Namens. Im nahen Icatal wachsen Muskatellertrauben, aus denen der dem Trester ähnliche Brand destilliert wird. Er bleibt durch die Lagerung in porösen, mit Wachs abgedichteten Tontöpfen hell und klar. Pisco trinkt man in seiner Heimat direkt nach der Destillation, auf dem internationalen Spirituosenmarkt ist er nicht von Bedeutung. Im Nachbarstaat Chile sitzen heute die großen Produzenten der nach Cachaça und Rum am dritthäufigsten konsumierten Spirituose Südamerikas, die inzwischen als Nationalgetränk Chiles gilt. Der chilenische Pisco ist ein Destillat aus Muskatellertrauben. Er reift nur rund sechs Monate im Holzfass, so dass bei dem frischen, klaren Brand die Frucht voll zur Geltung kommt. Für Pisco gelten die Bezeichnungen Selection (30% vol), Special (35% vol) und Reserved (40% vol). Premium Pisco muss mindestens 42% vol aufweisen. Der klassische »Pisco Sour« erfreut sich großer Beliebtheit in kalifornischen Bars. Es ist nur eine Frage der Zeit, bis der Pisco auch bei uns seinen Siegeszug antreten wird.

Pisco Sour: 5 cl Pisco, 3 cl Zitronensaft und 2 cl Zuckersirup im Shaker mit Eiswürfeln schütteln. Spieß mit einer halben Orangenscheibe und einer Cocktailkirsche über den Glasrand legen.

Die wichtigsten Marken

Pisco Capel Dieser große Produzent von Pisco in Chile exportiert folgende Marken nach Deutschland: »Capel Especial« mit 35% vol und »Gran Pisco Alto del Carmen« mit 46% vol. Außerdem gibt es den klassischen Pisco-Mixdrink »Pisco Sour« fertig zubereitet in der Flasche mit 22% vol Alkoholgehalt.

Pisco Control Die Firma Control bietet in Deutschland die Marke »Tradicional« mit 30% vol und den »Gran Pisco« mit 43% vol Alkoholgehalt an.

*D*ie gezielte Vermarktung des Portweins geht auf
das Jahr 1726 zurück, als die erste Vereinigung
der Oporto-Weinhändler – nach dem portugiesischen Namen der Stadt Porto – gegründet wurde.
Bereits seit dem Ende des 17. Jahrhunderts versuchten englische Weinkaufleute, den Wein dem
Geschmack englischer Käufer anzupassen, indem sie
den einfachen portugiesischen Dourowein mit
Weinbrand verstärkten. Die Händler ahnten jedoch
nicht, dass die Zugabe von Alkohol die Weinent-
wicklung hemmt und dass dadurch eine völlig andere Art von Wein entsteht. 1756 wurde die Douro-
wein-Companie gegründet. Sie legte die Grenzen
des Portweinanbaugebietes im Norden Portugals

gesetzlich fest – es war die erste bekannte Abgrenzung eines Weinbaugebiets überhaupt. Die Herstellungsmethoden für Portwein wurden ebenfalls erstmals geregelt. Zwar hat man diese Bestimmungen
Ende des 19. Jahrhunderts noch einmal modifiziert,
doch seitdem sind sie weitgehend gleich geblieben.

Portwein stammt ausschließlich aus einem geographisch streng abgegrenzten Gebiet, der Alto-Dou-
roregion am Oberlauf des Douroflusses in Portugal.
Nach Vila Nova de Gaia, gegenüber von
Oporto an der Mündung des Douro, wo
die Produzenten ihre Lager und Kellerei-
en unterhalten, dürfen nur Winzer verkaufen, die Mitglied der Casa do Douro sind. Die
Landschaft des Alto-Douro ist ein einzigartiges
Weinbaugebiet. Hier werden auf steilen Terrassen
unter schwierigsten Bedingungen Reben gepflanzt.
Die Weinlese beginnt etwa Ende September. Nach
der Kelterung setzt dann der Gärprozess ein, der
durch das Beifügen von Alkohol gestoppt wird. Der
Zeitpunkt der Alkoholzugabe hängt von der

**Das Dourotal umfasst
240 000 Hektar, davon
werden etwa ein Zehn-
tel für Weinbau ge-
nutzt. Hier sind 25 000
Weinbauern ansässig.**

erwünschten Güte des Weins ab. Je früher der Alkohol beigefügt wird, desto süßer wird der Wein, je später, desto trockener. Anschließend ruht der Wein in großen Bottichen und bleibt bis zum Frühjahr im Anbaugebiet. Danach füllt man ihn in große Fässer um, gibt nochmals Alkohol zu und transportiert den Port zu den Lagerhäusern – den Lodges – der Firmen in Vila Nova de Gaia. Jede Portweinfirma kauft verschiedene Weine auf und stellt sie in riesigen Verschnittfässern zu den von ihr gewünschten Kompositionen zusammen. Seine endgültige Reife erhält der Port dann in kleinen Eichenholzfässern. Über 40 verschiedene rote und weiße Rebsorten sind seit eh und je zur Portweinproduktion zugelassen, so dass es rote und weiße Portweine gibt. Die Portweine bekommen fast ohne Ausnahme ihre endgültige Reife in Fässern, daher heißen sie generell »Wood Port«. Nur wenige Ports – es sind die kostbarsten, die »Vintage Ports« – reifen in Flaschen. Innerhalb der roten und weißen Ports gibt es verschiedene Farb-

Dem Most wird (etwa ein Fünftel seines Volumens) Weinbrand mit 20% vol zugegeben, wodurch die Gärung angehalten wird.

abstufungen, welche zwar grundsätzlich nichts über die Qualität eines Ports aussagen, aber eine gewisse Auskunft über sein Alter geben. Roter Portwein verblasst mit den Jahren, der weiße gewinnt dagegen einen immer kräftigeren Ton. Eine Oxidation der natürlichen Farbstoffe bewirkt den sichtbaren Wandel. Vintage Ports werden nach zweijähriger Fasslagerung auf Flaschen gezogen und reifen dann dort weiter. Sie verlieren wesentlich langsamer an Farbe. Wood Port verbringt seine komplette Reifezeit im Holz. Dabei verändert er seine Farbe, und von dieser hängt die Sortenbezeichnung ab. Die Färbung reicht von Purpur (als junger Wein) bis zum reinen Rot (= »Ruby«) und von rot bis zu orange (= »Tawny«). Ruby Port ist wohl der bekannteste: Er reift mindestens drei Jahre, gute Rubys bleiben jedoch bis zu acht Jahre im Fass. Der Ruby ist immer ein recht robuster Wein, kräftig in der Farbe und voll im Duft, er hat eine leichte Frische im Geschmack. Ruby Ports sollten möglichst bald nach der Abfüllung getrunken wer-

»Vinho de Porto« ist eine allgemeine Herkunftsbezeichnung und besagt, dass der Portwein von der Stadt Porto aus exportiert wird.

den. Tawny Port reift ungefähr acht Jahre, bessere Tawnys bis zu zwölf Jahre. In dieser Zeit verliert er seine dunkle Farbe und wird rötlich-braun bis golden. Im Geschmack ist der Tawny weicher und milder als der Ruby, er hat ein leichtes, aber volles, ein wenig nussartiges Aroma. Vintage Ports produziert man nur nach hervorragenden Ernten. Während die jungen Weine heranreifen, werden die allerbesten Fässer aussortiert und nach zwei Jahren Fasslage-

Die in Fässern gealterten Weine sind im Allgemeinen Verschnittweine aus verschiedenen Lagen, Rebsorten und Jahrgängen.

rung auf Flaschen abgefüllt. In vielleicht drei von zehn Jahren sind die Bedingungen so optimal, dass Vintage Ports möglich sind: Weine also, die nur aus Weinen des gleichen Jahrgangs verschnitten sind und die nach der Abfüllung über Jahre hindurch in der Flasche reifen. 30, 40 oder mehr Jahre alte Vintage Ports haben einen unvergleichlichen Charakter und zählen zu den besten Weinen der Welt. Der erste große Vintage Port war Jahrgang 1775. Gesetzlich zugelassen sind auch die Bezeichnungen »Typ Vintage«, »Vintage Stil« und »Vintage Character«. Weine, die einen dieser Zusätze auf dem Etikett tragen, sind jedoch keine »echten« Vintages, sie dürfen keine Jahrgangsangabe besitzen. Die Vintage Ports haben meist viel Depot. Die Flaschen sollen daher vor dem Öffnen einen Tag stehen und einige Zeit vor dem Servieren in eine Glaskaraffe dekantiert werden. Das Depot ist geschmacklich absolut neutral, trübt aber den Wein. Crusted Ports sind Weine, die aus verschiedenen Jahrgängen stammen. Sie reifen in Flaschen, nachdem sie vier oder fünf Jahre lang in Fässern gelagert haben. Während dieser Fassreife bildet der Wein eine hauchdünne »Kruste«, die bei der Flaschenabfüllung entfernt wird. Weil Wein im Holz weit schneller altert als in der Flasche, erreichen die Crusted Ports ihre Reife früher als Vintage Ports. Crusted Port ähnelt dem Late Bottled Vintage. Sie sind Jahrgangsweine, die vier bis fünf Jahre im Fass gelagert und dann auf Flaschen gefüllt wurden. Sie haben bereits bei der Abfüllung etwas an Farbe verloren und im Fass die festen Bestandteile abgesetzt,

»Vintage« und »Vintage Character« sind aus Weinen eines einzigen Erntejahres und altern in der Flasche einige Jahre lang.

die zum Beispiel im Vintage noch vorhanden sind. Late Bottled Vintages sind eine Spur heller als normale Jahrgangsweine, sehen jedoch aus, als wären sie viel älter. Es werden auch »Portwines with the Date of Harvest« angeboten. Dazu zählen die Colheitas. Im Unterschied zum Vintage Port wird ein Colheita nicht jung, sondern spät auf Flaschen gefüllt. Colheitas sind fein und viel leichter als die schwereren, berühmteren Vintage Ports. Colheita Port wird vor der Abfüllung gefiltert. Auf den Colheita-Etiketten sind jeweils der Jahrgang sowie das Jahr der Fla-

»Late Bottled Vintage« (L.B.V.): Dieser Portwein lagert etwa fünf und mehr Jahre im Fass, bevor er auf Flaschen gezogen wird.

schenfüllung angegeben. Colheita Port reift oft Jahrzehnte im Fass. White Port wird aus weißen Trauben wie ein Tawny Port hergestellt. Es gibt süße weiße Ports, deren Gärung frühzeitig gestoppt wurde; sie reifen im Fass wie die roten. Weiter gibt es trockene weiße Ports (Dry White Port). Diese sollten gekühlt serviert werden. Der Alkoholgehalt der Portweine liegt meist zwischen 19 und 21% vol und damit weit über dem der »normalen« Weine.

Die wichtigsten Marken

Andresen Das kleine Familienunternehmen Andresen, 1845 von einem nach Portugal ausgewanderten Dänen gegründet, bietet in Deutschland Tawnys, Colheitas und Vintage Ports an.

Burmester Die Firma Burmester wurde 1730 von zwei Partnern gegründet: Der Engländer John Nash und der Deutsche Burmester schlossen sich unter dem Namen Burmester, Nash & Co. zusammen. Das heutige Unternehmen J. M. Burmester Ca. Lda. zählt zu den kleineren, jedoch renommierten Firmen.

Burmester ist auf den internationalen Märkten mit allen klassischen Sorten sowie Colheitas und Vintage Ports vertreten.

Cockburn's Cockburn, Smithes & Co. Lda. wurde 1815 in Oporto als Familienunternehmen gegründet. Seit den 60er Jahren ist Cockburn's eine Tochtergesellschaft des Sherryhauses Harvey. Die bekanntesten Marken sind »Fine Ruby«, »Special Reserve«, »Late Bottled Vintage«, »10 Years Old Tawny« und »20 Years Old Tawny«. Außerdem werden exzellente Vintages angeboten.

Delaforce Der Engländer John Delaforce war schon seit 1834 in Oporto tätig; einer seiner Söhne gründete 1868 schließlich die Firma Delaforce. Bis 1968 war dies ein Familienunternehmen, dann folgte der Zusammenschluss mit der IDV (International Distillers and Vintners). In Deutschland werden vom Haus Delaforce angeboten: »Paramount Full Ruby«, »Special White«, »His Eminence's Choice Tawny«, »Vintage Character« und mehrere Vintages.

Alle Portweine von Delaforce werden in Flaschen angeboten, die Repliken einer berühmten Flasche von 1896 sind.

Dow's Dow-Portwein wurde schon zu Beginn des 18. Jahrhunderts durch das Unternehmen Weaver & Dow nach England gebracht. Etwa zur gleichen Zeit gründete der portugiesische Händler Bruno da Silva in England ein Vertriebscomptoir. Im Jahr 1877 vereinigten sich beide Firmen und wurden unter dem Namen Silva & Cosens bekannt. Mit »Dow's Port« an der Spitze zählte die Firma Ende des 19. Jahrhunderts zu den bedeutendsten Portwein-Exporteuren. Heute ist das Unternehmen eines der größten in privatem Besitz befindlichen Portwein-Häuser.

Ferreira Das Haus Ferreira wurde 1751 gegründet und ist damit eines der ganz wenigen noch bestehenden alten Familienunternehmen. Ferreira ist im Besitz großer Weinlagen und zählt heute zu den größten und bekanntesten Portweinproduzenten. Das Haus bietet alle klassischen Qualitäten an; außerdem »Dona Antonia Personal Reserve«, »Duque de Bragança 20 Years Old« und eine große Zahl von Vintage Ports. In den Lagerhäusern von Vila Nova de Gaia reifen unglaubliche Weinreserven und eine einzigartige Sammlung von Ferreira-Vintage-Ports. Bis 1815 zurück sind alle großen Jahrgänge vertreten.

Internationale Bedeutung gewann Ferreira, nachdem die Witwe Dona Antonia Adelaide Ferreira die Geschäfte übernommen hatte.

Flagman's Unter der Handelsmarke »Flagman's« werden mehrere Port- und Sherryqualitäten sowie Madeira auf dem deutschen Markt angeboten. Im Portweinsortiment ist der Tawny die bekannteste Sorte. Außerdem sind im Angebot: »White Port«, »10 Years Old Port«, »Late Bottled Vintage« und Vintage Ports der 80er Jahre, daneben Colheitas der 30er bis 60er Jahre.

Fonseca Seit mehr als 180 Jahren steht der Name Fonseca für Portweine höchster Qualität. Als Manoel Pedro Guimaraens 1822 durch Übernahme der Firma Fonseca, Monteiro & Co. die heutige Guimaraens Vinhos SARL begründete, war Fonseca in England bereits eine der führenden Marken. Fonseca bietet ein hochwertiges Sortiment an, vom leichten weißen Aperitif-Port bis hin zum Vintage Port.

Gilberts Seit fast hundert Jahren produziert das große Haus Gilberts, streng der alten Familientradition folgend, erlesenen Port.

Die »Colheita Ports« von Gilberts werden zur Zeit in Deutschland mit den Jahrgängen 1963, 55, 50, 40, 37 angeboten.

Nach Deutschland werden exportiert: »Tawny«, »White«, »Vintage Character«, »Royal Diamond«/20 Years Old, »Late Bottled Vintage« und außerdem Colheitas der 30er bis 60er Jahre.

Harris Quarles Harris, der sich vor über 300 Jahren in Portugal niederließ, galt als einer der englischen Pioniere im Portweinhandel. Sein 1680 gegründetes Unternehmen ist heute eines der ältesten Häuser in Oporto. Die eindrucksvollen Kellereien, hoch über Vila Nova de Gaia liegend, enthalten ganz besonders seltene Portweine. Der Lagerbestand beträgt über 20 Millionen Flaschen.

Mac Duff's C. da Silva stellt die Mac-Duff-Ports her und exportiert nach Deutschland »Tawny«, »White« und einen »10-Years-Old«-Portwein.

Offley Das Haus Offley wurde 1737 gegründet. 1803 trat der Engländer James Forrester als Teilhaber ein – eine Berühmtheit in der Geschichte des Portweins, der unter anderem die erste Kartographierung der Region vorgenommen hat. Offley bietet alle klassischen Sorten sowie viele außergewöhnliche Abfüllungen und Vintage Ports an.

Ramos-Pinto Dieses renommierte Haus befindet sich seit 1989 im Besitz von Jean-Claude Rouzard, dem Inhaber des weltberühmten Champagnerhauses Louis Roederer. Ramos-Pinto bietet in Deutschland ein umfangreiches und ausgewogenes Sortiment aller Qualitätsstufen an, darunter Portweine aus den eigenen Quintas, sowie Colheitas und Vintage Ports.

Bereits im letzten Jahrhundert erwarb Adriano Ramos-Pinto die erste Quinta. Heute gehören fünf Weingüter zum Haus Ramos-Pinto.

Royal Oporto Real Companhia Velha ist eines der ältesten Portweinhäuser und gehört heute zu den leistungsfähigsten Familienunternehmen. Nach Deutschland werden exportiert: »Tawny«, »Extra Dry White«, »White«, »10 -«, »20 -« und »40 Years Old Port« sowie Vintage Ports der 80er Jahre.

Rozès Das 1875 von Edmond Rozès gegründete Haus gehört seit 1977 zur französischen Unternehmensgruppe Moët-Hennessy. Nach Deutschland werden die Qualitäten »Tawny«, »White« und »Infanta Isabel«/10 Years Old exportiert.

Sandeman Das zum Seagram-Konzern gehörende Haus Sandeman zählt zu den großen Sherry-, Port-, Madeira- und Brandyproduzenten. Die Firma geht auf den aus Perth stammenden Schotten Georg Sandeman zurück, der ein 1790 in London gegründetes Weinhandelsunternehmen schon bald auf die Herstellung von Port und Sherry ausweitete. Nach Deutschland werden ein »Tawny«, ein »White« und der »Founder's Reserve« exportiert.

Das bekannte Sandeman-Markenzeichen, die Don-Figur, wurde um 1920 eingeführt und ziert bis heute alle Sandeman-Etiketten.

Taylor's Das 1692 gegründete Haus Taylor, Fladgate & Yeatman ist wegen seiner Jahrgangsports besonders berühmt. Die Geschichte des großen Hauses geht auf Job Bearsley zurück, dessen Familie bis 1806 mit der Firma verbunden war. 1808 trat dann mit einem gewissen Mister Camo ein Amerikaner in das Unternehmen ein – der einzige Amerikaner, der jemals in einem Portweinhaus Partner wurde. Der erste Taylor kam 1816 in die Firma, der erste Fladgate 1837 und der erste Yeatman im Jahr 1844. Seit dieser Zeit blieb der Name des Unternehmens unverändert.

Die englischen Namen vieler Portweinhäuser zeugen auch heute noch von der Pioniertätigkeit der Engländer im Portweinhandel.

Warre's Die Geschichte des Hauses Warre & Co. Lda. reicht bis in das Jahr 1670 zurück. Der »Trecentenary 1970 Vintage« erinnert daran. Warre's erscheint mit alten Vintage Ports regelmäßig in den Versteigerungslisten der bekannten britischen Auktionshäuser. Der Familie Symington, die die Eigentümerin des Hauses ist, gehören weitere große Portweinunternehmen.

Ginger Rogers

3 cl Tawny Port
3 cl Cognac

aromatischer Aperitif und Digestif

Zutaten im *Rührglas* mit Eiswürfeln gut verrühren und in ein vorgekühltes Cocktailglas abgießen.

Porto Flip

4 cl Tawny Port
I cl Cognac
I cl Zuckersirup
2 cl Sahne
I Eigelb
Muskatnuss

milder Drink für den Vormittag

Alle Zutaten im *Shaker* mit Eiswürfeln gut schütteln und in ein Stielglas abgießen. Fein geriebene Muskatnuss darüber streuen.

Siesta

4 cl Tawny Port
I cl Cognac
I cl Cointreau
I cl Grenadine
6 cl Orangensaft
einige Tropfen
Zitronensaft
Orange

fruchtiger Drink für den Nachmittag

Alle Zutaten im *Shaker* mit Eiswürfeln gut schütteln und in einen Tumbler auf Eiswürfel abgießen. Eine Orangenschalenspirale dazugeben.

Port in a Storm

kleine Sangria für den Nachmittag

Alle Zutaten in ein Longdrinkglas auf Eiswürfel geben. Halbe Orangen- und halbe Zitronenscheibe dazugeben.

5 cl Tawny Port
2 cl Cognac
12 cl leichter Rotwein
Orange
Zitrone

Portofino

spritziger Drink für den frühen Abend

Alle Zutaten im *Shaker* mit Eiswürfeln gut schütteln und in eine Champagnertulpe abgießen. Mit Sekt oder Champagner auffüllen.

4 cl Tawny Port
1 cl Erdbeersirup
4 cl Maracuja-nektar
kalter Sekt oder Champagner

Porto Flip Normand

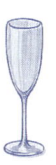

milder Drink für Vor- und Nachmittag

Alle Zutaten im *Shaker* mit Eiswürfeln gut schütteln und in ein Stielglas abgießen. Fein geriebene Muskatnuss darüber streuen.

3 cl Tawny Port
3 cl Calvados
2 cl Sahne
1 cl Zuckersirup
1 Eigelb
Muskatnuss

Rum

Zuckerrohr ist eine der ältesten Kulturpflanzen der Erde. Es kam aus Asien zunächst nach Europa, von wo aus Kolumbus das Gewächs in die Neue Welt brachte. Bereits zwei Jahre nach der Entdeckung Amerikas erreichten die ersten Zuckerrohrpflanzen die Antilleninsel Hispaniola. Von hier aus verbreitete sich die Zuckerrohrkultur schnell über die karibische Inselwelt und das amerikanische Festland. Zuckerrohr wird ausschließlich zur Zuckergewinnung und zur Rumproduktion angebaut. Rum wird heute hauptsächlich auf den karibischen Inseln, auf dem südamerikanischen Festland (in Venezuela, Guyana und Surinam), in Mittelamerika, auf Tahiti, den Philippinen und auch Madagaskar hergestellt.

Wer ihn erfunden hat, ist nicht bekannt, doch über die Rumherstellung wird schon aus der Zeit vor 1650 berichtet. Als sich die Holländer auf den Westindischen Inseln und im nördlichen Südamerika niederließen, brachten sie die Rumfabrikation wohl als Erste in Schwung. Der Vorläufer des heutigen Rums wurde Tafia (Taffia) genannt, wahrscheinlich eine Bezeichnung aus einer der karibischen Sprachen. Der Name Rum soll von »Rumbullion« (Krawall, Aufruhr) abgeleitet sein – wohl ein Hinweis darauf, dass manchen Trinkgelagen ein entsprechender Tumult folgte. Nach Deutschland wird hauptsächlich Rum aus der Karibik importiert, wobei der größte Teil von der berühmten Rum- und Zuckerinsel Jamaika kommt. So unterschiedlich die Endprodukte auch sind, eines haben die Rumsorten aller Länder gemeinsam: den Grundstoff Zucker. Bei der Gewinnung von Rohrzucker entsteht als Nebenprodukt die braune, zähflüssige Melasse. Sie bildet die Grundlage für Rum. Die Melasse ist so süß, dass sie

Noch in 100 000-facher Verdünnung kann man Rum schmecken: in einer Mischung von 1 Kubikzentimeter Rum auf 100 Liter Wasser.

mit Wasser verdünnt werden muss, um überhaupt zu vergären. Dieser Mischung setzt man »Skimming« und »Dunder« zu. Skimming ist ein bei der Zuckerherstellung entstehender Schaum, der für das spätere Rumaroma wichtig ist, Dunder ein alkoholfreier Rückstand aus einem früheren Brennvorgang. Er enthält Säuren, aus denen die so genannten Ester entstehen. Sie sind für die Bildung des Rumgeschmacks ausschlaggebend. Die Mischung aus Melasse, Wasser, Skimming und Dunder ergibt die Maische, die zum Gären in riesige, bis zu 80 000 Liter fassende Bottiche aus Holz, Metall oder Beton geleitet wird. Die Gärung beginnt, nachdem der Maische entsprechende Fermente, also Hefe- und Bakterienkulturen, zugesetzt worden sind. Sie spalten den Zucker in Alkohol und Kohlendioxid. Letzteres verfliegt, und nach rund zehn Tagen, je nach Außentemperatur, ist die stürmisch verlaufende Gärung beendet. Einige Tage später kann die Destillation beginnen. Dazu werden zwei verschiedene Destilliergeräte benutzt.

Auch die Ableitung vom lateinischen »Saccharum« könnte als Ursprung für das Wort Rum gelten, das sich ab etwa 1660 einbürgerte.

Für die Erzeugung schwerer Rumsorten, »Heavy Bodied Rums« oder auch »German Flavoured Rum« genannt, verwendet man Blasendestilliergeräte (Pot Still), da sich bei diesen Anlagen die aromastarken Begleitstoffe nur zum Teil abtrennen lassen. Diese Rums haben beim Verlassen der Destillierblase einen Alkoholgehalt zwischen 75 und 80% vol. Die leichteren und mittelschweren Rumsorten destilliert man in viel genauer arbeitenden Destillierkolonnen (»kontinuierliche Destillation«). Da auch die Begleitstoffe unterschiedliche Siedepunkte haben, lassen sich bei diesem Verfahren die unerwünschten Stoffe nahezu exakt abtrennen, und man erhält Rum mit 85 bis 95% vol Alkohol. Nach der Destillation muss der Rum einige Zeit lagern. Er reift in Eichenholzfässern oder Tanks aus rostfreiem Stahl. Die normale Lagerzeit für leichten Rum beträgt drei bis sechs Monate. Manche schweren Sorten bleiben aber auch mehrere Jahre in zum Teil ausgebrannten Fässern. Während dieser Zeit zieht

Nach dem Gärvorgang bilden sich während einer kurzen Ruhezeit so genannte Esterstoffe, die dem Rum seinen Geschmack verleihen.

der Rum Geschmacksstoffe aus dem Holz und nimmt eine gelblich-bräunliche Färbung an. Soll er weiß bleiben, muss er anschließend über Aktivkohle gereinigt werden. Weil dabei Aromastoffe verloren gehen, produziert man inzwischen von vornherein weißen Rum: Er wird in Stahlbehältern gelagert, die so konstruiert sind, dass jederzeit gute Sauerstoffzufuhr gewährleistet ist. Die Farbe des braunen Rums stammt nur zu einem geringen Teil aus dem Holz. Denn auch dieser wird, damit er einen stets gleichen Farbton erhält, nach der Fasslagerung gemischt und mit Zuckercouleur eingefärbt. Die deutschen Bestimmungen unterscheiden drei Rumqualitäten:

Die Mindestlagerzeit für leichten Rum liegt zwischen drei und sechs Monaten, schwerer Rum braucht manchmal Jahre zur Reife.

1. Original Rum: Als Original Rum darf nur ein Erzeugnis bezeichnet werden, das aus dem Ausland eingeführt ist und im Inland keinerlei Veränderungen erfahren hat.

2. Echter Rum: Er ist ein Original Rum, der im Importland auf Trinkstärke herabgesetzt wurde. Sein Mindestalkoholgehalt beträgt 37,5% vol.

3. Rum-Verschnitt: Das ist eine Mischung von Rum mit Alkohol anderer Art, dabei müssen aber wenigstens fünf Prozent des trinkfertigen Rum-Verschnitts aus hochestrigem Original Rum (»German Flavoured Rum«) stammen. Der Mindestalkoholgehalt von Rum-Verschnitt beträgt ebenfalls 37,5% vol.

Eine spezifisch deutsche Rumqualität ist der Rum-Verschnitt, der durch das 1887 erhobene Gesetz für Einfuhrzoll entstand.

Die wichtigsten Herstellerländer

Barbados Die östlichste der Westindischen Inseln ist Barbados. Sie gilt allgemein als Geburtsstätte des Rums, nachdem es hier schon 1640 die erste Destillerie gab. Von den goldfarbenen, aromatischen Barbados-Rums haben »Cockspur« und »Mount Gay« internationales Ansehen erworben.

Guyana Die ehemalige britische Kolonie in Südamerika, heute ein unabhängiger Staat, stellt sehr dunkle, mittelschwere, hochprozentige (meist 151 proof = 75,5% vol) Rums her, die nach dem Fluss Demerara benannt sind.

Jamaika Aus Jamaika kommen traditionell schwere Rums; in den neuen Anlagen werden jedoch auch leichtere Sorten produziert. Auf Jamaika entstanden die verschiedenartigsten Typen. Bekannt sind der aromatische »High Continental« oder der »German Flavoured Rum«.

Kuba Auf Kuba, der größten Antilleninsel, werden leichte, trockene Rumsorten hergestellt. Kuba-Rum hatte früher, besonders in den USA, große Bedeutung. Aufgrund der politischen Situation konnte Kuba seinen Rum in der westlichen Welt jedoch kaum mehr absetzen. Seit 1982 wird der berühmteste Kuba-Rum – »Havana Club« – wieder nach Deutschland importiert. Die weltbekannte Firma Bacardi hatte ihren Sitz früher ebenfalls auf Kuba, stellt aber seit 1960 ihren Rum auf anderen Antilleninseln und in Südamerika her.

Für alle bekannten Rumqualitäten gilt sowohl in Deutschland als auch in der EU ein Mindestalkoholgehalt von 37,5% vol.

Martinique/Guadeloupe Die zu Frankreich gehörenden Inseln wurden von Präsident de Gaulle zu Départements erklärt und sind somit zollpolitisch ein Teil der EU, was sich auf die Einfuhr von Rums aus diesen Ländern sehr günstig auswirkte.

Die Rums dieser Inseln sind sehr aromatisch.

Puerto Rico Seit 1952 ist Puerto Rico ein mit den USA assoziierter Staat und genießt daher innerhalb der USA-Zollgrenzen besondere Vorteile. Fast die gesamte Rumproduktion von Puerto Rico wird heute vom amerikanischen Markt abgenommen.

Da Zuckerrohr nur in tropischen Gebieten gedeihen kann, ist in diesen Ländern natürlich auch die Rumherstellung beheimatet.

Trinidad An der Mündung des Orinoco vor Venezuela liegt die Insel Trinidad, deren Rum, ähnlich wie der von Barbados, von sehr leichter Qualität ist.

Venezuela Venezolanische Rums sind meist weich, aromatisch und goldfarben, auch lange gelagerte Qualitäten werden auf dem Markt angeboten.

Virgin Islands (Jungferninseln) Die beiden ehemals dänischen, östlich von Puerto Rico liegenden Inseln St. Thomas und St. Croix (St. Cruz) wurden im Jahr 1917 von den USA erworben. Beide Inseln beliefern mit ihrem mittelschweren Rum ausschließlich die Vereinigten Staaten.

Die wichtigsten Marken

Aniversario »Ron Añejo Aniversario Pampero« ist ein alter Rum aus Venezuela, der nur in begrenzten Mengen hergestellt und anschließend in kleinen Eichenholzfässern gelagert wird.

Appleton Die J.Wray and Nephew Distilling Ltd., Kingston/Jamaika wurde im Jahr 1825 gegründet und besitzt als ältester und größter Rumproduzent der Insel die modernsten Destillieranlagen der Karibik. Die Firma exportiert heute in über 60 Länder der Welt. In Deutschland werden folgende Rummarken angeboten: »Appleton Special Gold«, ein leichter goldfarbener Jamaika-Rum (38% vol); »Appleton White Classic«, ein trockener, weißer Jamaika-Rum (38% vol); »Appleton Dark«, ein dunkler, lange gereifter Jamaika-Rum (38% vol); »Appleton Estate V/X«, ein lange gereifter Jamaika-Rum (40% vol); »Appleton 12 Years Old«, ein zwölf Jahre gelagerter Jamaika-Rum mit vollem, weichem Geschmack (43% vol) sowie »Wrap & Nephew White Over-

Rum, der einst rauhe Trank der Freibeuter, ist heute mild und aromatisch und ein wichtiges Element im Sortiment jeder Bar.

proof Rum«, der einen Alkoholgehalt von 62,8 % vol aufweist. Dieser hochprozentige weiße Rum ist eine absolute Rarität auf dem deutschen Markt.

Bacardi In Santiago auf Kuba entstand 1862 die Firma Bacardi. Ihr Gründer, der Weinhändler Facundo Bacardi, war 1830 aus Spanien in den karibischen Raum gekommen. Seine Nachfahren leiten in bis heute ununterbrochener Folge das Unternehmen als Eigentümer. Als Fidel Castro 1960 die kubanischen Bacardi-Brennereien verstaatlichte, wurde die Bacardi-Produktion in verschiedene andere Länder der Karibik ausgelagert. Facundo Bacardi war der Erste, der Rum von hohem Reinheitsgrad destillierte. Sein Qualitätsprodukt wurde sehr schnell über Mittelamerika hinaus bekannt. Heute stellt Bacardi mit 250 Millionen verkauften Flaschen pro Jahr weltweit die Nummer eins unter den Spirituosen dar. Die Standardmarke ist der »Bacardi Light Dry«, ein weißer Rum, der durch spezifische Destillationsverfahren sein charakteristisches feines und weiches Aroma

Um die Kontinuität der Destillate zu gewährleisten, wird für den Bacardi-Rum seit 1862 stets die gleiche Hefekultur verwendet.

erhält. Immer beliebter wird der »Bacardi Gold«. Er reift in Eichenholzfässern, deren Innenwände durch eine Feuerbehandlung eine feine Holzkohleschicht überzieht. Der 1987 in Deutschland eingeführte »Bacardi Premium Black« ist ein aromatischer, vollmundiger und dennoch milder Rum. Er reift in ausgebrannten Fässern aus weißer Eiche, und eine langsame Holzkohlefiltrierung bewirkt sein mildes Aroma. Der Alkoholgehalt der genannten drei Sorten beträgt 37,5% vol. Der seit einigen Jahren angebotene »Bacardi Gold Reserve« (40% vol) ist ein hochwertiger, amberfarbener Rum, für dessen Herstellung nur die besten Destillate des Hauses verwendet werden. »Facundo«-Ron Superior de Bacardi« (40% vol) ist ein Meisterwerk unter den Rummarken des Hauses. Er wird nach alten Rezepten und der Original-Destilliermethode von 1862 hergestellt. Als neueste Kreation wurde »Bacardi Limón« (32% vol) vorgestellt, ein mit Zitronenauszügen aromatisierter Bacardi-Rum.

Auf den internationalen Märkten bietet Barcadi auch braunen Rum mit 75,5% vol und als Neueinführung einen acht Jahre alten Rum an.

Cacique »Caciques« nannten die Ureinwohner Venezuelas ihre Häuptlinge. Von ihnen hat der goldfarbene Rum der Firma Licorerías Unidas S.A. in La Miel seinen Namen. »Cacique« ist seit langem der beliebteste Rum Venezuelas und eine der größten Rummarken überhaupt.

Captain Morgan »Captain Morgan Jamaica Rum« ist ein hochwertiger, lange in Holzfässern gelagerter Rum. »Captain Morgan« wird in zwei Alkoholstärken angeboten: Der 73-prozentige »Captain Morgan«, ein sehr reiner und aromatischer Rum in Originalstärke, darf als Original Rum verkauft werden. Der 42-prozentige »Captain Morgan« wird aus dem 73-prozentigen durch Herabsetzen des Alkoholgehalts auf Trinkstärke hergestellt. Er wird als Echter Rum auf dem Markt gehandelt.

»Captain Morgan« erhielt seinen Namen von Henry Morgan, einem im 17. Jahrhundert berüchtigten Seeräuber der Karibik.

Cockspur Seit 1884 wird Cockspur-Rum von der Hanschell Inniss Ltd. auf der Antilleninsel Barbados produziert. Als Firmenemblem dient in Anlehnung an den Namen ein vielfarbiger Hahn, der jedes Etikett ziert. Von den zahlreichen Cockspur-Sorten wird der goldfarbene Cockspur »Five Star« Fine Rum als Originalabfüllung mit einem Alkoholgehalt von 40% vol nach Deutschland exportiert.

Coruba »Coruba Rum« wird seit 1889 von der Rum Company Ltd. in Kingston/Jamaika hergestellt.

»Coruba Original Jamaica Rum« trägt zu Recht auf dem Etikett N.P.U. (= Non Plus Ultra), denn er zählt zu den besten Qualitäten. In Deutschland ist »Coruba Rum« als Original Jamaica Rum (74% vol) und als Echter Jamaica Rum (40% vol), der weiße »Coruba Rum Carta Blanca« (40% vol) sowie »Coruba Rum 12 Years Old« – die edelste Rumsorte des Hauses (40% vol) erhältlich.

Havana Club Kuba verdankt seinen Rang als Rumproduzent der Französischen Revolution. Das Kuba benachbarte Haiti war unter der französischen Kolonialherrschaft zum größten Zuckerproduzenten der Welt geworden. Als 1791 dort ein Aufstand ausbrach, kam die Zuckerproduktion fast zum Erliegen. Diese Marktlücke nutzten die kubanischen Pflanzer. Mit Hilfe der spanischen Krone vervielfachten sie in wenigen Jahren die Zuckerproduktion Kubas. Mehr Zucker bedeutete aber auch mehr Rum. Es wurden immer mehr Zuckermühlen und Rumdestillerien gebaut. 1848 gab es bereits in Havanna, Matanzas und Cárdenas Anlagen, die mit den besten Brennereien in den USA konkurrieren konnten. In diesen Jahren entstand der leichte, trockene, weiße kubanische Rum – und die Marke »Havana Club«. Diesen Rum gibt es seit 1878 mit dem Markenzeichen der La Giraldilla, einer weiblichen Statue, die am Hafen von Havanna steht. Hergestellt wird »Havana Club« in der größten Rumbrennerei der Welt in Santa Cruz/La Habana. Aufgrund der Wirtschaftssanktionen gegen Kuba gab es knapp 20 Jahre lang kaum kubanischen Rum in der westlichen Welt. Doch seit 1982 wird der drei Jahre in Eichenholzfässern gereifte »Havana Club« wieder in Deutschland angeboten. Dieser helle, klare Kuba-Rum mit seinem leicht grünlichen Schimmer und dem trockenen, aromatischen Geschmack ist weltweit einzigartig. Das Angebot wurde 1988 um die

Ob weiß, golden oder braun, die »Havana Club Rums« sind die Repräsentanten der großen kubanischen Rumtradition.

sieben Jahre gelagerte Qualität erweitert. Seit einigen Jahren vervollständigen die Marken »Old Gold Dry«-5 Years Old und »Silver Dry« das Sortiment. »Silver Dry« hat 37,5% vol, alle anderen haben einen Alkoholgehalt von 40% vol. »Havana Club« wird auf Kuba in Flaschen gefüllt und ist nach deutschem Gesetz ein Original Rum.

Lamb's Rum Die Geschichte der Alfred Lamb's International Company begann 1849, als der Firmengründer Lamb anfing, in London mit Spirituosen zu handeln. Heute steht der Name Lamb für ein weltweites Rumgeschäft als autonomes Unternehmen innerhalb des britischen Getränkekonzerns Allied Domecq. Die angebotenen Marken heißen: »Lamb's Navy Rum« in der Flasche oder im Steinkrug, eine klassische dunkle Sorte, »Alfred Lamb's Reserve« – 8 Years Old, eine weiche, milde Spezialität, sowie die bekannte Hauptmarke »Lamb's Pale Gold«.

Rum wird insbesondere auf den Inseln der Antillen, dem amerikanischen Festland sowie auf einigen afrikanischen Inseln erzeugt.

Lemon Hart Eine der bekanntesten Rummarken ist der »Lemon Hart Golden Jamaica Rum«. Die

Firma United Rum Merchants Ltd./London bietet in Deutschland zwei Sorten an: »Lemon Hart Golden Jamaica Rum« (73% vol) ist ein Original Rum, der unverändert auf den Markt kommt. »Lemon Hart Golden Jamaica Rum« wurde mit 42% vol Alkohol-gehalt auf Trinkstärke herabgesetzt.

Mount Gay Die Mount-Gay-Destillerie auf Barba-dos/Westindien wurde bereits 1663 erstmals er-wähnt – damit handelt es sich um die älteste bekannte Rumdestillerie der Insel. Für die neuere Geschichte wird das Gründungsjahr mit 1809 angegeben. Von den bekannten Mount-Gay-Rum-Sorten wird die populärste, der goldfarbene, aromatische »Eclipse« mit 40% vol Alkohol nach Deutschland exportiert.

Die Destillerie Mount Gay besitzt eine eigene Quelle, deren Wasser die Fermentation und den Geschmack des Rums beeinflusst.

Myers's Rum In Kingston/Jamaika wird der tief-dunkle, weiche und sehr aromatische »Myers's Rum Planter's Punch Brand« (Alkoholgehalt 40% vol) hergestellt. Produzent ist die im Jahr 1879 gegrün-dete Firma Fred L. Myers & Sons, die sich heute im Besitz des Spirituosenmultis Seagram befindet.

Old Oak »Old Oak Golden Trinidad Rum« (43% vol) wird in einer der modernsten Brennereien der Karibik hergestellt. Zu Weltruhm gelangte die Destillerie durch die Produktion des in jeder Bar unentbehrlichen »Angostura Aromatic«-Bitters.

Pusser's Rum Dieser Rum besitzt eine lange Tradition. Er wird heute noch aus den Rumsorten – sie kommen aus Barbados, Guyana, Trinidad und von den Virgin Islands – hergestellt, die schon die Royal Navy für ihren berühmten »Pusser's Rum« verwendete. 315 Jahre lang tranken die britischen Matrosen ihre regelmäßige Ration dieser Marke. 1655 bei der Marine eingeführt, gab es ab 1731 »Pusser's Rum« auf allen Navy-Schiffen. Die Ration von zwei Gills (= 1/2 Pint = 0,284 l) purer Rum pro Tag wurde in zwei Portionen ausgegeben. Erst am 1. August 1970 schaffte man diese alte Sitte ab und teilte den letzten Schluck »Pusser's Rum« an Bord der königlichen Schiffe aus. Der Name »Pusser's« ist eine Verballhornung des Wortes »Purser« (= Zahlmeister):

Als Alternative zum wenig haltbaren Bier wurde »Pusser's Rum« von den Matrosen der Royal Navy besonders hoch geschätzt.

Jahrhundertelang nannten die Seeleute der britischen Marine ihren Zahlmeister »Pusser«, und alles, was er verteilte, wurde »Pusser's« genannt. »Pusser's Rum« hat einen vollen, reichen Geschmack, der ihn von anderen bekannten Rumsorten deutlich unterscheidet. Er wird mit 48% vol (95,5 Proof) in der klassischen Alkoholstärke angeboten.

Ronrico Das Unternehmen Ronrico geht zurück auf eine Vereinigung, die 1855 gegründet wurde und fünf Jahre später in der Puerto Rico Rum Distilling Company aufging. Daraus wurde 1906 die heutige Ronrico Rum Company mit Sitz in Arecibo. Ronrico-Rum wurde 1935 erstmals in den USA vorgestellt. Heute verfügt Ronrico über eine der sechs Destillier-Lizenzen auf Puerto Rico und ein Lager mit rund 100 000 Fässern Rum (ungefähr fünf Millionen Gallonen, das sind fast 20 Millionen Liter). Ronrico ist die Nummer zwei auf dem US-Markt: Die hergestellten Sorten heißen »Ronrico White«, »Ronrico Gold« und »Ronrico Purple«.

Während der Prohibition durfte Ronrico als einzige Destillerie die Geschäfte weiterführen und Industriealkohol herstellen.

Cuba Libre

4–6 cl weißer Rum
kaltes Cola
Limette

für heiße Tage und lange Nächte

In ein Longdrinkglas auf Eiswürfel geben. Ein Limettenachtel dazugeben.

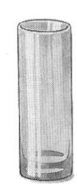

American Grog

4 cl brauner Rum
I Teelöffel Zucker
2 cl Zitronensaft
einige Nelken
Zimtstange
Zitrone

Grog – einmal anders

Stielglas mit heißem Wasser erwärmen. Rum, Zucker und Zitronensaft in das Glas geben, mit heißem Wasser aufgießen. Mit Nelken gespickte Zitronenscheibe und Zimtstange dazugeben.

Planter's Punch

3 cl weißer Rum
3 cl brauner Rum
5 cl Orangensaft
5 cl Ananassaft
I cl Zitronensaft
I cl Grenadine
Ananas, Cocktail-
kirsche

der Rum-Punch-Klassiker

Im *Shaker* mit Eiswürfeln schütteln, in Longdrinkglas auf Eiswürfel abgießen. Ananasstück mit Cocktailkirsche an den Glasrand stecken.

Scorpion

stark und bissig – eben Scorpion

Im *Shaker* mit Eiswürfeln schütteln, in

Longdrinkglas auf Eiswürfel abgießen.

6 cl weißer Rum
3 cl Cognac
2 cl Mandelsirup
4 cl Zitronensaft
6 cl Orangensaft

Strawberry Daiquiri

Daiquiri-Variante für die Happy-Hour

Im *Elektromixer* durchmixen, so viel

crushed ice dazugeben, dass ein sämi-

ger Drink entsteht. Nochmals mixen,

in eine Cocktailschale abgießen. Erd-

beere an den Glasrand stecken.

5 cl weißer Rum
3 cl Limettensaft
2 cl Zuckersirup
**(oder I cl Zucker-
sirup und I cl
Erdbeersirup)**
**3–5 mittelgroße
Erdbeeren**

Banana Daiquiri

Daiquiri-Variante für die Happy-Hour

Im *Elektromixer* durchmixen, so viel

crushed ice dazugeben, dass ein sämi-

ger Drink entsteht. Nochmals mixen,

in eine Cocktailschale abgießen.

5 cl weißer Rum
3 cl Limettensaft
2 cl Zuckersirup
**(oder I cl Zucker-
sirup und I cl
Bananensirup)**
I/3 Banane

Frozen Daiquiri

5 cl weißer Rum
3 cl Limettensaft
2 cl Zuckersirup

eiskalte Daiquiri-Variante

Im *Elektromixer* mit viel crushed ice mixen, in Cocktailschale abgießen.

Mai Tai

6 cl alter brauner Rum
2 cl Cointreau oder Curaçao Triple Sec
2 cl Limettensaft
1 cl Zuckersirup
1 cl Mandelsirup
1 Limette
Ananas, Cocktailkirsche, Minze

hoch aromatischer Rum-Klassiker

Im *Shaker* mit Eiswürfeln schütteln. Im Tumbler eine geviertelte Limette mit Holzstößel ausdrücken und crushed ice dazugeben. Die Mischung dazugießen und umrühren. Mit Ananasstück, Cocktailkirsche und Minzezweig garnieren.

Siboney

4 cl brauner Rum
2 cl Zitronen-,
2 cl Ananassaft
2 cl Marajucanektar

fruchtiger Happy-Hour-Drink

Im *Shaker* mit Eiswürfeln schütteln und in eine Cocktailschale abgießen.

El Presidente

ein El Presidente zur Happy-Hour

Im *Rührglas* mit Eiswürfeln verrühren.

In vorgekühltes Cocktailglas abgießen.

4 cl weißer Rum
1 cl Curaçao Triple Sec
1 cl Vermouth Dry
1 cl Grenadine
1 cl Limettensaft

Mojito

Kuba-Klassiker für heiße Tage

In großem Becherglas Zucker und Sodawasser verrühren. Limettenstücke dazugeben, mit Holzstößel ausdrücken. Minzezweige dazugeben, Stiele mit Holzstößel zerdrücken. Crushed ice in Glas füllen, Rum und Sodawasser dazugießen. Mit Barlöffel verrühren.

6 cl weißer Rum
1/2–1 Limette
1 Barlöffel feiner weißer Rohrzucker oder Puderzucker
Sodawasser
Minzezweige

Bacardi Cocktail

Bacardi-Klassiker für die Happy-Hour

Im *Rührglas* mit Eiswürfeln verrühren.

In vorgekühltes Cocktailglas abgießen.

5 cl Bacardi Light Dry
2 cl Limetten- oder Zitronensaft
1 cl Grenadine

Daiquiri

5 cl weißer Rum
3 cl Limettensaft
2 cl Zuckersirup
Limette

süß-saurer Rumdrink aus Kuba

Im *Shaker* mit Eiswürfeln schütteln, in eine Cocktailschale abgießen. Limettenscheibe dazugeben.

Tortuga

4 cl Jamaica Rum
73% vol.
4 cl Vermouth
Rosso
I cl Cointreau
I cl Crème de
Cacao weiß
I cl Grenadine
4 cl Orangen-,
2 cl Limetten-,
2 cl Zitronensaft
Orange, Cocktail-
kirsche, Minze

alkoholstarker Gute-Nacht-Drink

Im *Shaker* mit Eiswürfeln schütteln, in Longdrinkglas auf Eiswürfel abgießen. Mit Orangenscheibe, Cocktailkirsche und Minze garnieren.

Mariner's Grog

4 cl weißer Rum
4 cl brauner Rum
4 cl Zitronensaft
4 cl Limettensaft
4 cl Orangensaft
4 cl Grenadine
Orange, Cocktail-
kirsche

kräftiger Rumdrink für den Abend

Im *Shaker* mit Eiswürfeln schütteln, in Longdrinkglas auf crushed ice abgießen. Mit Orangenscheibe und Cocktailkirsche garnieren.

Pineapple Fizz

erfrischender Nachmittagsdrink

Im *Shaker* mit Eiswürfeln schütteln, in ein großes Becherglas abgießen. Mit Sodawasser aufspritzen.

5 cl weißer Rum
2 cl Zitronensaft
1 cl Zuckersirup
6 cl Ananassaft
kaltes Sodawasser

Blue Hawaiian

mild-aromatischer Sommerdrink

Im *Shaker* mit Eiswürfeln schütteln, in ein großes Becherglas auf Eiswürfel abgießen. Ananasstück mit Cocktailkirsche an den Glasrand stecken.

4 cl weißer Rum
2 cl Curaçao Blue
8 cl Ananassaft
2 cl Cream of Coconut
Ananas, Cocktailkirschen

Tallyman's Drink

aromatischer Happy-Hour-Drink

Im *Shaker* mit Eiswürfeln schütteln, in Tumbler auf Eiswürfel abgießen. Spieß mit Bananenscheiben und Cocktailkirschen dazugeben.

4 cl brauner Rum
2 cl Crème de Banane
2 cl Zitronensaft
4 cl Orangensaft
Banane, Cocktailkirschen

Pharisäer

4 cl brauner Rum
1 Tasse heißer Kaffee
1 Barlöffel Zucker
leicht geschlagene Sahne

Rum in guter Tarnung

In erwärmtes Stielglas Rum, Zucker, Kaffee eingießen. Sahne darauf setzen.

Piña Colada

6 cl weißer Rum
10 cl Ananassaft
2 cl Sahne
2–4 cl Cream of Coconut
Ananas, Cocktailkirsche

Karibik-Klassiker mit Kokosnuss

Im *Elektromixer* mit crushed ice mixen. In Longdrinkglas auf crushed ice abgießen. Ananasstück mit Cocktailkirsche an den Glasrand stecken.

Caipirissima

1–2 Limetten
1–2 cl Rohrzuckersirup oder 1–2 Barlöffel weißer oder brauner Rohrzucker
6 cl Bacardi Limón

Caipirinha-Variante für den Nachmittag

In großen Tumbler Limettenviertel geben, mit Holzstößel ausdrücken. Zucker und Bacardi Limón dazugeben und umrühren. Etwas crushed ice dazugeben, nochmals umrühren.

Blue Hawaii

Damendrink zur Cocktailstunde

Im *Shaker* mit Eiswürfeln schütteln und in eine Cocktailschale abgießen.

2 cl weißer Rum
2 cl Cointreau
2 cl Curaçao Blue
4–6 cl Sahne

Banana Royal

fruchtiger Kokosdrink

Im *Elektromixer* mit crushed ice mixen. In Longdrinkglas auf crushed ice abgießen. Spieß mit Bananenscheiben, Cocktailkirschen über Glasrand legen.

6 cl brauner Rum
8 cl Ananassaft
2 cl Sahne
2–4 cl Cream of Coconut
1/3 Banane
Cocktailkirschen

Golden Gate Sling

spritziger Longdrink für die Party

Im *Shaker* mit Eiswürfeln schütteln, in Longdrinkglas auf Eiswürfel abgießen. Mit Bitter Lemon auffüllen. Zitronenscheibe mit Cocktailkirsche an den Glasrand stecken.

3 cl brauner Rum
3 cl Curaçao Triple Sec
3 cl Zitronensaft
1 cl Grenadine
kaltes Bitter Lemon
Zitrone, Cocktailkirsche

Rum Alexander

4 cl brauner Rum
2 cl Crème de Cacao braun
4 cl Sahne
Muskatnuss

aromatischer Digestif

Im *Shaker* mit Eiswürfeln schütteln, in Cocktailschale abgießen. Fein geriebene Muskatnuss darüber streuen.

Pink Elephant

4 cl brauner Rum
2 cl Crème de Banane
6 cl Grapefruit-, 1 cl Zitronensaft
6 cl Maracuja-nektar
1 cl Grenadine
Orange, Cocktail-kirsche

fruchtiger Partydrink

Im *Shaker* mit Eiswürfeln schütteln, in Longdrinkglas auf Eiswürfel abgießen. Mit Orangenscheibe und Cocktailkirsche garnieren.

Mangostino

5 cl brauner Rum
2 cl Cherry Liqueur
10 cl Ananas-, 2 cl Zitronensaft
1 cl Grenadine
Karambole, Kap-stachelbeere

fruchtiger Partydrink

Im *Shaker* mit Eiswürfeln schütteln, in Longdrinkglas auf Eiswürfel abgießen. Mit Karambolescheibe und Kapstachelbeere garnieren.

Strawberry Colada

aromatische Piña-Colada-Variante

Im *Elektromixer* mit crushed ice mixen. In Longdrinkglas auf crushed ice abgießen. Erdbeere an Glasrand stecken.

6 cl weißer Rum
10 cl Ananassaft
2 cl Zitronensaft
1 cl Erdbeersirup
2 cl Cream of Coconut
3–5 Erdbeeren

Bahama Mama

fruchtiger Partydrink

Im *Shaker* mit Eiswürfeln schütteln, in Longdrinkglas auf Eiswürfel abgießen. Mit Karambolescheibe und Cocktailkirsche garnieren.

2 cl brauner Rum
1 cl brauner Rum 73% vol
2 cl Malibu Coconut Liqueur
1 cl Kahlúa Coffee Liqueur
12 cl Ananas-, 2 cl Zitronensaft
Karambole, Cocktailkirsche

Pusser's Painkiller

Rumdrink für die Cocktail-Hour

Im *Shaker* mit Eiswürfeln schütteln, in Tumbler auf Eiswürfel abgießen. Mit halber Orangen- und Zitronenscheibe und Minzezweig garnieren.

4 cl Pusser's Rum 48% vol
2 cl Kokossirup
4 cl Ananassaft
2 cl Orangensaft
Orange, Zitrone
Minze

Orangenpunch

4 cl brauner Rum
2 cl Cointreau
4 cl Zimtsirup
6 cl Orangensaft
I Tasse heißer Tee
einige Nelken
Orange

ein heißer Drink vom Feinsten

Stielglas mit heißem Wasser erwärmen. Zutaten erhitzen, in das Glas geben, mit Tee aufgießen. Mit Nelken gespickte Orangenscheibe dazugeben.

Zombie

4 cl brauner,
4 cl weißer Rum
2 cl Rum 73% vol.
2 cl Curaçao
Triple Sec
4 cl Ananas-,
4 cl Orangen-,
2 cl Zitronensaft
I cl Grenadine,
I cl Maracuja-
sirup
Ananas,
Cocktailkirsche

stärkster Rumdrink – Vorsicht!

Im *Shaker* mit Eiswürfeln schütteln, in Longdrinkglas auf Eiswürfel abgießen. Ananas mit Kirsche an Glas stecken.

Cubanito

5 cl weißer Rum
I cl Zitronensaft
Pfeffer, Sellerie-
salz
2 Spritzer Tabasco
3 Spritzer Worce-
stershiresauce
I2 cl Tomatensaft
Zitrone

Variante des Katerkillers Bloody Mary

In großes Becherglas Eiswürfel, die Gewürze und Rum geben. Mit Tomatensaft aufgießen und umrühren. Zitronenscheibe an den Glasrand stecken.

Island Queen

milder Rumdrink für Sommertage

Im *Shaker* mit Eiswürfeln schütteln, in Longdrinkglas auf Eiswürfel abgießen. Mit Karambolescheibe und Erdbeere garnieren.

4 cl brauner Rum

2 cl Crème de Banane

6 cl Orangen-, I cl Zitronensaft

6 cl Maracujanektar

I cl Erdbeersirup

Karambole, Erdbeere

Pink Daiquiri

süß-sauer zur Cocktail-Hour

Im *Shaker* mit Eiswürfeln schütteln, in eine Cocktailschale abgießen. Limettenscheibe dazugeben.

5 cl weißer Rum

3 cl Limettensaft

I–2 cl Zuckersirup

einige Tropfen Grenadine

Limette

Hot Chocolate

für den Nachmittag oder für kalte Tage

Stielglas mit heißem Wasser erwärmen. Rum und heiße Schokolade in das Glas geben, Sahne als Haube darauf setzen. Mit Schokoladenraspeln bestreuen.

4 cl brauner Rum

I Tasse heiße Schokolade

leicht geschlagene Sahne

Schokoladenraspel

*S*ekt ist die in Deutschland übliche Bezeichnung für Schaumwein, und nirgendwo auf der Welt wird so viel davon getrunken wie bei uns. Die Deutschen sind Schaumweinweltmeister – eine Position, die weder Wirtschaftskrisen noch die hohe Sektsteuer bisher ernsthaft erschüttern konnte. Rund fünf Liter trinken die Deutschen pro Kopf und Jahr. Wo und wann der erste Schaumwein im Glas perlte, ist nicht sicher auszumachen; aber alle Zeugnisse deuten auf Südfrankreich als Entstehungsort, wo 1544 der »Blanquette de Limoux« erwähnt wird. Er gilt als erster französischer Schaumwein. Gut hundert Jahre später wurde dann der Champagner »entdeckt«, dessen Herstellung sich im 19. Jahrhundert zu einem blühenden Wirtschaftszweig entwickelte. Die erste deutsche Sektkellerei gründete am 1. Juli 1826 der in Frankreich ausgebildete Georg Christian Kessler. Um die Entstehung des Wortes »Sekt« ranken sich zahlreiche Legenden. Gesichert ist jedoch, dass die Bezeichnung ihren Ursprung im spanischen »vino seco« (= trockener Wein) hat. Ende des 19. Jahrhunderts hatte sich der Begriff Sekt für schäumenden Wein in Deutschland durchgesetzt. Ganz genau müssen nur die Juristen sein, denn Sekt ist zwar rechtlich gesehen immer Schaumwein, aber nicht jeder Schaumwein ist zugleich Sekt. Unter Schaumwein versteht man, wie der Name schon sagt, ein schäumendes Weinerzeugnis. Seine Qualität hängt ab von der Güte des Rohstoffs, also dem Wein oder den Trauben. Aus minderwertigen Grundweinen lässt sich trotz aller technischer Finessen kein guter Sekt herstellen. Nicht jede Rebsorte eignet sich zur Sektproduktion. Für einen guten Sekt braucht man Trauben mit viel Säure.

Obwohl das Wort Sekt schon im 19. Jahrhundert für Schaumwein gebräuchlich war, wurde es erst 1925 gesetzlich verankert.

Deutscher Riesling liefert die besten Grundweine, er verfügt über alle Eigenschaften (Säure, Rasse, Eleganz), die einen Spitzensekt garantieren. Aber deutscher Riesling ist rar und teuer, weshalb sich die Sektproduzenten nach ausländischen Quellen umsahen. Frankreich und vor allem Italien wurden die billigen Zulieferer. Schaumwein kann in unterschiedlichen Verfahren hergestellt werden: Das klassische Schaumweinverfahren ist die Produktion durch

Zur Einleitung der zweiten Gärung erhalten die Weine die »Fülldosage« – in Wein gelöster Kristallzucker und Reinhefe.

zweite Gärung. Dem vergorenen Grundwein wird dabei Fülldosage aus Hefe und Traubenmost zugesetzt. In der geschlossenen Flasche oder im Drucktank lösen die Hefepilze dann die zweite Gärung aus, wobei der zugefügte Zucker in Kohlendioxid und Alkohol aufgespalten wird. Ist die Gärung beendet und die Lagerung abgeschlossen, entfernt man durch Filtern oder Degorgieren Hefe und Trübstoffe. Nach Zugabe der Versanddosage, die den Geschmack bestimmt, ist der Sekt fertig. Dabei sind drei verschiedene Methoden zur Durchführung der zweiten Gärung gebräuchlich: Es gibt die klassische Flaschengärung (Rüttelmethode), die Flaschengärung mit Filterenthefung, die auch Transvasiertechnik genannt wird, und die Großraum- oder Tankgärung. Nur noch wenige Sektkellereien halten bis heute an der traditionellen Methode des Rüttelverfahrens fest. Die Filterenthefung ist eine Übergangsform zur Großraumgärung, bei der zweite Gärung und Reifelagerung noch in Flaschen stattfinden, aber in Großbehältern gefiltert wird. Das Großraumgärverfahren, bei dem der komplette Produktionsprozess in druckfesten Großtanks abläuft, stellt die wirtschaftlich wichtigste Methode dar. Allen drei Verfahren gemeinsam ist der erste Produktionsschritt, die Zusammenstellung der Cuvée zum harmonischen Rohstoff. Verschiedene Weine werden verschnitten, um Sektmarken gleichbleibender Qualität – unabhängig vom Erntejahrgang – herstellen zu können. Die Güte der Cuvée bestimmt wesentlich die Qualität des fertigen Produkts. Der Streit zwischen Tra-

Beim Transvasierverfahren reift der Sekt ebenfalls in Flaschen, doch es entfallen der Rüttelprozess und die manuelle Enthefung.

ditionalisten und Neuerern um die klassische Fla-
schen- und die moderne Tankgärung ist bis heute im
Gange, doch erscheint er fast müßig: Die Tankgärung ist in den letzten Jahren entscheidend ver-
vollkommnet worden. Ausschlaggebend sind allein
die Qualität der Grundweine und die Zeit der
Hefelagerung; stimmen beide Faktoren, erhält man
ein gutes Endprodukt – unabhängig davon, ob die
Gärung in der Flasche oder im Tank stattgefunden

**Die »Versanddosage«
gleicht den nach der
zweiten Gärung herben
und trockenen Sekt
unseren Geschmacks-
vorstellungen an.**
hat. Für den Gesetzgeber ist »Schaumwein« der Oberbegriff für alle Erzeugnisse, die durch erste oder zweite Gärung
aus Trauben, Traubenmost, Tafelwein oder
Qualitätswein hergestellt werden und die in
geschlossenen Behältnissen bei 20 °C durch ausschl-
ließlich aus der Gärung stammende Kohlensäure
einen Überdruck von mindestens drei Atmosphären
aufweisen. Der Unterschied zwischen »Schaumwein« und »Qualitätsschaumwein« wird durch
Alkoholgehalt, Mindestlagerzeit und zulässige
Schwefelmenge bestimmt. Die Cuvée für Qualitäts-

schaumwein muss mindestens zehn Prozent Alkohol enthalten, die schwefelige Säure darf 185 Milligramm je Liter nicht übersteigen und die Herstellungsdauer einschließlich Alterung muss von Beginn der Gärung an mindestens sechs Monate bei Tankgärsekt, neun Monate bei Flaschengärsekt betragen. Deklarierungspflichtig ist der Restzuckergehalt, der die Süße des Schaumweins bestimmt: 0 bis 6 Gramm bedeutet »Extra Herb/ Extra Brut«. Ein »Brut«-Sekt muss weniger als 15 Gramm Restzucker je Liter haben, beim »Extra Dry« liegt der Restzuckergehalt zwischen 12 und 20 Gramm je Liter, bei »Trocken« zwischen 17 und 35 Gramm, beim »Halbtrocken« zwischen 33 und 50 Gramm. Beträgt der Restzuckergehalt mehr als 50 Gramm, ist der Sekt »mild«. Angeboten werden heute »Schaumwein« und »Sekt« (= Qualitätsschaumwein); zu der zweiten Gruppe zählen auch »Sekte bestimmter Anbaugebiete« sowie nicht zuletzt Sekte mit Rebsorten- und Jahrgangsangaben.

Sekt (= Qualitätsschaumwein) kommt erst dann auf den Markt, wenn er eine amtliche Prüfnummer erhalten hat.

Deutscher Sekt – wichtigste Marken

Burgeff Die Sektkellerei Burgeff in Hochheim am Main ist heute im Besitz des Getränkemultis Seagram. 150 Jahre nach ihrer Gründung wurde 1987 die Sektmarke »Burgeff Grün« wieder zum Leben erweckt. Damals wie heute steht der Name »Grün« für die Verwendung junger, frischer Weine.

»Cantor« wird aus ausgesuchten, bukettreichen Weinen bereitet, denen nach dem Reifelager im Vakuum der Alkohol entzogen wird.

Cantor 1989 erweckte das Haus Henkell & Söhnlein den Namen der 1880 gegründeten Sektkellerei wieder zu neuem Leben. Der heutige »Cantor« ist jedoch alkoholfrei.

Carstens SC 1958 wurde »Carstens SC« regional eingeführt und seit 1962 auch in ganz Deutschland vertrieben. 1976 erfolgte die Neupositionierung als Jahrgangssekt. »Carstens SC« wird unter dem Patronat von Henkell & Söhnlein hergestellt.

Chandon Unter diesem Namen stellt das Haus Moët & Chandon seit vielen Jahren und in mehreren Ländern außerhalb Frankreichs Sekt her. In Deutschland wurde »M. Chandon« ab 1967 angeboten, 1992 erfolgte die Umbenennung in »Chandon«. Es gibt ihn »Dry« und »Extra Dry«.

Deinhard Die Sekt-Geschichte des Weinhauses Deinhard beginnt 1833, als man den ersten Großversuch zur Herstellung »Rheinischen Champagners« unternahm. Der »Sparkling Moselle No 1« erfreute sich vor allem bei den Engländern großer Beliebtheit. 1888 kam die Marke »Deinhard Cabinet« auf den Markt – sie gibt es noch heute. Im Jahr 1910 wurde die Spitzenmarke »Deinhard Lila« kreiert.

Mit der Übernahme durch das Unternehmen Henkell & Söhnlein endete 1997 die Eigenständigkeit der Sekte aus dem Hause Deinhard.

Fürst von Metternich Am 1. Juli 1816 übernahm der Haus-, Hof- und Staatskanzler Clemens Wenzeslaus Fürst von Metternich-Winneburg den Besitz Schloss Johannisberg als Geschenk von Kaiser Franz I. von Österreich. Die damalige firmeninterne Anordnung aus dem Jahr 1847, Wein nur noch aus Riesling-Reben zu gewinnen, ist auf Metternichs Aktivitäten zurückzuführen. Er legte den Grundstein für den unverwechselbaren Charakter der Rheingauer Werke und zugleich für den Sekt »Fürst von Metternich«. Die Abfüllung »Fürst von Metternich Trocken Bereich Johannisberg« ist ein Sekt mit Herkunftsbezeichnung, d. h., dass mindestens 75 Prozent der verwendeten Weine aus dem Bereich Johannisberg im Rheingau stammen. Das Gleiche gilt für den »Extra Trocken« und den »Fürst von Metternich Brut Jahrgang«, der auch heute noch nach der Methode der klassischen Flaschengärung hergestellt wird.

Geldermann Die seit 1925 in Breisach ansässige Kellerei geht zurück auf die Gründung des Champagnerhauses Deutz durch die beiden Deutschen William Deutz und Peter Geldermann im Jahre 1838. Die gemeinsame wechselvolle Geschichte der beiden Familien endete 1988, als das Champagnerhaus von Roederer übernommen wurde. Die Privat-Sektkellerei Geldermann bietet eine große Anzahl unterschiedlicher Abfüllungen an, die alle im traditionellen Flaschengärverfahren hergestellt werden und bis heute zu den besten Sektmarken zählen.

Die Geschichte von Deutz und Geldermann endete 150 Jahre nach der Gründung. Seit 1988 sind die Firmen namentlich getrennt.

Henkell Adam Henkell hatte, als er 31-jährig 1832 in Mainz sein Weingeschäft gründete, bereits Lehr- und Wanderjahre in Frankreich hinter sich. Er war mit der »Champagnisierung« des Weines vertraut und entschied sich trotz des unternehmerischen Risikos für das Wagnis der Sektherstellung. Als er 1866 starb, hinterließ er seinem Sohn Rudolf ein Haus mit respektablem Ruf. Der Durchbruch beim Sektgeschäft gelang Otto Henkell mit dem »Henkell Trocken«. Die über ganz Mainz verteilten 50 Keller reichten Anfang des 20. Jahrhunderts bald nicht mehr aus, so dass er 1907 bis 1909 einen repräsentativen Firmensitz in Wiesbaden-Biebrich errichtete. In diesem sind bis heute alle Aktivitäten des Unternehmens zusammengefasst. Der Urenkel des Firmengründers, wiederum ein Otto Henkell, übernahm 1945 mit 22 Jahren die Leitung des Hauses und führte dieses durch die Wirren der Nachkriegszeit zu neuer Blüte. In den 80er Jahren wurde Henkell von der Firma Oetker übernommen und

Henkell zählte im 19. Jahrhundert zu den bedeutendsten Weinexporteuren, wobei das Sektgeschäft noch keine große Rolle spielte.

mit dem Haus Söhnlein vereint. Neben der bekanntesten Sektmarke Deutschlands, dem »Henkell Trocken«, der auch als Rosé und für Diabetiker

Nach der Übernahme von Deinhard 1997 ist Henkell mit seinen Tochterfirmen mit Abstand der größte Sektproduzent der Welt.

geeignet angeboten wird, gibt es die im Flaschengärverfahren hergestellte Spitzenmarke »Adam Brut« in weiß und rosé. Weitere Marken: »Söhnlein Rheingold«, »Söhnlein Brillant«, »Fürst von Metternich«, »Carstens SC«, »Schloß Rheinberg«, »Lutter & Wegner«, »Rüttgers Club«, »Schloß Bieberich«, »Cantor« sowie die »Deinhard«-Marken.

Kessler Georg Christian Kessler, der Gründer der ältesten deutschen Sektkellerei, wurde 1787 in Heilbronn geboren. Nach fast zwanzigjähriger Tätigkeit bei der Witwe Clicquot in Reims begann er 1826 in Esslingen mit der Sektherstellung. Seine Nachfahren leiten nun in fünfter Generation das Unternehmen. Die Qualität der Kessler-Sekte – alle entstehen im Flaschengärverfahren – ist unbestritten. Neben den klassischen weißen und roten Sekten wird aus Riesling der »Jägergrün«, aus Saar-Riesling der »Urherb

Extra Dry« und aus französischen Weinen die klassische Spitzenmarke des Hauses, das »Hochgewächs« hergestellt. Des Weiteren bietet das Unternehmen Riesling-Lagen-Sekte und das »Hochgewächs Ultra Brut« an.

Kupferberg Der 1824 in Mainz geborene Christian Adalbert Kupferberg gründete 1847 seine erste Sektkellerei in Neustadt an der Weinstraße. 1850 folgte die Gründung der C. A. Kupferberg & Cie. in Mainz. Neben dem bekannten »Kupferberg Gold« gibt es einen Rot- und einen Rosé-Sekt sowie den »Riesling Brut« – die seit 1908 angebotene älteste Riesling-Sekt-Marke Deutschlands.

> »Kupferberg Gold«, bereits 1852 eingeführt, ist die große Traditionsmarke, die zu den ältesten, deutschen Sektmarken zählt.

Matheus Müller 1811 erwarb Matheus Müller das heutige Betriebsgelände in Eltville und begann mit der Herstellung von Schaumwein. Seither zieren die Anfangsbuchstaben des Firmengründers die Etiketten. Die bereits um 1890 eingeführte Marke des Hauses, »MM Extra«, gibt es noch heute. Seit 1984 ist MM im Besitz des Multis Seagram.

Mumm Das Unternehmen Godefroy H. von Mumm & Co. in Eltville geht zurück auf die Ende des 18. Jahrhunderts in Frankreich ansässige Weinhändlerfamilie Mumm. Nach Gründung einer Kellerei in Reims 1827, die weltbekannt wurde, und deren Verlust nach dem Ersten Weltkrieg, eröffnete der letzte deutsche Inhaber 1922 in Frankfurt am Main die Firma Mumm & Co. In jahrelangen Prozessen mit den Franzosen, die der deutschen Firma die Verwendung des Namens Mumm verbieten wollten, blieb schließlich Mumm/Eltville Sieger. Einzige Auflage: Mumm Deutschland durfte nur die Farben Schwarz und Weiß bei der Flaschenausstattung verwenden. Mumm/Eltville und Mumm/Reims legten größten Wert darauf, nicht verwechselt zu werden. Das Problem löste sich jedoch dadurch, dass heute beide Unternehmen zum Spirituosenmulti Seagram gehören. Die von Mumm hergestellten Qualitäten heißen: »Dry«, »Extra Dry« und »Brut Jahrgang Cuvée Rheingau-Riesling«.

Die richtige Trinktemperatur liegt für weißen Sekt bei 5 bis 7 °C, für Rosé bei 6 bis 8 °C, für roten Sekt bei 9 bis 11 °C.

Rüttgers Club Die Rheinische Sektkellerei Rüttgers blickt auf eine über hundertjährige Tradition zurück. Die Marke »Rüttgers Club« gibt es seit 1950: Dieser Sekt wird weiß und rot mit der Dosage »Trocken« angeboten und unter dem Patronat des Hauses Henkell & Söhnlein hergestellt.

Söhnlein 1864 beantragte Johann Jacob Söhnlein die Genehmigung zur Gründung der Rheingauer Schaumweinfabrik in Wiesbaden-Schierstein. Mit »Rheingold« war 1865 die erste deutsche Sektmarke geboren. Seither war dem Unternehmen steter Erfolg beschieden – mit Höhen und Tiefen durch die wirtschaftlich oft rauhen Zeiten. 1958 wurde Söhnlein von der Firma Oetker übernommen, und in den 80er Jahren erfolgte der Zusammenschluss mit Henkell. Die angebotenen Marken heißen: »Brillant Trocken Jahrgangssekt« (auch für Diabetiker), »Brillant Halbtrocken Jahrgangssekt Rot« sowie die Spitzenmarke »Rheingold« Extra Trocken, die im traditionellen Flaschengärverfahren hergestellt wird.

Die Bekanntschaft mit Richard Wagner brachte Söhnlein im Jahr 1865 auf die Idee, seinen Sekt »Rheingold« zu nennen.

Sparkling Strawberry

2 cl Erdbeersirup
1 cl Apricot Brandy
2 cl Cognac
4 cl Ananassaft
kalter Sekt
Erdbeere

spritzig-fruchtiger Nachmittagsdrink

Im *Shaker* mit Eiswürfeln schütteln, in Sektkelch abgießen. Mit Sekt auffüllen. Erdbeere an den Glasrand stecken.

Summer Delight

1 cl Cointreau
1 cl Crème de Banane
4 cl Pfirsich-nektar
kalter Sekt
Pfirsich

erfrischender Sommerdrink

Im *Shaker* mit Eiswürfeln schütteln, in Sektkelch abgießen. Mit Sekt auffüllen. Pfirsichstück an den Glasrand stecken.

Caribbean

2 cl weißer Rum
2 cl Crème de Banane
4 cl Bananen-nektar
einige Tropfen Zuckersirup
kalter Sekt
Kiwi, Cocktail-kirsche

spritziger Drink für den Nachmittag

Im *Shaker* mit Eiswürfeln schütteln, in Longdrinkglas auf Eiswürfel abgießen. Mit Sekt auffüllen. Eine Kiwischeibe mit Cocktailkirsche an den Glasrand stecken.

Mimosa

leichter Drink für jede Gelegenheitt

Sekt in Sektkelch geben, den Orangensaft dazugießen. Eine halbe Orangenscheibe dazugeben.

2/3 kalter Sekt
1/3 kalter Orangensaft
Orange

Fiesta Trinidad

aromatischer Partydrink

In einen Sektkelch einen Eiswürfel und die Liköre geben. Mit Sekt auffüllen. Halbe Orangenscheibe dazugeben.

2 cl **Curaçao Triple Sec**
1 cl **Crème de Banane**
kalter Sekt
Orange

Vulcano

gefährlich heiß und stark

Himbeergeist und Curaçao in Cocktailschale geben. Unter Umrühren

anzünden. Mit einer großen Orangenschale abspritzen. Mit Sekt aufgießen und zwei Cocktailkirschen dazugeben.

3 cl **ungekühlter Himbeergeist**
2 cl **Curaçao Blue**
Orange
kalter Sekt
Cocktailkirschen

Spanischer Sekt

Im Herzen Kataloniens, 50 Kilometer südwestlich von Barcelona, liegt die hügelige Landschaft Penedès, das Zentrum der spanischen Sektherstellung. Dort wird seit den 60er Jahren des letzten Jahrhunderts der spanische Schaumwein produziert. Er wird im traditionellen Flaschengärverfahren hergestellt und nennt sich »Cava«. Circa 150 Millionen Flaschen

Bei der Cava-Produktion ist nur die Flaschengärung erlaubt, und die gesamte Herstellung unterliegt strengen Vorschriften.

werden im Penedès jährlich erzeugt, das entspricht 90 Prozent der gesamten Schaumweinproduktion des Landes. Spanien ist nach Frankreich das größte Erzeugerland von Schaumweinen nach der »Méthode Champenoise« und am meisten davon betroffen, dass dieser Begriff nach EU-Recht seit 1994 nicht mehr verwendet werden darf. Die gesetzlichen Bestimmungen für den »Cava« besagen, dass der Wein neun Monate in der Flasche und auf der Hefe verbracht haben muss. Fast alle Cava kommen aus Katalonien und stammen aus den drei traditionellen Traubensorten der Region. Hierbei verleiht die

Macabeo-Traube den Cuvées Fruchtigkeit und Fri-
sche, die Xarel-lo Festigkeit und Säure und die
Parellada Milde, Duftigkeit und Finesse. Seit einigen
Jahren ist die Chardonnaytraube erlaubt, aber auch
Riesling und Gewürztraminer werden angebaut. Die
Cava werden in den Geschmacksrichtungen Extra
Brut (Brut de Brut), Brut Zero, Brut Nature, Brut
und auch Semi Seco (Demi-Sec) angeboten.

Die wichtigsten Marken

Castellblanch Die 1908 in Sadurní d'Anoia
gegründete Castellblanch S.A. befindet sich seit
1984 im Besitz der Freixenet-Gruppe. Die
Kellerei stellt rund zehn Millionen Flaschen jährlich her. Seit 1990 werden in
Deutschland die drei Qualitäten »Cristal
Seco«, »Brut Zero« und »Gran Castell« angeboten,
wobei Letzterer die Spitzenqualität darstellt, die nur
aus außergewöhnlichen Jahrgängen hergestellt wird
und mindestens fünf Jahre auf der Flasche reift.

**Das Penedès bietet dank seines milden Mittel-
meerklimas und seiner Höhenlagen beste Voraussetzungen für den Anbau der Cavasweine.**

Codorníu In Sant Sadurní d'Anoia befindet sich »La Casa Grande«, das »Große Haus« der Codorníu, ein Nationalmonument mit den größten unterirdischen Weinkellereien der Welt. In fünf Stockwerken ziehen sich die Gewölbegänge über eine Gesamtlänge von 25 Kilometer. Hier reifen mehr als 100 Millionen Flaschen Codorníu Cava. 1872 gelang es José Raventos als erstem Spanier, Sekt nach der aufwändigen Champagnermethode herzustellen. Das Haus Codorníu mit seiner bis ins 16. Jahrhundert zurückreichenden Geschichte ist heute der bedeutendsten Cava-Hersteller.

Seit der Hochzeit von Maria Anna Codorníu im Jahre 1659 mit Miguel Raventós heißt die Eigentümerfamilie nun Raventos.

Freixenet Das Unternehmen Freixenet (sprich: Freschenet) ist schon über hundert Jahre alt und besitzt außer im Mutterland Spanien auch in Frankreich, den USA und Mexiko Sekt- und Weinkellereien. Das Produktionsvolumen beträgt rund 100 Millionen Flaschen jährlich. Folgende Marken werden in Deutschland angeboten: »Carta Nevada«/Semi Seco und Seco, »Cordon Negro«/Brut und »Brut Vintage«.

Juvé y Camps Das Haus Juvé y Camps in Sant Sadurní d'Anoia wurde zu Beginn dieses Jahrhunderts von Joan Juvé Baques gegründet. Den Namensteil Camps steuerte seine Frau Teresa Camps Farre bei. Das Unternehmen bewirtschaftet drei Weingüter, darunter auch das Weingut D'Espiells, eines der prominentesten Weingüter des Penedès. Der »Grand Brut« ist die Prestigecuvée des Hauses. Die Topmarke ist der »Reserva de la Familia«/Brut Natural, ein Cava, der ohne Dosage angeboten wird.

Roger Goulart Das zu den kleineren Häusern zählende Unternehmen begann 1882 mit der Schaumweinherstellung und ist einer der hoch angesehenen Cavaproduzenten im Penedès. Die Mindestlagerzeit für Goulart-Cavas beträgt zwei Jahre. Heute beträgt die Jahresproduktion rund 500 000 Flaschen, das Lager umfasst etwa zwei Millionen Flaschen. In Deutschland bietet Roger Goulart den »Reserva Brut«, den »Brut Extra« mit Jahrgang und die »Grande Cuvée«/Brut de Bruts mit Jahrgang an.

Bei Roger Goulart erbringt der hohe Xarel-lo-Anteil bei den Cavas mit langer Hefelagerung Körperreichtum und Beständigkeit.

Italienischer Sekt

Auch in Italien erfreut sich Sekt, der dort Spumante genannt wird, großer Beliebtheit. Rund 185 Millionen Flaschen werden jährlich getrunken. Über die
Hälfte davon entfällt auf den süßen Asti Spumante
aus der im Piemont heimischen Moscato-Traube. Im
Unterschied zum Sekt stammt die Süße des Asti
vom Most. Dieser wird in Drucktanks gefüllt und
gärt nur einmal – aus dem Most entsteht nicht erst
Wein, sondern sofort Schaumwein. Daneben gibt es
aber auch eine große Zahl trockener Weine, aus
denen Sekt hergestellt wird. Sie stammen zumeist
aus Trauben der Pinot-Familie, die in den Anbauge-
bieten des Nordens, in den Regionen Piemont, Lom-
bardei, Trentino und Veneto gelesen werden. Rund
90 Prozent dieser Spumante entstehen
durch Tankgärung, die besten jedoch im
Flaschengärungsverfahren. Dies ist meist
durch Angaben wie »Metodo Champe-
nois« oder »Méthode Champenoise« auf den Etiketten vermerkt. Da seit 1994 das neue EU-Recht

**Den süßen Asti
Spumante aus dem
Piemont trinkt man
sehr kühl, mit etwa
5 bis 8 °C aus breiten
Gläsern oder Schalen.**

diese Bezeichnung verbietet, wurde sie durch »Metodo Classico« ersetzt. Relativ unbekannt war bis in die späten 80er Jahre der Prosecco. Die weiße Proseccotraube wird vor allem nördlich von Venedig angebaut. Nur den Weinen aus dem Weinbaugebiet um Conegliano und Valdobbiadene steht die Ursprungsbezeichnung D.O.C. zu. Der Perlwein Prosecco Frizzante weist eine kürzere Gärzeit und dadurch weniger Kohlensäure auf.

Rund 90 Prozent der Proseccoweine werden im Tankgärverfahren zu Spumante (Schaumwein) oder Frizzante (Perlwein) verarbeitet.

Die wichtigsten Marken

Canella Seit Generationen befindet sich die heute auf Prosecco spezialisierte Kellerei Canella in Familienbesitz. Das im Veneto ansässige Unternehmen bietet neben Prosecco-Stillwein und Frizzante den »Prosecco di Conegliano« D.O.C./Vino Spumante an. Außerdem gibt es die fertigen Aperitifmischungen »Bellini«, »Rossini« und »Mimosa«, die aus Frizzante und verschiedenen Fruchtsäften bestehen.

Cinzano Weltberühmt wurde Cinzano durch seinen Vermouth. Die Aktivitäten des Unternehmens erstrecken sich jedoch auf viele weitere Bereiche der Getränkeindustrie. So steht der große Name Cinzano auch für einen hervorragenden Asti. Außerdem wird mit dem »Tiziano« ein feurigroter Vino Spumante und mit dem »Gran Seco« ein trockener Vino Spumante angeboten.

Der Asti des Hauses Cinzano ist mit einem Anteil von über 50 Prozent der führende Asti auf dem deutschen Markt.

Ferrari Im Jahr 1902 brachte Giulio Ferrari die Chardonnay-Traube aus Frankreich ins Trentino. Er gilt als Wegbereiter der italienischen Sekterzeugung im traditionellen Flaschengärverfahren. Bis heute werden die Ferrari-Spumantes nach der klassischen Methode (metodo classico) hergestellt. Die Ferrari-Marken heißen: »Brut«, »Maximum Brut«, »Brut Rosé«, »Brut Perlé« sowie »Giulio Ferrari«/Riserva del Fondatore mit Jahrgang.

Frescobaldi Der Name Frescobaldi lässt sich in der italienischen Geschichte bis ins 12. Jahrhundert zurückverfolgen. Auf acht Weingütern in der Toskana stellt die Familie mit neuesten Produktionstechniken Weine her, die nur aus eigenen Lagen stammen. Mit dem »Frescobaldi Extra Brut« mit Jahrgang wird aus Chardonnay ein nach der klassischen Methode produzierter Spitzen-Spumante angeboten.

Julia Der Name »Julia« – Grappa-Trinkern schon seit jeher bekannt – wurde nach der Übernahme der Firma Stock/Triest durch das deutsche Unternehmen Eckes wieder aktiviert. Außer dem neu komponierten Grappa wird seit 1997 auch ein »Prosecco delle Venezie/Vino Frizzante« angeboten.

Martini Das für seinen Vermouth weltbekannte Haus Martini & Rosso ist weltweit in vielen Bereichen der Getränkeherstellung tätig. Berühmte Sektmarken italienischer Produktion sind der »Asti Spumante« und der »Martini Brut«. Für Letzteren werden anspruchsvolle Rebsorten aus dem Nordosten des Landes verwendet. »Asti Martini« wird nach den strengsten Qualitätskriterien hergestellt und ist international die führende italienische Astimarke.

Das Haus Martini & Rosso bürgt schon allein mit seinem Namen für ein typisch italienisches Erzeugnis der Spitzenklasse.

Österreichischer Sekt

Nach Frankreich und Deutschland war Österreich das dritte Land, das im 19. Jahrhundert in die Riege der Schaumwein produzierenden Nationen eintrat. Robert Schlumberger begann dort 1842 nach jahrelanger Tätigkeit in der Champagne als Erster mit der Schaumweinbereitung. Heute ist Österreich ein Erzeugerland mit einer relativ großen Markenvielfalt. Rund 50 Hersteller füllen etwa 20 Millionen Flaschen jährlich ab. Der Großteil entfällt auf die auch in Österreich vertretenen großen deutschen Sekthäuser und einige wenige, überregional bekannte Firmen. Die meisten Marken stammen von Klein- und Kleinstherstellern, die erst seit den 80er Jahren produzieren, als die Nachfrage auch in Österreich anstieg. Sie verwenden fast ausschließlich einheimische Weine der Sorten Welschsriesling, Grüner Veltliner, Weißburgunder, Neuburger und Rheinriesling, die alle die spezifischen Eigenschaften zur Verarbeitung zum Sekt besitzen.

Österreichischer Sekt ist in Österreich teuer, da er mit der Getränkesteuer, der Sektsteuer und mit Alkoholsteuer belastet ist.

Die wichtigsten Marken

Hochriegel Alle Hochriegel-Sekte der Wiener Kellerei Kattus werden im Flaschengärverfahren hergestellt. Die angebotenen Marken heißen »Extra Trocken«, »Chardonnay« und »Réserve Brut«.

Mounier Die 1914 gegründete Sektkellerei ist seit 1988 eine Tochtergesellschaft von Schlumberger. Der in blauen Flaschen angebotene »Mounier Bleue« wird im traditionellen Flaschengärverfahren aus Weißburgunder hergestellt.

Schlumberger Der Schwabe Robert Schlumberger gründete 1842 die erste österreichische Sektkellerei. Bereits 1845 bekam sein »Moussierender Wein nach Art des Champagners« höchste Auszeichnungen verliehen. Bis heute ist das seit 1973 zu Underberg gehörende Unternehmen mit rund drei Millionen jährlich verkauften Flaschen der führende Hersteller in Österreich. Berühmt wurde das Haus für seine Hauptmarke, den im traditionellen Flaschengärverfahren hergestellten »Schlumberger Brut«.

Seit über zehn Jahren wird die »Schlumberger-Methode« angewandt, um einen besonders bekömmlichen Sekt zu erzeugen.

Internationaler Sekt

Frankreich, dem ersten Herstellerland von schäu-
mendem Wein, folgten 1826 Deutschland und 1842
Österreich. In Italien begann um 1870 die Astipro-
duktion, und 1872 trat Spanien dann in den Kreis
der Schaumweinerzeuger ein. Heute produzieren
fast alle Weinländer auch Schaumwein. Die Ukraine
mit der Krim zählt zu den Großen unter den
Schaumweinerzeugern. Der weltberühmte Krimsekt wird zum Teil nach dem traditionellen Flaschengärungsverfahren hergestellt.
Der exportierte Krimsekt wird nicht nur
rot und süß, sondern auch weiß und
trocken angeboten. Frankreich bietet außer dem
Champagner auch die regional begrenzten »Crémant« und überregionale Sorten an. Seit den 80er
Jahren nimmt mit der Nachfrage auch die Zahl der
Schaumwein herstellenden Länder stetig zu. Höchsten Qualitätsansprüchen genügen die »Sparklings«
Kaliforniens, aber auch die Kap-Sekte Südafrikas
und die australischen »Sparkling Wines«.

**»Cremant« bei französi-
schem Sekt bedeutet
Flaschengärung. Bis 1992
verstand man darunter
einen Champagner mit
wenig Kohlensäure.**

Die wichtigsten Marken

Kriter Die Marken des Hauses Kriter heißen: »Brut de Brut«, »Dry«, »Demi-Sec«, »Brut Rosé«, »Cuvée Speciale« mit Jahrgang und »Imperial Brut« mit Jahrgang.

Das Haus Kriter in Beaune/Burgund wurde 1959 neu gegründet und ist heute der größte Sekthersteller Frankreichs.

Mountadam In Eden Valley bei Adelaide in Australien wird der »Mountadam Sparkling Wine« aus den Rebsorten Chardonnay und Pinot Noir im traditionellen Flaschengärverfahren hergestellt.

Pongrácz Nach einem der Pioniere der südafrikanischen Sektherstellung wurde »Pongrácz« Kap-Sekt im traditionellen Flaschengärverfahren benannt.

Roederer Quartet Vier, zum Champagnerhaus Roederer gehörende Weingüter in Anderson Valley/Kalifornien erzeugen Chardonnay und Pinot Noir für den »Quartet«. Er wird im Flaschengärverfahren hergestellt.

Törley Der größte Sektproduzent Ungarns stellt bereits seit 1882 Sekt her. Die Hauptmarke »Charmant Doux« hat mit 70 Gramm Restsüße pro Liter einen vollmundigen, lieblich-süßen Geschmack.

S chon im Mittelalter schätzte man den Sherry – und heute ist er einer der berühmtesten Weine der Welt. Sherry kommt aus einem eng begrenzten Anbaugebiet in Andalusien um das Städtedreieck Jerez de la Frontera, Sanlúcar de Barrameda und Puerto de Santa María in der Provinz Cádiz. Jerez de la Frontera geht wahrscheinlich auf einen phönizischen Handelsplatz zurück, der etwa 1100 v. Chr. errichtet wurde und damals »Shera« hieß. Als die Araber die Stadt besetzten, änderten sie den Namen in »Scheris«. Davon leiteten sich die spanischen Bezeichnungen »Xeris« und »Xerex« ab, woraus wiederum das moderne »Jerez« entstand. Für die Engländer war das harte spanische »Jerez«

(sprich: Cheres) schwer auszusprechen, sie wandelten es daher in das weicher klingende »Sherry« (sprich: Scherry) um. Den Zusatz »de la Frontera« bekam die Stadt, weil sie durch Jahrhunderte an der Grenze (»frontera«) zwischen christlichem und islamischem Einflussgebiet lag. Vor gut 400 Jahren brachten britische Seefahrer den Sherry nach England. Die Begeisterung für das neue Getränk wuchs außerordentlich schnell, und im 19. Jahrhundert war dieser edle Wein bereits im gesamten britischen Weltreich bekannt. Die wichtigsten Faktoren bei der Sherryherstellung sind Boden, Trauben und Klima. Man unterscheidet bei den Weinbergböden drei Arten: Der »Albariza« genannte Boden ist aus ausgespülten Ablagerungen von Lehm und tertiärem Kalkstein entstanden, unter dem »Barro« versteht man einen hauptsächlich aus Ton bestehenden, mit Kreide und Sand vermischten Boden, und beim »Arena«-Boden überwiegt der Sandanteil. Die hier wachsenden Weine erreichen nicht die Finoqualität.

Glühende Sommersonne, frischer Wind vom Atlantik und milder Winterregen prägen den Charakter der Sherryweine.

Die Albariza- und die Barroböden können das Wasser der Herbst- und Winterregen bis zum heißen Sommer speichern. Der berühmte weiße Kalkboden, der die Sonne wie ein Spiegel reflektiert, dazu fast 300 Sonnentage im Jahr, starke Winterregen und Wind vom Atlantik prägen den Charakter der Sherryweine. Für Sherry verwendet man ausschließlich weiße Trauben. Die wichtigste und meistangebaute ist die Palomino Fino. Die Nummer zwei bildet die Sorte Pedro Ximénez; sie bringt exzellente, süße Weine, die man zum Mischen einsetzt. Zwar werden einige weitere Sorten gepflanzt, doch haben diese keine große Bedeutung. Die Weinlese beginnt Anfang September und dauert etwa einen Monat. Die Trauben werden sofort zu den Kelterhäusern gebracht. Je nach gewünschter Süße reifen die Trauben noch für einige Stunden oder Tage – auf Matten ausgebreitet – nach. Danach werden sie gekeltert. Die Gärung des Mosts dauert etwa 20 bis 25 Tage. Wenn die Gärung aufhört, hat der junge Wein einen

In der sich stetig verändernden Getränkewelt ist der Sherry seit den 70er Jahren auch in Deutschland eine feste Größe.

Alkoholgehalt von 12 bis 13 Prozent. In diesem Stadium, noch vor der Fassfüllung, findet bereits die erste Klassifizierung statt. Die Jungweine heißen jetzt »Sin Marca« (Finos) oder »Raya« (Olorosos). Alle Weine, die den Anforderungen nicht genügen, kommen in die Alkoholdestillation. Die Sin-Marca- und Raya-Weine werden bei der Abfüllung in Fässer entweder auf 15,5 Prozent (Fino) oder auf 18 bis 19 Prozent (Oloroso) Alkohol verstärkt. Zu diesem Zeitpunkt beginnt das eigentliche »Leben« des Sherry. Er kommt in das Añada-System (von spanisch: año = Jahr), in dem er nun reift und kontrolliert wird. Sherryfässer sind immer nur zu 80 Prozent gefüllt, damit die Oberfläche, die mit der Luft in Verbindung kommt, möglichst groß ist. Nach einem Jahr hat sich auf den »Finos« ein Hefefilm, der »Flor«, entwickelt. Vom Wachstum dieser Hefe hängt der Charakter des späteren Fino weitgehend ab. Unter günstigen Voraussetzungen gedeiht der Hefepilz mehrere Jahre. Er wächst jedoch nicht bei einem Alkoholge-

Sherry gibt es in unglaublicher Geschmacksvielfalt. Von extrem trocken bis edelsüß bietet sich Sherry für jeden Anlass an.

halt von mehr als 17 Prozent. Da die Rayas (Oloroso) einen Alkoholgehalt von 18 bis 19 Prozent aufweisen, bilden sie dementsprechend keinen Flor. Der Wein im Fass hat direkte Berührung mit dem

Sherryweine reifen nicht in Weinkellern, sondern in den ebenerdigen, gut belüfteten hohen Lagerhallen, den so genannten Bodegas.

Sauerstoff. Schon bald nach der Fassfüllung verändert er seine Farbe vom ursprünglichen hellen in einen goldenen Ton. Der Geruch ist sehr voll, daher der Name »Oloroso« (von spanisch: olor = Geruch).

Innerhalb dieses Añada-Systems findet eine zweite Klassifizierung statt. Der Wein hat sich inzwischen mit dem Holz des Fasses verbunden, hat im Fall der Finos Flor entwickelt und trotz des zugegebenen Alkohols eine zweite, leichte Folge von Gärungen erlebt, die seine Entwicklung beeinflussen. Die Rayas werden untereinander klassifiziert in »Palo Cortado« – das sind die Weine mit vollem Körper und reinem Duft –, in »Oloroso« – die mit vollem Körper und akzeptablem Duft – und in »Rayas« – Weine, die sich kaum weiterentwickelt haben, aber zum Verschneiden gebraucht werden können. Die

»Sin-Marca«-Weine, die jetzt im Vergleich untereinander einen volleren Körper haben, werden als
»Amontillado Fino« markiert. Sollten in der Folge-
zeit weitere ihrer typischen Finomerkmale ver-
schwinden, wird der Wein auf 17 oder 18 Prozent
Alkohol verstärkt und zum »Amontillado«. Der Reifeprozess, der im Añada-System begann, wird im
für den Sherry typischen Solera-System fortgesetzt.
Die Soleras (Fassreihen in bestimmter Anordnung)
befinden sich in hohen, gut belüfteten Gebäuden,
den Bodegas. Von diesen meist riesengroßen Lagerhallen stehen rund 700 in Jerez, 300 in **Der »Amontillado«**
ist benannt nach den
Sanlúcar und 200 in Puerto de Santa **Weinen von Montilla in**
der Provinz Cordoba,
María. Sinn des Solerasystems ist es, über **da er diesen in Art**
die Jahre hinweg einen in Alter und Cha- **und Charakter ähnelt.**
rakter gleich bleibenden Sherry zu erhalten. Jede
Solera besteht aus vielen Fässern von je etwa
520 Liter Inhalt, die in Dreier- oder Viererreihen
übereinander gestapelt sind. Dabei hat jeder Sherry,
ob Fino, Amontillado, Oloroso etc., seine eigene
Solerareihe. Die Anzahl der Fässer in einer Reihe

kann bei 50 und mehr liegen, wobei manche Solerareihen schon weit vor der Jahrhundertwende angelegt wurden. Jedes Jahr füllt man nun Wein aus der unteren Fassreihe ab, und zwar von jedem Fass die gleiche Menge. Dies geschieht meist in zwei oder drei zeitlich voneinander getrennten Aktionen, die Entnahme soll ein Drittel des Fassinhalts aber nicht übersteigen. Die abgefüllte Menge wird durch Wein aus der zweiten, darüber liegenden Fassreihe

Beim Solerasystem werden stets ältere Weine mit jüngeren gemischt, so dass Typ und Art einer Marke immer gleich bleiben.
ersetzt. Diese Prozedur wiederholt sich bis zur oberen Fassreihe, die immer den jüngsten Wein enthält. Das kontinuierliche Umfüllen und Vermischen gewährleistet die stets gleich bleibende Qualität der jeweiligen Geschmacksrichtung. Der abgezogene junge Wein in der obersten Fassreihe wird aus dem Añada-System nachgefüllt. Beim Verlassen der Solera sind die Sherrys vollkommen »trocken«, sie werden anschließend mit Süßwein und Colorwein verschnitten. Die Herstellung der Süßweine für den Verschnitt unterscheidet sich von der sonstigen

Weinherstellung, weil die Trauben vor dem Pressen noch bis zu 14 Tage zum Trocknen in der Sonne liegen. Erst wenn die richtige Zuckerkonzentration erreicht ist, werden die fast zu Rosinen geschrumpften Trauben ausgepresst; dabei erhält man einen dickflüssigen Sirup, der dann vergoren wird. Der bekannteste und kostbarste so entstandene Wein ist der Pedro Ximénez. Außerdem spielen der meist aus Palominotrauben hergestellte Dulce Corriente und der Moscatel aus Muskatellertrauben eine Rolle. Für den Colorwein, der dem Oloroso- und dem Cream-Sherry die volle, dunkle Farbe gibt, wird bei der Herstellung jungem Most ein Drittel konzentrierter Most zugefügt. Durch Aufkochen karamellisiert der enthaltene Zucker, der Wein bekommt eine sehr dunkle Farbe und ein kräftiges Bukett. Sherry ist nicht gleich Sherry. Er lässt sich in folgende vier Grundtypen einteilen, innerhalb derer es aber wiederum zahlreiche Variationen und Geschmacksnuancen gibt:

Von Ausnahmen abgesehen, gilt bei Sherry: Je trockener ein Sherry, desto heller ist sein Farbton, je süßer, desto dunkler.

Die wichtigsten Sherrygrundtypen

Fino Finos werden immer nur mit Finos verschnitten. Die Finos, häufig auch unter den Bezeichnungen »Dry«, »Very Dry« oder »Very Pale Dry« angeboten, weisen ein delikates, feines Mandelaroma auf. Sie sind säurearm und sollten gut gekühlt serviert werden. Der Manzanilla-Sherry, aus nicht ganz vollreifen Trauben hergestellt, ist ein an der Küste gewachsener Fino, dem man einen leichten Salzgeschmack nachsagt, und der etwas alkoholärmer und besonders trocken ist. Der Alkoholgehalt aller Fino-Sherrys liegt zwischen 15,5 und 17,5% vol.

Fino ist ein trockener Sherry aus Jerez oder Puerto de Santa María, den man an seiner strohgelben bis hellgoldenen Farbe erkennt.

Amontillado Nicht ganz so trocken, aber dem Fino geschmacklich eng verwandt ist der Amontillado. Die milden, halbtrockenen Sorten tragen daher oft auch die Bezeichnungen »Medium« oder »Medium Dry«. Amontillado-Sherrys sind dunkler als Finos, weicher, vollmundiger und körperreicher und haben ein Nussaroma. Sie enthalten 17 bis 18% vol Alkohol und sollten leicht gekühlt serviert werden.

Oloroso Der trockene Oloroso-Grundwein wird mit einem Süßwein und manchmal auch mit einem Colorwein verschnitten; als Endprodukt erhält man den klassischen Sherrytyp, der diesen spanischen Wein so berühmt gemacht hat. Der Oloroso (= der Wohlriechende) ist ein trockener bis leicht süßer, würziger Sherry von dunkelgoldener Farbe. Sein Alkoholgehalt beträgt 18 bis 20% vol. Man serviert ihn leicht gekühlt. In Deutschland wird Oloroso meist als halbsüßer Sherry angeboten, in Spanien dagegen bevorzugt man trockenere Olorosos.

Cream Creamsherry ist ein Verschnitt aus Oloroso, Amontillado, Süß- und Colorweinen. Die wertvolleren Creamsherrys haben einen hohen Anteil an teurem Pedro-Ximénez-Süßwein und an rarem Palo Cortado. Bei dieser süßen Variante des Oloroso handelt es sich in der Regel um einen ausgesprochen milden, gehaltvollen, dunkel-rubinroten, dickflüssigen Dessertwein mit einem Alkoholgehalt von 18 bis 20% vol. Man serviert ihn am besten ungekühlt.

Eine weitere wichtige Regel bei Sherry lautet: Je trockener der Sherry ist, desto kühler sollte er getrunken werden.

Die wichtigsten Marken

Antonio Barbadillo Das 1821 in Sanlúcar de Barrameda gegründete Unternehmen ist der führende Produzent von Manzanilla-Sherry. Barbadillo verfügt über ausgedehnten Weinbergbesitz und 19 große Bodegas. Die Marken heißen: »Manzanilla Solear«, »Fino de Balbaina«, »Amontillado de Sanlúcar/Medium Dry« und »Cream de Sanlúcar«.

Bobadilla Das in Jerez ansässige Haus Bobadilla kennt man bei uns mehr wegen seines Brandys »Bobadilla 103«. Aus dem umfangreichen Sherry-Angebot werden der »Victoria«/Fino Pale Dry und der »La Capilla«/Amontillado bei uns angeboten.

Domecq Seit einigen Jahren ist das 1816 in Jerez gegründete Unternehmen Domecq Teil von Allied Domecq, einem der größten internationalen Getränkekonzerne. Von den in großer Sortenvielfalt hergestellten Sherrys wird nur die international bekannte Spitzen-Finomarke »La Ina/Very Dry Pale« nach Deutschland exportiert.

Außer für Sherrys ist die Firma Domecq für ihre Brandys (»Fundador«, »Carlos I.«) über die Grenzen Spaniens hinaus bekannt.

Dry Sack Die Geschichte des Hauses Williams & Humbert beginnt mit der Gründung durch Alexander Williams und Arthur Humbert im Jahre 1877. Berühmtheit erlangte das in Jerez ansässige Unternehmen mit seinem Medium Dry Sherry »Dry Sack«. Bekannt wurde auch der »Canasta Cream«, der in einem kleinen geflochtenen Weidenkorb angeboten wurde. Die Namen dieser erfolgreichen Marken rückten den Firmennamen in den Hintergrund. Weiter wird bei uns noch »Dry Sack«/Fino angeboten.

»Dry Sack« wurde bekannt durch seine Verpackung in ein Jutesäckchen, das früher – angefeuchtet – zur Kühlung diente.

Emilio Lustau Das 1895 in Jerez gegründete Unternehmen ist auch heute noch unabhängig und befindet sich in Familienbesitz. Der Name Lustau steht für eine Vielfalt an Solera-Reserva- und Almacenista-Sherrys. Das Angebot bei den Solera-Reserva-Sherrys beinhaltet außer den klassischen Abfüllungen auch rare Spezialitäten wie Pedro Ximénez, Palo Cortado und Moscatel. Das Almacenista-(Lagerhalter-) Angebot bietet eine Vielfalt an einmaligen Sherryspezialitäten. Diese – meist nur beschränkt erhältlichen – Sherrys kauft Lustau von verschiedenen Produzenten auf und lagert sie. Auf dem Höhepunkt ihrer Reife werden sie unter Angabe der Sorte und mit Hinweis auf den Hersteller verkauft. Da diese Einzelqualitäten nicht reproduzierbar sind,

Über 20 Sherryabfüllungen von Lustau gibt es in Deutschland – eine Sortenvielfalt, wie sie kein anderer Hersteller bietet.

unterliegt das Almacenista-Angebot einem ständigen Wechsel. Kein Sherryhaus verfügt über ein vergleichbares Sorten- und Markenangebot.

Gonzalez Byass Das weltbekannte Haus in Jerez zählt zu den führenden Unternehmen in der Sherry- und Brandyherstellung. »Tío Pepe« – Fine Muy Seco – ist die älteste eingetragene Sherrymarke. Sie wird als Einzige aus dem umfangreichen Sherrysortiment von Gonzalez Byass in Deutschland angeboten.

Harveys 1796 in Bristol/England gegründet, ist Harveys weltbekannt für seinen »Bristol Cream«. Das Haus verarbeitet nur eigene Weine von über 500 Hektar Albariza-Böden und lagert sie in alten Bodegas in Jerez. Von den angebotenen Sorten wird nur »Bristol Cream« nach Deutschland exportiert.

Osborne Die international auch als Brandy- und Portweinproduzent bekannte Firma in Puerto de Santa María wurde 1772 von dem Engländer Thomas Osborne gegründet und befindet sich bis heute in Familienbesitz. Die Marken mit dem schwarzen Stier auf dem Etikett heißen: »Fino el Toro«/Dry, »El Amigo«/Medium, »Pamela«/Cream, »Fino Quinta«/Pale Dry, »Coquinero«/Amontillado Dry, »No. 10 RF«/Oloroso Medium und »No. 10 RF«/Cream.

Sandeman Das 1790 von dem aus Schottland stammenden Georg Sandeman in Jerez gegründete Unternehmen zählt zu den größten Sherryfirmen. Das Markenzeichen von Sandeman, die um 1920 eingeführte Figur mit dem langen, schwarzen Umhang, der »Capa Negra«, ist auf allen Etiketten zu sehen. Nach Deutschland werden fünf Sherryqualitäten exportiert: Der trockene »Soléo«, eine Novität in klaren Flaschen, den man gekühlt trinken sollte, sowie »Dry«/Fino, »Medium Dry«/Amontillado, »Rich Cream«/Oloroso, »Superior Dry«/Don Fino.

Das Unternehmen Sandeman, das heute zum Spirituosenkonzern Seagram gehört, produziert auch Portwein, Madeira und Brandy.

Adonis

4 cl Fino Sherry	**leichter Aperitif**
2 cl Vermouth Rosso	Alle Zutaten im *Rührglas* mit Eiswür-
2 Spritzer Orangenbitter	feln gut verrühren. In ein vorgekühlt-
Zitrone	es Cocktailglas abgießen. Mit einer

Zitronenschale abspritzen und diese

dazugeben.

Sherry Flip

4 cl Medium Sherry	**milder Drink für Vor- und Nachmittag**
1 cl Cognac	Im *Shaker* mit Eiswürfeln schütteln, in
1 cl Zuckersirup	
2 cl Sahne, 1 Eigelb	ein Stielglas abgießen. Fein geriebene
Muskatnuss	Muskatnuss darüber streuen.

Spanish Milkmaid

4 cl Cream Sherry	**fruchtiger Drink für Vor- und Nachmittag**
1 cl Cognac	Im *Shaker* mit Eiswürfeln schütteln, in
4 cl Sahne	eine Cocktailschale abgießen. Mit ge-
4 cl Orangensaft	
Pistazien	hackten Pistazien bestreuen.

Andalusia Cooler

erfrischender Sommerdrink

Im *Shaker* mit Eiswürfeln schütteln, in ein Longdrinkglas auf Eiswürfel gießen. Mit Bitter Lemon auffüllen. Eine Orangenscheibe mit Cocktailkirschen an den Glasrand stecken.

5 cl Cream Sherry
2 cl Cherry Liqueur
5 cl Orangensaft
I cl Zitronensaft
kaltes Bitter Lemon
Orange
Cocktailkirschen

Bamboo

herber Aperitif-Klassiker

Im *Rührglas* mit Eiswürfeln gut verrühren und in ein vorgekühltes Cocktailglas abgießen.

3 cl Fino Sherry
3 cl Vermouth Dry
I Spritzer Orangenbitter

In the Sack

leichter, aromatischer Partydrink

Im *Shaker* mit Eiswürfeln schütteln, in Longdrinkglas auf Eiswürfel abgießen. Orangenscheibe an Glasrand stecken.

4 cl Cream Sherry
6 cl Aprikosen-nektar
6 cl Orangensaft
2 cl Zitronensaft
Orange

Sirup

Sirupe braucht man beim Mixen zum Süßen, zur Geschmacksverbesserung und zum Färben. Sie sind an der Bar das, was der Zucker in der Konditorei ist. Als Sirupe werden konzentrierte, dickflüssige Lösungen von Zucker in Wasser (Zuckersirup) oder Zucker in Fruchtsäften oder Pflanzenauszügen bezeichnet. Der gebräuchlichste zum Mixen verwendete Sirup, die Grenadine, hat den bis in die 50er Jahre hauptsächlich verwendeten Himbeersirup aufgrund ihrer schönen Farbe und größeren Geschmacksintensität abgelöst. Grenadine wird meist unter Verwendung von natürlichen Fruchtsäften hergestellt, die in ihrer Zusammensetzung einen Granatapfelgeschmack ergeben. Die gesetz-

lichen Bestimmungen des Herstellerlandes ent-
scheiden, ob Grenadine als »Grenadine Sirup« oder
nur als »Grenadine« bezeichnet wird. Eine weitere
interessante Mixzutat ist »Rose's Lime Juice«. Dieser international bekannte Limettensirup süßt und
aromatisiert mit dem Geschmack der kleinen, grünen Zitrusfrüchte. Lime Juice gibt es auch von anderen Herstellern (Marie Brizard und Monin). Ebenfalls von der Firma Rose's stammt das »Lemon-
Squash«, ein Zitronensirup, der noch
Fruchtbestandteile enthält. Etwas Verwir-
rung schafft die international gebräuchli-
che Bezeichnung für Mandelsirup: Dieser
wird in Frankreich und den USA unter dem Namen
»Orgeat«, in Italien als »Orzata« (Latte di Mandor-
la) angeboten.

Dem Kapitel »Sirup« zuzuordnen ist auch die
»Cream of Coconut«. Das in 0,35-Liter-Dosen
angebotene Kokosmark ist teils dickflüssig, teils fest-
cremig und erlaubt seit den 70er Jahren die Zubereitung von Mixgetränken auf Kokosnussbasis.

**Die Einführung neu-
artiger Sirupe ermög-
lichte das heute breite
Angebot an tropischen
Drinks und alkohol-
freien Mixgetränken.**

Die wichtigsten Marken

Bardinet Die französische Firma Bardinet bietet in Deutschland die Sirupe »Grenadine«, »Banane«, »Cassis« und »Curaçao Bleu« an und mit »Canadou« flüssigen Rohrzucker.

Bols Der niederländische Likör- und Spirituosenproduzent Bols ist der älteste und bekannteste Anbieter von Grenadine in Deutschland. Bols Grenadine ist ein hochkonzentrierter Sirup mit fruchtigem Geschmack und leuchtend roter Farbe. Die Fruchtbasis von Grenadine ist Himbeer-, Erdbeer- und Kirschsaft.

Coco Tara Aus der Dominikanischen Republik kommt »Coco Tara«, ein Produkt, das erstmals 1948 hergestellt wurde. Als es 1974 auch in Deutschland in den Handel kam, ermöglichte es hier erstmals die Zubereitung von Kokosnussdrinks. Im Gegensatz zum Kokossirup ist diese Kokoscreme das Produkt der ersten Pressung des Kokosnussfleisches, weshalb sie wesentlich intensiver schmeckt als Kokossirup.

Außer der »Cream of Coconut« gibt es von Coco Tara »Piña Colada« ohne Alkohol – ein Longdrinkmix aus Kokosnussmark und Ananassaft.

Marie Brizard Der größte Likörproduzent Frankreichs bietet auch »Sirop de Grenadine«, »Lime Juice Cordial« (Limonensirup) und »Sirop de Canne« (Zuckersirup aus Rohrzucker) an.

Monin Der französische Likörproduzent Monin ist der weltweit größte Siruphersteller. Von den etwa 50 in Frankreich angebotenen Sorten sind fast 40 auch in Deutschland im Handel. Neben allen klassischen Sirupen und vielen Spezialitäten werden auch Exoten wie »London Dry Juniper« mit Gingeschmack und »Caribbean« mit Rumgeschmack angeboten.

Riemerschmid in München war Anfang der 80er Jahre das erste Unternehmen, das ein umfangreiches Fruchtsirupsortiment anbot.

Riemerschmid Die zu Underberg gehörende Firma Riemerschmid ist der größte Sirupproduzent Deutschlands. Das Unternehmen bietet in unterschiedlichsten Ausstattungen in zwei Produktlinien Fruchtsirupe und Barsirupe in großer Sortenvielfalt an. Im Gegensatz zu den dickflüssigen Fruchtsirupen weisen die Barsirupe einen geringeren Fruchtanteil auf. Dieser wird jedoch durch eine zusätzliche, natürliche Aromatisierung ausgeglichen.

Andrea

**4 cl Curaçao
Blue Sirup**
2 cl Mandelsirup
2 cl Zitronensaft
12 cl Orangensaft
Orange
Cocktailkirsche

aromatisch-fruchtiger Sommerdrink

Im *Shaker* mit Eiswürfeln schütteln, in Longdrinkglas auf Eiswürfel abgießen. Eine Orangenscheibe mit Cocktailkirsche an den Glasrand stecken.

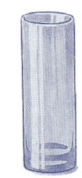

Cinderella

1 cl Grenadine
2 cl Kokossirup
2 cl Sahne
8 cl Orangensaft
8 cl Ananassaft
Banane
Cocktailkirschen

süß-fruchtiger Nachmittagsdrink

Im *Shaker* mit Eiswürfeln schütteln, in Longdrinkglas auf Eiswürfel abgießen. Spieß mit Bananenscheiben und Cocktailkirschen über den Glasrand legen.

Franz III.

**2 cl Curaçao
Blue Sirup**
4 cl Kokossirup
12 cl Ananassaft
Ananas
Cocktailkirsche

aromatischer Kokosdrink

Im *Shaker* mit Eis schütteln, in Longdrinkglas auf Eiswürfel gießen. Ananasstück mit Kirsche an Glas stecken.

Yellow Orchid

herb-süßer Sommerdrink

Im *Shaker* mit Eiswürfeln schütteln, in Longdrinkglas auf Eiswürfel abgießen. Einen Spieß mit Erdbeeren und Melonenkugeln über den Glasrand legen.

2 cl Grenadine
2 cl Rose's Lime Juice
I cl Zitronensaft
6 cl Grapefruitsaft
10 cl Orangensaft
Erdbeeren
Melone

Baby Piña Colada

der berühmte Kokosdrink – ohne –

Im *Elektromixer* mit crushed ice durchmixen, in Longdrinkglas auf crushed ice abgießen. Ananasstück mit Cocktailkirsche an den Glasrand stecken.

4 cl Cream of Coconut
2 cl Sahne
16 cl Ananassaft
Ananas
Cocktailkirsche

Sommertrank

erfrischender Sommerdrink

Sirup und Saft mit einem Eiswürfel in Sektkelch geben. Mit Cantor auffüllen. Erdbeere an den Glasrand stecken.

2 cl Erdbeersirup
4 cl Pfirsichsaft
kalter Cantor (alkoholfreier schäumender Wein)
Erdbeere

Cocoloco

2 cl Kokossirup
2 cl Sahne
6 cl Ananassaft
6 cl Orangensaft
6 cl Maracuja-
nektar
Kiwi, Zwerg-
orangen

fruchtig und aromatisch

Im *Shaker* mit Eiswürfeln schütteln, in

Longdrinkglas auf Eiswürfel abgießen.

Spieß mit Kiwischeibe und Zwerg-

orangen über den Glasrand legen.

Cocomint

2 cl Pfefferminz-
sirup
2 cl Kokossirup
1 cl Zitronensaft
8 cl Orangensaft
8 cl Ananassaft
Minze, Cocktail-
kirsche

erfrischender Fruchtdrink

Im *Shaker* mit Eiswürfeln schütteln, in

Longdrinkglas auf Eiswürfel gießen. Mit

Minzezweig, Cocktailkirsche garnieren.

Red Banana

2 cl Grenadine
4 cl Bananen-
nektar
kalter Cantor
(alkoholfreier
schäumender
Wein)
Banane
Cocktailkirschen

spritzig-fruchtiger Sommerdrink

Sirup und Bananennektar mit Eiswür-

feln in ein Longdrinkglas geben, mit

Cantor auffüllen. Spieß mit Bananen-

scheiben, Kirschen über Glas legen.

Green Banana

fruchtiger Sommerdrink

Im *Shaker* mit Eiswürfeln schütteln, in Longdrinkglas auf Eiswürfel abgießen. Spieß mit Bananenscheiben und Cocktailkirschen über den Glasrand legen.

2 cl Curaçao Blue Sirup

2 cl Bananensirup

16 cl Orangensaft

Banane

Cocktailkirschen

Strawberry Shake

ein Genuss zur Erdbeerzeit

Im *Elektromixer* durchmixen und in Longdrinkglas abgießen. Eine Erdbeere an den Glasrand stecken.

5 Erdbeeren

1 Kugel Vanilleeis

4 cl Erdbeersauce (Eissauce)

15 cl kalte Milch

Kirsch-Tonic

erfrischend süß-herber Sommerdrink

Sirup und Saft in ein Longdrinkglas auf Eiswürfel geben, verrühren. Mit Tonic Water auffüllen. Zitronenscheibe mit Cocktailkirsche an Glasrand stecken.

4 cl Kirschsirup

10 cl Sauerkirschnektar

kaltes Tonic Water

Zitrone

Cocktailkirsche

Tequila

ls die Spanier Anfang des 16. Jahrhunderts nach Mexiko kamen, entdeckten sie bei den Eingeborenen ein berauschendes Getränk: vergorenen Agavensaft mit dem Namen »Octli Poliquhqui«. Die Spanier nannten es »Pulque« und versuchten die Pulque zu destillieren – aber ohne Erfolg. Pulque ist bis heute ein eigenständiges Getränk, das zwar wie Mezcal und Tequila aus Agaven gewonnen wird, aber nicht deren Basis bildet. Die Agavenpflanzen nannten die Urbewohner »Metl«, die Spanier jedoch »Maguey«, da sie einem Gewächs ähnelten, das sie in der Karibik kennen gelernt hatten. Da es viele Arten der Maguey-Pflanze gab, experimentierte man so lange, bis einige entdeckt waren, deren Saft man fermentieren und dann destillieren konnte. Dieses Getränk nannte man »Mezcal«, seine Herstellung verbreitete sich später in ganz Mexiko. Während des späten 18. und des frühen 19. Jahrhunderts begann der in dem Dorf Tequila hergestellte Mezcal bekannt zu werden. Man stellte fest, dass die Hochebenen von Zentralmexiko, die das Dorf umgeben, ideal für das Wachstum der Maguey-Pflanze waren, und entdeckte außerdem, dass der in Tequila hergestellte Mezcal von einer einzigen Art der Maguey-Pflanze stammt. Schließlich wurde eine wissenschaftliche Klassifizierung aller Maguey-Pflanzen vorgenommen, die über 400 Arten aufführte. Auch heute wird in Mexiko noch Mezcal hergestellt, aber er unterliegt nicht den Gütevorschriften, die für Tequila gelten. In diesen Mezcals tauchte manchmal auch der mysteriöse Agavenwurm auf. Er stammte von den Agavenpflanzen, aus denen der Mezcal hergestellt wurde, und man gab ihn in die Flaschen, um eine Art von Echtheitsbeweis zu liefern. Heute ist es

Weißer Tequila, kurz nach der Destillation abgefüllt, ist klar und frisch, brauner lagerte in Holzfässern und hat ein rauchiges Aroma.

allenfalls noch ein Touristengag. Die Agave »Tequila-na Weber«, Basispflanze des Mezcal von Tequila, wächst ausschließlich im Umkreis der Stadt und in den benachbarten Gebieten mit gleichen ökologischen Bedingungen. Die kräftige Pflanze braucht Jahre zum Reifen und sieht dann wie eine gigantische grünliche Ananas aus, besetzt mit schwertförmigen Blättern. Heute sind die Gebiete, in denen Agaven für Tequila angebaut werden können, gesetzlich festgelegt. Es handelt sich um die Staaten Jalisco, wo die Stadt Tequila liegt, sowie Guanajuato, Michoacan, Nayarit und Tamaulipas. Wenn man durch die Umgebung der Stadt Tequila reist, sieht man, so weit das Auge reicht, Reihen um Reihen von Agaven in den unterschiedlichsten Wachstumsstadien. Wenn diese nach etwa acht Jahren reif sind, werden sie von Feldarbeitern abgeerntet. Die »geschorenen« Agaven (Piñas genannt) werden zerhackt und in riesige Druckkocher gegeben. Nach dem Kochen werden sie zerkleinert, um das Ausziehen des

Tequila wird nur in bestimmten Provinzen aus einer bestimmten Agave destilliert. Alles andere aus Agaven Destillierte ist Mezcal.

gesamten zuckerhaltigen Saftes, des »Mosto« (Most), zu erleichtern. Der Saft wird in riesige Fässer gepumpt, in denen der nächste Produktionsabschnitt beginnt: die Fermentierung. Nach Umwandlung des gesamten Zuckers in Alkohol hat der Most einen Alkoholgehalt von etwa 5% vol. Von den Fermentierungstanks wird der Mosto in einen jener traditionellen Topf(Kessel)-Destillierapparate geleitet, in denen jeder Tequila gebrannt werden muss.

Die erste Destillation erzeugt den »Ordinario«, ein Rohdestillat von 29% vol Alkohol, das dann zum zweiten Brand in einen weiteren Topfdestillierer gepumpt wird.

Tequila, Mezcal und Pulque waren und sind die Nationalgetränke Mexikos. Seit etwa 1970 ist der Tequila international bekannt.

Diese zweite Destillation ergibt den Tequila. Das frische Destillat wird danach in riesigen Fässern gelagert, vor dem Abfüllen in Flaschen gefiltert und auf Trinkstärke herabgesetzt. »Gold«-Tequila muss mindestens ein Jahr in Holzfässern altern, manche Sorten reifen jedoch drei Jahre und länger. Der Alkoholgehalt von Tequila beträgt normalerweise zwischen 38 und 40% vol.

Die wichtigsten Marken

Cuervo Aus der ältesten Destille Mexikos kommt »Cuervo«-Tequila. Bereits 1795, als Mexiko noch eine spanische Kolonie war, erhielt Don José Gua-

Cuervo, heute der größte Tequilaprodu-zent, besitzt außer die-ser ersten, alten Destil-le noch rund zwanzig weitere Brennereien.

dalupe Cuervo vom spanischen König die Erlaubnis, »Vino Tequila« herzustellen. Auf dem deutschen Markt werden vier Qualitäten angeboten: »White«; »Especi-al«/hellgold, sechs Monate gereift; »Centenario«, über drei Jahre alt, und »Cuervo 1800«, bis zu fünf Jahren gereift (Alkoholgehalt jeweils 38% vol).

Herradura Dieser zur United Distillers gehören-de Produzent bietet die Qualität »Silver« mit 40% vol in Deutschland an.

Montezuma Die Nummer zwei auf dem US-Markt, »Montezuma«, gibt es wasserhell mit 38% vol und als »Aztec Gold« mit 40% vol Alkoholgehalt.

Porfidio Der »Rolls-Royce« unter den Tequilas, »triple distilled« und in kleinen Partien verarbeitet, ist mit mehreren Sorten auf dem deutschen Markt erhältlich: Die Hauptmarke ist der klare »Silver«.

Auch der »Plata« ist klar, aber dreifach destilliert.
»Single Barrel Añejo«, im Holzfass gereift und dreifach destilliert, ist in Flaschen mit eingearbeitetem (Glas-)Kaktus erhältlich. »Añejo Extra«, im Holzfass gereift und dreifach destilliert, wird in Keramikkrüge abgefüllt. Alle haben 40% vol Alkoholgehalt.

Sauza Don Cenobio Sauza war einer der Pioniere der Tequila-Industrie. Heute ist die um 1870 entstandene Marke die Nummer zwei unter den großen Herstellern. »Silver« und »Gold« haben jeweils 38% vol, »Conmemorativo« und »Hornitos« je 40% vol.

Die Marke »Sierra« wird speziell für den deutschen Markt hergestellt in den Sorten »Silver«, »Gold« und »Antiguo Añejo«.

Silla Seinem Markenzeichen, dem mexikanischen Reitsattel, verdankt der »Silla« seinen Namen. Er war bereits in den 50er Jahren als erster Tequila auf dem deutschen Markt. Die Qualitäten »Silver« und »Gold« enthalten je 38% vol.

Tres Magueyes Die Nummer vier unter den großen Produzenten ist bei uns mit dem »Blanco« und mit der gealterten und limitierten Spitzenqualität »Don Julio« vertreten, jeweils mit 38% vol Alkohol.

Blue Ocean

3 cl weißer Tequila
3 cl Curaçao Blue
1 cl Maracujasirup
6 cl Grapefruitsaft
kaltes Sprite
Zitrone, Cocktailkirschen

spritzig-fruchtiger Sommerdrink

Im *Shaker* mit Eiswürfeln schütteln, in Longdrinkglas auf Eiswürfel abgießen. Zwei Zitronenscheiben und Cocktailkirschen ins Glas geben. Mit Sprite auffüllen und leicht umrühren.

Margarita

4 cl weißer Tequila
2 cl Cointreau oder Curaçao Triple Sec
2 cl Zitronensaft
Salz

der klassische, salzige Tequiladrink

Im *Shaker* mit Eiswürfeln schütteln und in eine Cocktailschale mit Salzrand abgießen.

Icebreaker

6 cl Tequila
2 cl Curaçao Triple Sec
6 cl Grapefruit
1 cl Grenadine
Orange, Cocktailkirsche

herb-starker Partydrink

Im *Shaker* mit Eis schütteln, in Tumbler auf Eiswürfel abgießen. Mit Orangenscheibe, Cocktailkirsche garnieren.

Tequila Sunrise

beliebter Tequila-Longdrink

Im *Shaker* mit Eiswürfeln (ohne Grenadine) schütteln. In Longdrinkglas auf
Eiswürfel abgießen. Grenadine langsam darüber gießen. Orangenscheibe
an Glasrand stecken.

**5 cl weißer
Tequila**
I cl Zitronensaft
I2 cl Orangensaft
I cl Grenadine
Orange

Strawberry Margarita

milde Margarita-Variante

Im *Elektromixer* mit crushed ice mixen.
In Cocktailschale mit Zuckerrand abgießen. Erdbeere an Glasrand stecken.

**4 cl weißer
Tequila**
**2 cl Cointreau
oder Curaçao
Triple Sec**
2 cl Zitronensaft
I cl Erdbeersirup
**3–5 mittelgroße
Erdbeeren**

Xuxu Margarita

milder Drink für die Happy-Hour

Im *Shaker* mit Eiswürfeln schütteln, in
Cocktailschale mit Zuckerrand abgießen. Erdbeere an Glasrand stecken.

4 cl weißer Tequila
**6 cl Xuxu Erdbeer-
Limes**
I cl Zitronensaft
I cl Zuckersirup
Erdbeere, Zucker

Zorro

4 cl weißer Tequila
2 cl Cointreau
1 cl Curaçao Blue
4 cl Grapefruitsaft
kaltes Tonic Water
Orange, Cocktailkirsche

spritziger, süß-herber Partydrink

Im *Shaker* mit Eiswürfeln schütteln, in Longdrinkglas auf Eiswürfel abgießen. Mit Tonic Water auffüllen. Orangenscheibe mit Kirsche an Glas stecken.

Eldorado

5 cl weißer Tequila
1 cl Cointreau
1 cl Crème de Banane
4 cl Orangen-, 4 cl Ananassaft
4 cl Bananennektar
Orange, Limette, Cocktailkirsche

aromatisch-fruchtiger Partydrink

Im *Shaker* mit Eiswürfeln schütteln, in Longdrinkglas auf Eiswürfel abgießen. Orangen- und Limettenscheibe mit Cocktailkirsche an Glasrand stecken.

Mexican Sunset

3 cl weißer Tequila
2 cl Cointreau
3 cl Orangen-, 1 cl Zitronensaft
1 cl Mandelsirup
Limette, Cocktailkirsche

aromatischer Drink zur Cocktail-Hour

Im *Shaker* mit Eiswürfeln schütteln, in Tumbler auf Eiswürfel abgießen. Limettenscheibe und Kirsche dazugeben.

El Diabolo

spritzig und teuflisch herb

In Longdrinkglas Eiswürfel geben, Limettenstücke darüber auspressen, dazugeben. Tequila, Cassis dazugießen, mit Ginger Ale auffüllen, umrühren.

2 Limettenviertel

5 cl weißer Tequila

2 cl Crème de Cassis

kaltes Ginger Ale

Poolside Tropical

fruchtiger Sommerdrink

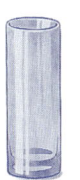

Im *Shaker* mit Eiswürfeln schütteln, in Tumbler auf Eiswürfel abgießen. Spieß mit Kiwi-, Bananenscheiben und Cocktailkirsche über Glasrand legen.

4 cl brauner Tequila

1 cl Curaçao Blue

1 cl Malibu Coconut Liqueur

8 cl Orangensaft

Kiwi, Banane, Cocktailkirsche

Green Poison

fruchtiger Partydrink

Im *Shaker* mit Eiswürfeln schütteln, in Longdrinkglas auf Eiswürfel abgießen. Zitrone und Kirsche dazugeben.

4 cl weißer Tequila

2 cl Curaçao Blue

2 cl Kokossirup

2 cl Zitronensaft

10 cl Maracuja-nektar

Zitrone

Cocktailkirsche

Weinaperitif

Unter den Weinaperitifs ist der Vermouth der bekannteste; Weltberühmtheit erlangten italienische und französische Produkte. Aus Wermutkraut (botanisch: Artemisia absinthium) hergestellte Arzneien wurden bereits im Altertum gegen vielerlei Krankheiten verordnet. Die heutige Bezeichnung »Vermouth« ist in dieser Schreibweise nur für italienische und französische Marken zulässig und stammt aus dem Althochdeutschen: »wermout win« war ein mit Wermutkraut angesetzter Wein. Die älteste Produktionsstätte für Vermouth dürfte im Gebiet von Cuneo, südlich von Turin, zu suchen sein. Hier lässt sich die Herstellung aromatisierter Weine bis ins 16. Jahrhundert zurückverfolgen. Die Landschaft um das norditalienische Städtchen bietet die besten Bedingungen für die Reben des Moscato d'Asti, eine Weinsorte, die sich ganz besonders gut zum Würzen mit Kräuterauszügen eignet. Heute verwendet man jedoch auch trockene, neutrale Weine. Um 1786 produzierte die Turiner Firma Carpano erstmalig in größerem Ausmaß Vermouthwein aus Moscato d'Asti unter Zusatz von reinem Alkohol, aromatischen Kräutern und Zucker. Seit jener Zeit hat sich Turin als Zentrum der Vermouthweinherstellung einen Namen gemacht. Der »Vino Vermouth di Torino« ist heute führend und charakteristisch für einen ganz bestimmten Vermouthtyp. Der »Torino« – seine Hauptsorten sind der rubinrot leuchtende »Colorato« oder »Rosso«, der grünlich weiße, süßherb schmeckende »Bianco« und der trockene, herbe, kaum Restzucker enthaltende »Secco« oder »Dry« – hat so charakteristische Merkmale, dass seine Ursprungsbezeichnung international geschützt wurde. Kerngebiet der Vermouthherstellung

Gemeinsam ist allen Weinaperitifs, dass sie mit Kräutern und Gewürzen aromatisiert werden und Wein als Ausgangsprodukt haben.

in Italien ist das Produktionsdreieck Turin – Cuneo – Alessandria. Es umschließt das Hauptanbaugebiet des Moscatoweins mit der Stadt Asti. Bei der Herstellung von Vermouth sind vier Arbeitsgänge erforderlich: die Zusammenstellung der Ausgangsweine, die Produktion des Kräuterauszugs zur Aromatisierung des Weins, Schönung und Filtration bzw. Stabilisierung des entstandenen Vermouthweins sowie die Lagerung des Fertigprodukts bis zur Abfüllreife. Die für den Auszug verwendete Kräutermischung enthält außer dem Wermutkraut noch weitere aromatische Zugaben. Bis vor kurzem betrug der Alkoholgehalt zwischen 15,5% vol und 18% vol. Die Erhöhung der Verbrauchssteuern für Zwischenerzeugnisse über 15% vol führte jedoch dazu, dass die Produzenten den Alkoholgehalt senkten. Neben den Vermouths genießen besonders die Weinaperitifs Frankreichs Weltruf. Diese »Apéritifs à Base de Vin« werden aus Wein, Mistelle, Alkohol und Gewürzauszügen hergestellt.

Die »Apéritifs à Base de Vin« enthalten Mistelle, einen Traubenmost, bei dem durch Alkoholzugabe die Gärung angehalten wurde.

Die wichtigsten Marken

Carpano Punt e Mes In das Jahr 1870 reicht die
Geschichte des »Punt e Mes« zurück: Das Haus
Carpano, 1786 gegründet, war der erste
Hersteller von Vermouth. Carpano be-
trieb nahe der Turiner Börse eine Likör-
stube, in der Bankiers und Makler ihre

Der »Punt e Mes« unterscheidet sich durch eine etwas bittere Geschmacksnote von den anderen großen Vermouthmarken.

Geschäfte bei einem Glas Vermouth weiterführten.
Aus dem Stimmengewirr hörte man immer wieder
die Worte »Punt e mes« heraus, es ging dabei um
die Steigerung von Börsenkursen um einen weiteren halben Punkt. Als Carpano ein neues Produkt
auf den Markt brachte, einen Vermouth, der eine
Spur bitterer als der bisher angebotene »Classico«
war, entschied man sich für den gebräuchlichen
Börsenausdruck als neuen Namen. Der Alkoholgehalt von »Punt e mes« beträgt 16% vol.

Cinzano Das 1757 in Turin gegründete Unternehmen gehörte bereits Mitte des 19. Jahrhunderts zu
den großen Vermouthproduzenten. Das in vielen
Bereichen der Getränkeindustrie tätige Unterneh-

men ist neben Martini & Rossi der größte Hersteller und befindet sich heute im Besitz des englischen Getränkemultis IDV (International Distillers and Vintners). Cinzano bietet die Sorten »Cinzano Rosso«, »Cinzano Bianco«, »Cinzano Rosé« und »Cinzano Dry« mit jeweils 15% vol Alkoholgehalt an.

Dubonnet »Dubonnet«/Grand Apéritif de Francegibt es seit Mitte des 19. Jahrhunderts. 1896 wurde die Marke eingetragen, seither ziert eine Katze das Etikett. »Dubonnet« gibt es als »Rouge« und »Blanc«. Für beide bilden Mistelle (siehe Seite 448), rote und weiße Weine sowie neutraler Alkohol die Basis. Diesem wird nach der Lagerung eine Gewürzmischung zugesetzt. Beide »Dubonnets« haben 16% vol.

Das Etikett mit der Katze auf rotem Hintergrund, immer wieder modernisiert, hat »Dubonnet« international bekannt gemacht.

Martini Das 1863 in Turin gegründete Unternehmen Martini & Rossi ist heute der größte Vermouthproduzent. Rund 200 Millionen Flaschen werden jährlich hergestellt. Das auch in anderen Bereichen der Wein- und Spirituosenindustrie aktive Unternehmen gehört seit 1992 zu Bacardi International. Martini & Rossi bietet die Sorten »Martini Rosso«, »Martini Bianco«, »Martini Rosé« und »Martini Extra Dry« mit jeweils 15% vol Alkohol an.

Noilly Prat Während Carpano für sich in Anspruch nehmen kann, den ersten italienischen (süßen) Vermouth hergestellt zu haben, gebührt dieser Ruhm Noilly Prat für den ersten französischen (trockenen) Vermouth. Schon im Jahre 1800 hatte Joseph Noilly das Rezept für einen neuartigen Aperitifwein entwickelt. Seine außergewöhnliche Qualität verdankt der »Noilly Prat« vor allem der sorgfältigen Auswahl trockener südfranzösischer Weine der Sorten Picpoul und Clairette. Darüber hinaus tragen die Lagerung unter freiem Himmel, die einen optimalen Luftaustausch gewährt, und ein langer Reifeprozess entscheidend dazu bei. 1853 wurde »Noilly Prat« erstmals in die USA exportiert; er ist dort bis heute der führende französische Vermouth geblieben. »Noilly Prat Extra Dry« gilt weltweit als der »König der trockenen Vermouths«.

Im Jahre 1813 gründete Joseph Noilly das heute weltbekannte Unternehmen. 1843 erfolgte der Eintritt von Claudius Prat.

Picon Die 1837 gegründete Firma Picon wurde weltbekannt durch ihren »Amer Picon« (Bitter Picon). Erst später kamen die Aperitifs »Picon Rouge«, »Picon Blanc« und »Picon Dry« ins Programm. Grundlage des »Picon« sind Mistelle (siehe Seite 450) aus im Süden Frankreichs geernteten Trauben der Rebsorte Muskat und Clairette, denen dann Wermutkraut und aromatische Extrakte zugefügt werden.

Pineau des Charentes Aus Traubenmost und Cognac wird »Pineau des Charentes« hergestellt. Dabei stoppt der Cognac die Mostgärung. Für diesen einzigen Likörwein Frankreichs mit »Appellation Contrôlée« (kontrollierte Herkunftsbezeichnung) gibt es strenge Vorschriften, die unter anderem den Höchstertrag pro Hektar regeln, die zulässigen Rebsorten, den Alkoholgehalt und das Herstellungsverfahren. »Pineau des Charentes« gibt es weiß und rosé. Er reift mindestens zwei Jahre in Eichenholzfässern und hat zwischen 15 und 22% vol Alkohol.

Charente – Produktionsgebiet des Cognacs – ist die Region, in der auch »Pineau des Charentes« hergestellt wird.

Ratafia In Frankreich war »Ratafia« früher einmal ein Oberbegriff für Getränke mit Zusätzen. Heute wird »Ratafia« hauptsächlich in der Champagne hergestellt. »Ratafia de Champagne«, ist eine Mischung aus Traubensaft und Marc de Champagne. Der Alkoholgehalt von »Ratafia« beträgt um die 17% vol.

St. Raphaël Einer der berühmtesten Weinaperitifs Frankreichs ist »St. Raphaël«. Er wird als »Rouge« und »Doré/Gold« angeboten. Als Grundweine verwendet man je nach Sorte weiße, hellrote oder rote südfranzösische Weine. Durch Zugabe von Mistelle (siehe Seite 448) und eines Extrakts aus Chinarinde sowie Aromaauszügen aus Pflanzen und Zitrusfrüchten, die dem zwei Jahre lang gelagerten Grundwein zugegeben werden, wird die Basis für »St. Raphaël« geschaffen. Nach der Verbindung aller Zutaten wird die Mischung gefiltert und ein weiteres Jahr gelagert. »St. Raphaël Rouge« hat eine würzigherbe Note, der »St. Raphaël Gold« ist in Aroma und Blume etwas feiner und subtiler.

Die Rezeptur von »St. Raphaël« (benannt nach dem Schutzheiligen der Apotheker) wurde von Adhémar Juppet um 1890 in Lyon entwickelt.

453

Alfonso

4 cl Dubonnet
Rouge
I Stück Würfel-
zucker
2 Spritzer
Angostura
kalter Sekt oder
Champagner
Zitrone

milder Aperitif für jeden Anlass

In Cocktailschale Würfelzucker mit
Angostura tränken. Einen Eiswürfel und
Dubonnet dazugeben, mit Sekt oder
Champagner auffüllen. Mit Zitronen-
schale abspritzen, diese dazugeben.

Big Apple

3 cl Noilly Prat
Vermouth
2 cl Calvados
Boulard Fine
2 cl Pecher
Mignon
Babyapfel

herb-aromatischer Before-Dinner-Drink

Im *Rührglas* mit Eiswürfeln verrühren,
in vorgekühltes Cocktailglas abgießen.
Miniapfel an den Glasrand stecken.

Vermouth Flip

5 cl Vermouth
Dry
I cl Cognac
I cl Zitronensaft
I cl Zuckersirup
I Eigelb,
2 cl Sahne
Muskatnuss

Drink für den Nachmittag

Im *Shaker* mit Eiswürfeln schütteln und
in ein Stielglas abgießen. Fein geriebene
Muskatnuss darüber streuen.

Vermouth Cassis

erfrischender Aperitif und Sommerdrink

In ein großes Becherglas Vermouth und Cassis mit Eiswürfeln geben. Umrühren und mit Sodawasser auffüllen. Mit einer Zitronenschale abspritzen und diese dazugeben.

5 cl Vermouth Dry

2 cl Crème de Cassis

kaltes Sodawasser

Zitrone

Dubonnet Fizz

erfrischender Fizz für den Nachmittag

Im *Shaker* mit Eiswürfeln schütteln und in ein kleines Becherglas abgießen. Mit Sodawasser aufspritzen.

5 cl Dubonnet Rouge

1 cl Cherry Brandy

3 cl Orangensaft

2 cl Zitronensaft

kaltes Sodawasser

Dubonnet Cocktail

aromatischer Before-Dinner-Drink

Im *Rührglas* mit Eiswürfeln verrühren, in Cocktailglas gießen. Mit Zitronenschale abspritzen, diese dazugeben.

3 cl Dubonnet Rouge

3 cl Gin

Zitrone

Weinbrand

Unter den Spirituosen hat der Weinbrand die
älteste Geschichte. Um 1100 datierte Urkunden
aus Italien erwähnen ihn bereits, und 1321 gibt es in
einem deutschsprachigen Dokument den Hinweis
auf gebrannten Wein. Weinbrand bildet heute rund
ein Viertel der deutschen Spirituosenproduktion.
Für den deutschen Markt ist in erster Linie die
Eigenproduktion an Weinbrand wichtig; es folgen
Cognac und Armagnac aus Frankreich und Brandy
aus Spanien und Italien. Die Qualität eines Weinbrands entscheidet sich bei der Auswahl der zum
Brennen geeigneten Weine. Deutsche Weinbrenner
decken ihren Bedarf an Brennwein vor allem in
Frankreich und Italien. Die Destillation bei der

Weinbrandherstellung erfolgt in zwei Schritten: Zuerst wird der Raubrand hergestellt und daraus dann Feinbrand gewonnen. Ersterer enthält noch Stoffe, die im zweiten Destillationsvorgang abgeschieden werden müssen. Daher ist die Gewinnung des Feinbrandes der wesentlich schwierigere Arbeitsprozess. Die beim zweiten Brennvorgang entstehende Flüssigkeit wird in Vorlauf, Mittellauf und Nachlauf unterschieden. Für die weitere Verarbeitung konzentriert man sich auf den Mittellauf, den eigentlichen Feinbrand, das »Herzstück« der Destillation, mit etwa 70% vol Alkohol. Dieses reift in Eichenholzfässern. Bei hochwertigen Destillaten verwendet man kleine Fässer mit einem Fassungsvermögen von 350 Liter. Das Destillat zieht während der Lagerzeit aus dem Holz Duft-, Aroma- und Farbstoffe. Am Ende der Reifezeit stellen die Brennmeister aus den Destillaten verschiedener Brennvorgänge die gewünschte Mischung zusammen. Der Mindestalkoholgehalt beträgt 36% vol.

Weinbrand muss mindestens sechs Monate in Eichenholzfässern lagern. Altershinweise dürfen ab zwölf Monaten gegeben werden.

Die wichtigsten Marken

Asbach In Rüdesheim am Rhein hat die Weinbrennerei Asbach & Co. ihren Sitz. Sie stellt den bekanntesten deutschen Weinbrand her. Hugo Asbach gründete 1892 die »Export Compagnie für rheinischen Cognac« an, und bereits 1907 ließ der Firmengründer seinen »Asbach Uralt« beim Kaiserlichen Patentamt schützen – als erste deutsche Weinbrandmarke. Zur Destillation von Asbach werden die klassischen Brennweine aus Frankreich (Charente) und Italien verwendet. Asbach ist zwar nicht der größte Weinbrandhersteller in Deutschland, aber sicher das Haus, das den meisten hochwertigen Weinbrand absetzt. Seit Anfang der 90er Jahre ist das Unternehmen im Besitz des englischen Spirituosenkonzerns United Distillers. Die Hauptmarke bildet bis heute der »Asbach Uralt«. Er reift weit über die gesetzlich vorgeschriebene Lagerzeit hinaus in kleinen Fässern und wird mit einem Alkoholgehalt von 38% vol abgefüllt. »Asbach Privat« wird nach einer Reifezeit von

Das Wort Weinbrand geht auf Hugo Asbach zurück, der seinen gebrannten Wein ab 1902 als Cognacweinbrand bezeichnete.

über acht Jahren mit ebenfalls 38% vol angeboten. »Asbach Selection« wurde 1989 erstmals vorgestellt. Für diesen außergewöhnlichen Weinbrand werden Destillate ältester Jahrgänge verwendet. Er ist in Schmuckkaraffen mit 40% vol erhältlich.

Bols Das bei uns hauptsächlich für seine Liköre bekannte niederländische Unternehmen bietet auch den »Bols« Alter Weinbrand V.S.O.P. (36% vol) an.

Dujardin Ihren Ursprung hat diese Marke in der Verbindung der Uerdinger Destillateurfamilie Melcher mit ihrem französischen Weinlieferanten Dujardin im letzten Jahrhundert. 1983 wurde Dujardin von Racke in Bingen am Rhein übernommen. Neben dem Klassiker »Dujardin Imperial« (36% vol) wird die acht Jahre gereifte Spitzenqualität »Dujardin« X.O. (38% vol) angeboten.

Eckes im rheinhessischen Nieder-Olm ist mit den Marken »Chantré« und »Mariacron« größter deutscher Weinbrandproduzent.

Jacobi Die 1880 gegründete Privatweinbrennerei Jacobi in Weinstadt nahe Stuttgart ist heute Teil des Getränkekonzerns Domecq. Sie bietet weiterhin den »Jacobi 1880 V.S.O.P.« (36% vol) an.

Scotch Whisky

Seit vielen Jahrhunderten wird in Schottland Whisky gebrannt, wobei alte Urkunden darauf hinweisen, dass Mönche die Kunst des Brennens ins Land brachten. Das älteste historische Zeugnis ist eine Eintragung in den Archivalien des schottischen Schatzamtes von 1494 mit folgendem Text: »Acht Bollen Malz für Bruder Cor, um damit Aqua Vitae zu machen.« Einer der ersten Hinweise auf »Uiskie«, so die damalige Schreibweise, datiert um 1600. Der Name »Whisky« kommt ursprünglich vom gälischen »Uisge Beatha« beziehungsweise »Usquebaugh«, was soviel wie »Lebenswasser« bedeutet. Das schottische Hochland war die Region, in der damals unzählige kleine Brennereien betrieben wurden. 1643 versuchte die Obrigkeit zum ersten Mal, den Whisky zu besteuern. Wie nicht anders zu erwarten, stieß sie jedoch auf wenig Gegenliebe bei den Brennern: Die Steuer wurde einfach ignoriert. Man destillierte künftig illegal, und mit kleinen, leicht beweglichen Destillierapparaten ging das fast problemlos. Es begann die viel besungene Zeit der Schwarzbrennerei und des Whiskyschmuggels. Den Steuerbeamten war wenig Glück beschieden, als sie versuchten, in den unzugänglichen Hochlandregionen den Schwarzbrennern auf die Spur zu kommen. Die Illegalität erschwerte den Brennern jedoch den Absatz des Whiskys. Als 1707 England und Schottland vereinigt wurden, verspürte man im Norden noch weniger Lust, an die ungeliebten Engländer Steuern abzuführen. Um die Mitte des 18. Jahrhunderts arbeiteten über 400 illegale Brennereien im Hochland und auf den einsam gelegenen Inseln vor der Küste Schottlands. Rund 70 Jahre währte der Kampf zwischen Brennern und Beamten, genau bis

Scotch Whisky, eines der berühmtesten Getränke der Welt, ist seit Jahrhunderten Nationalspirituose Schottlands.

1823, als der einflussreiche schottische Herzog von Gordon günstigere Steuergesetze durchsetzte. Der erste Brenner, der eine Lizenz beantragte, war 1824 George Smith; seine Glenlivet Distillery existiert noch heute. In Schottland werden zwei Whiskyarten hergestellt: Malt (Malz-) und Grain (Korn-) Whisky. Generell unterscheidet man außerdem zwischen Highland (Hochland-) und Lowland (Flachland-) Whisky. Als Grenze zwischen beiden Gebieten gilt

Die Verbreitung des Scotch Whiskys im letzten Jahrhundert wurde durch die Erfindung des kontinuierlichen Brennapparates möglich.

eine imaginäre Linie, die bei Greenock – 30 Kilometer nordwestlich von Glasgow – im Westen des Landes beginnt und bei Dundee im Osten endet. Fast alle Malt-Whisky-Destillerien – zur Zeit sind es 103 – befinden sich im Hochland in der eigenständigen Unterregion Speyside. Die Orkney-Inseln mit zwei Brennereien zählen auch zu den Highlands, ebenso wie die Inseln Skye (1), Mull (1), Jura (1) und Arran, wo seit 1995 wieder eine Destillerie arbeitet. Die Insel Islay mit sieben Brennereien gilt als eigenständige Region, ebenso Campbeltown (2) auf der Halbinsel

Kintyre. In den Lowlands arbeiten sechs Malt-Bren-nereien. Außerdem sind zehn Grain-Destillerien über ganz Schottland verstreut. Der Grundstoff für Malt Whisky ist ausschließlich Gerste. Man bringt sie zum Keimen und trocknet sie durch Torffeuer. Dieser Vorgang sorgt für den späteren Rauchge-schmack. Das getrocknete Malz wird gemahlen, mit Wasser vermengt und unter Zusatz von Hefe zum Gären gebracht. Anschließend destilliert man die dabei entstandene Flüssigkeit in kupfer-nen, zwiebelförmigen Kesseln zweimal. Diese so genannten Pot Stills sehen heute nicht anders aus als vor hundert Jahren:

Während der Grain Whisky im »Continous-Still«-Verfahren gewon-nen wird, erhält man den Malt Whisky im »Pot-Still«-Verfahren.

Bei diesem Verfahren verläuft der Destillationspro-zess nicht kontinuierlich, die Kessel werden nach dem Ende einer Destillation jeweils neu gefüllt. Zu den Faktoren, die die Güte eines Malt Whisky ent-scheidend mitbestimmen, gehört die Wasserqua-lität. Deshalb wird ausschließlich absolut sauberes, klares, besonders weiches Quellwasser verwendet. Wichtig sind natürlich auch die Qualität des Malzes, die Trocknung über dem Torffeuer, die Größe und Form der Kupferkessel, die Kunst des Brennmeisters und letztendlich das Fass und die Dauer der Reife. Wenn der frisch destillierte Malt Whisky ins Fass kommt, ähnelt er kaum dem Produkt, das nach zehn, zwölf oder 15 Reifejahren abgefüllt wird. Die Jahre verändern den Whisky vollkommen. Er wird weich, und der Geschmack entwickelt sich – der Whisky wird besser, je länger man ihn im Fass lässt, und bis heute gibt es keinen Weg, diesen Prozess abzukürzen. Drei Dinge spielen während des Alterungsvorgangs eine Rolle: der Whisky selbst, das Fass, in dem er reift, und das Klima, in dem die Reifung stattfindet. Die Eichenholzfässer sind nicht luftdicht, der Whisky verdunstet durch die Poren des Holzes, Luft dringt ein und beeinflusst die Art der Reife. Früher wurden oft ehemalige Sherryfässer für die Lagerung verwendet, sie sind jedoch sehr rar und entsprechend teuer geworden, so dass nur noch wenige Destillerien auf sie zurückgreifen. Viel-

Sowohl Grain Whisky als auch Malt Whisky muss mindestens drei Jahre lang in Eichenholzfässern gelagert werden.

fach werden Bourbonfässer verwendet, die in den USA ja nur einmal eingesetzt werden dürfen. Während der Lagerzeit verdunsten alle Stoffe, die den jungen Whisky hart und aggressiv machen. Malt Whisky braucht, damit sich alle Unebenheiten im Geschmack verlieren, etwa zehn bis zwölf Jahre Fasslagerung. Der Blendmaster bestimmt den idealen Zeitpunkt für die Abfüllung – nur wenige Whiskys werden dann noch besser. Außerdem gibt das Fass dem Whisky seine Farbe, denn frisch destillierter Whisky ist, wie alle Destillate, vollkommen farblos. Die Bezeichnung »Single Malt« besagt, dass es sich dabei um das Produkt einer Destillerie handelt. Malt Whiskys, auf denen »100% Malt« oder »Der Pure Malt« steht, sind so genannte Vatted Malts – Whiskys, die aus verschiedenen Destillerien kommen. Der weitaus größte Teil der Malt Whiskys wird aber nicht auf Flaschen gefüllt, sondern zur Blended-Whiskyherstellung verwendet. Außerhalb Schottlands schätzte man den starken, rauchigen Whisky der Anfangszei-

»Blends« sind Mischungen aus Whiskys verschiedenen Typs, die es ermöglichen, Whisky von gleich bleibender Qualität zu produzieren.

ten nicht sonderlich. Dies änderte sich, als Robert Stein 1826 den Patent-Destillierapparat erfand, ein Verfahren, das Aeneas Coffey 1831 nochmals verbesserte. Man konnte nun kostengünstig, schnell und unabhängig von Wasser, Torf oder Witterung größere Mengen Whisky herstellen. Um 1860 entdeckte Andrew Usher aus Edinburgh, die Kombination von Malt und Grain Whisky – der heutige Blended Whisky begann seinen Siegeszug um die Welt.

Blending ist die Kunst, verschiedene Malt- und Grainsorten aus unterschiedlichen Brennereien und Jahrgängen harmonisch zu verbinden.

Es war ein Siegeszug mit Hindernissen. Denn die Malt-Whiskyhersteller kämpften gegen den weicheren Blended Whisky; sie stritten lange Zeit dafür, dass nur ungemischter Malt als Scotch Whisky verkauft werden dürfte. 1909 entschied eine königliche Kommission, dass der unter Verwendung von Grain Whisky hergestellte Blended auch als Scotch verkauft werden durfte. Rund 98 Prozent der heute hergestellten Whiskys kommen als »Blended Scotch« auf den Markt. Er wird in kontinuierlicher Destillation aus gemälzter und ungemälzter Gerste gebrannt, ein

Verfahren, das durch seine höhere Wirtschaftlichkeit die Erzeugung großer Mengen möglich macht. Der Grain lagert dann genau wie Malt Whisky in Eichenholzfässern. Grain Whisky ist grundsätzlich leichter und weicher in Charakter und Geschmack. Für die Verbindung von Malt und Grain wird neben dem Ausdruck »Blending« (to blend = verschmelzen, ineinander übergehen) auch die Bezeichnung »Marriage« (Heirat) gebraucht. Einer der wichtigsten, wenn nicht sogar der wichtigste Mann einer Destillerie ist der Blendmaster. Seine Nase entscheidet. Denn Brennereien gibt es viele in Schottland, und jede stellt Whiskys her, die theoretisch miteinander verbunden werden können. Die Kunst ist es nun, nur solche Whiskys zu mischen, die in der Verbindung vollkommen harmonieren und dabei doch ihre besten und spezifischen Eigenschaften entfalten können. Das klingt vielleicht einfach, aber bei manchen Blends werden bis zu 40 verschiedene Grains und Malts gemischt, um das gewünschte Produkt zu

Der Blended Whisky brachte den Beruf des »Blenders« hervor, der sich darauf versteht, die besten Whiskys miteinander zu verschneiden.

erreichen. Und ist ein Blended Scotch dann einmal kreiert und für gut befunden, gibt es trotzdem noch keine Formel für seine Zusammensetzung. Denn Whisky als reines Naturprodukt ist stets leichten Geschmacksänderungen unterworfen, und der Blendmaster muss seine Blends immer wieder überprüfen und das Mischungsverhältnis korrigieren. Die Namen der verwendeten Whiskys und die Werte für die Mischung sind streng gehütete Geheimnisse. Der Gesetzgeber verlangt, dass jeder Whisky mindestens drei Jahre alt ist. Bei Whisky mit Jahresangabe muss stets das Alter des jüngsten verwendeten Whiskys angegeben werden, es darf kein

Die für einen Blend bestimmten Malt Whiskys und Grain Whiskys müssen sich im Geschmack gut ergänzen und verbessern. Durchschnitt errechnet werden. Von »De-Luxe-Blends« spricht man ab einem Maltanteil von einem Drittel. Auf dem Weltmarkt werden heute über 2000 verschiedene Blended Scotch Whiskys angeboten. Den Löwen-anteil bilden aber relativ wenige, international be-kannte Sorten. Die in Deutschland importierten Blended Scotch Whiskys enthalten im Nor-

malfall 40% vol Alkohol. Die Malt Whiskys weisen
meist 40 oder 43% vol Alkoholgehalt auf, oft aber
auch einige Prozent mehr. Eine Besonderheit stellen die »Cask Strength«-Whiskys
dar, die »Fassstärke«-Whiskys, die direkt
aus dem Fass ohne Herabsetzung des
Alkoholgehalts abgefüllt werden und dann etwa 50
bis über 60% vol Alkohol enthalten.

Jeder Hersteller hütet die Formel seines Blends. Ausschlaggebend für die Qualität eines Blends ist sein Maltanteil.

Blended Scotch – wichtigste Marken

Ballantine's Die Nummer drei unter den Scotch
Whiskys, »Ballantine's«, war seit den 30er Jahren im
Besitz von Hiram Walker und ist heute Teil des Mul-
tis Allied Domecq. Von den berühmten rechteckigen,
braunen Flaschen verkauft die Firma jährlich rund 60
Millionen. Die Hauptmarke »Finest« und der zwölf
Jahre alte »Gold Seal« (beide 40% vol) bilden feste
Bestandteile des deutschen Whiskymarkts. Bei uns
zur Zeit nicht erhältlich sind die Top-Malt-Blends
»17 Years Old« und »Aged 30 Years«.

Black & White Zwei Hunde, ein West Highland White und ein Scottish Terrier, werben seit 1890 für diese Marke. »Black & White« mit einem Alkoholgehalt von 40% vol darf sich zu den erfolgreichsten Scotchmarken der Geschichte zählen und gehört heute zum Spirituosenmulti United Distillers.

Chivas Regal Der »12 Years Old« Blended Scotch bildet mit rund 45 Millionen verkauften Flaschen jährlich die Nummer eins unter den zwölfjährigen Whiskys. Der Aufstieg der Marke begann 1948 mit der Übernahme durch den Spirituosenkonzern Seagram. 1952 wurde dann der »Royal Salute« eingeführt – benannt nach den 21 Salutschüssen bei der Krönung von Königin Elisabeth II. Dieser exquisite Blend wird in drei verschiedenfarbige Porzellandekanter abgefüllt und in Samtsäckchen verpackt angeboten. Beide Marken enthalten 40% vol.

Seit dem Jahre 1909 genießt »Chivas Regal« (regal = königlich) durch den Export in viele Länder der Welt größtes Ansehen.

Clan Campbell Dieser Blended Scotch (40% vol) wird südlich von Glasgow hergestellt. Das Haus Campell ist im Besitz der Gruppe Pernod-Ricard.

Cutty Sark Der nach dem Teeklipper »Cutty Sark« benannte helle Blend bildet das Flaggschiff der bis heute unabhängigen Firma Berry Bros. & Rudd Ltd. Mit rund 25 Millionen abgesetzten Flaschen jährlich zählt »Cutty Sark« (40% vol) zu den großen Marken. Auch zwölf und 18 Jahre alte Blends (jeweils mit 43% vol Alkoholgehalt) sind im Handel.

Dewar's Das seit 1998 zu Bacardi International gehörende Unternehmen ist auch für den zwölf-jährigen »Ancestor« bekannt. Die Standardqualität »Dewar's White Label« ist heute die führende Scotchmarke in den USA. Nach fast zehnjähriger Absenz vom deutschen Markt wird »Dewar's«, einer der ganz großen Namen der Scotchindustrie und -geschichte, bei uns wieder angeboten.

Dimple Einer der führenden zwölf Jahre alten De-Luxe-Scotch (Alkoholgehalt 40% vol) ist »Dimple« (=Grübchen) von Haig. Die berühmte »gekniffene« Flasche wird seit etwa 1900 verwendet. International bietet die Firma auch einen 15 Jahre alten »Dimple« an.

> **»Dimple« ist eine sorgfältige Komposition von über 40 ausgesuchten Malt und Grain Whiskys, die die hohe Qualität bestimmen.**

Famous Grouse Das schottische Moorhuhn (»grouse«) ist das Symbol des Lieblingsblends der Schotten und ziert jedes Etikett der jährlich fast 30 Millionen verkauften Flaschen. Die zu den Highland Distillers gehörende Marke belegt den neunten Platz unter den Blended Scotch. Seit einiger Zeit wird »Famous Grouse« auch »15 Years Old« angeboten. Sowohl die Standardmarke als auch die 15 Jahre alte Abfüllung enthalten 40% vol Alkohol.

Grant's Die bis heute unabhängige Firma Grant wird immer noch von den Nachfahren des Gründers geleitet. Weltberühmtheit erlangte Grant durch den führenden Single Malt »Glenfiddich«. »Grant's Family Reserve« (mit einem Alkoholgehalt von 40% vol) stellt mit fast 50 Millionen Flaschen jährlich die Nummer vier unter den Blended Scotch dar.

William Grant und seine sieben Söhne erbauten 1887 die berühmte Glenfiddich Distillery in Dufftown in der Speyside-Region.

Haig Eines der großen Unternehmen, die dem Blended Scotch zu Weltruhm verhalfen, ist Haig. Die 1627 gegründete Firma erhebt den Anspruch, die älteste Destillerie Schottlands zu sein. John Haig

(1802–1878) war einer der Großen, die den Blended Whisky zum Welterfolg führten. Heute gehört die Firma zum englischen Konzern United Distillers. Dieser bietet in Deutschland den »Haig Gold Label« mit 40% vol und den »Dimple« (siehe Seite 473) an.

J & B Der nach den Anfangsbuchstaben der Firmengründer Justerini und Brooks benannte »J & B Blended Scotch« (mit einem Alkoholgehalt von 40% vol) ist nach »Johnnie Walker« die zweitgrößte Scotchmarke. Über 70 Millionen Flaschen werden jährlich von dem heute zur IDV (International Distillers and Vintners) gehörenden Unternehmen verkauft. Neben der sehr hellen Standardmarke ist auch ein »15 Years Old« mit 43% vol auf dem Markt.

Der leichte, helle »J&B« lagert nach dem Blending und vor der Abfüllung in Flaschen nochmals ein Jahr in Eichenholzfässern.

Johnnie Walker Die Nummer eins der Scotchproduzenten setzt jährlich rund 90 Millionen Flaschen der Hauptmarke »Red Label« ab. Diesem folgt auf Platz sechs der meistverkauften Scotch mit über 40 Millionen Flaschen der »Black Label«/12 Years Old. Beide zusammen sind die drittgrößte

Spirituosenmarke nach »Bacardi« und »Smirnoff«. Auf den internationalen Märkten wird außerdem der Premium Scotch »Swing«, der in manchen Län-dern »Celebrity« heißt, und der 18 Jahre alte »Gold Label« angeboten. Neu auf dem deutschen Markt sind der 15 Jahre gereifte »Pure Malt« und der beste Scotch des Hauses, der »Blue Label«. Dieser außer-gewöhnliche Whisky besteht aus 15 der seltensten und besten Scotch Whiskys, deren ältestes Destillat über 70 Jahre Reifezeit aufweist.

1908 wurde die berühmte Johnnie Walker-Figur mit Zylinder, Frack, Einglas und Spazier-stock entwickelt, die bis heute die Etiketten ziert.

Long John Von der heute zum Konzern Allied Domecq gehörenden Firma wird in Deutschland nur die Standardmarke »Long John« MacDonald angebo-ten, ein internationaler Bestseller. John MacDonald, der wegen seiner Körpergröße Long John genannt wurde, errichtete 1825 in Fort William die erste Brennerei des später stark expandierenden Unter-nehmens. Heute gehören zu Long John International, die im Besitz von Hiram Walker ist, eine Grain-Destillerie und zwei berühmte Malt-Destillerien.

Teacher's Mit rund 20 Millionen Flaschen jährlich belegt »Teacher's« Highland Cream Platz zwölf bei den meistverkauften Scotchs. Die Marke »Highland Cream« wurde schon 1884 eingetragen. Seit 1976 ist Teacher's im Besitz des Konzerns Allied Domecq.

Vat 69 William Sanderson, eine der großen Persönlichkeiten in der Entwicklungsgeschichte des Blended Scotch, ließ 1882 einhundert Blends von Experten verkosten. Die Wahl fiel schließlich auf das Fass (Vat) 69. Die in den 50er und 60er Jahren bei uns sehr erfolgreiche Marke gehört heute zu dem englischen Unternehmen United Distillers.

White Horse Dieser Blended Scotch mit wechselvoller, aber erfolgreicher Geschichte wurde um das Jahr 1890 nach einem Gasthof in Edinburgh benannt – dem der Familie des Brennereigründers gehörenden »The White Horse Inn«. »White Horse« ist heute Teil von United Distillers und steht mit rund 18 Millionen jährlich verkauften Flaschen auf Platz 13 im internationalen Scotchgeschäft.

1926 führte White Horse den Schraubverschluss ein und verdoppelte damit den Umsatz innerhalb von sechs Monaten.

Rob Roy

4 cl Blended Scotch
2 cl Vermouth Rosso
2 Spritzer Angostura
Cocktailkirsche

herber Before-Dinner-Drink

Im *Rührglas* mit Eiswürfeln verrühren, in vorgekühltes Cocktailglas abgießen. Eine Cocktailkirsche dazugeben.

Scottish Surprise

6 cl Blended Scotch
6 cl Maracuja-nektar
I cl Zitronensaft
I cl Grenadine
I Spritzer Angostura
Zitrone, Cocktailkirsche

überraschend milder Scotchdrink

Im *Shaker* mit Eiswürfeln schütteln und in einen Tumbler auf Eiswürfel abgießen. Eine Zitronenscheibe und eine Cocktailkirsche dazugeben.

Bobby Burns

3 cl Blended Scotch
3 cl Vermouth Rosso
3 Spritzer Bénédictine
Zitrone

mildere Rob Roy-Variante

Im *Rührglas* mit Eiswürfeln verrühren und in ein vorgekühltes Cocktailglas abgießen. Mit Zitronenschale absprit-zen und diese dazugeben.

Whisky Flip

kleiner Magenfüller für den Nachmittag

Im *Shaker* mit Eiswürfeln schütteln und in ein Stielglas abgießen. Fein geriebene Muskatnuss darüber streuen.

5 cl Blended Scotch
1 cl Zuckersirup
2 cl Sahne
1 Eigelb
Muskatnuss

St. Andrews

aromatischer Scotchdrink

Im *Shaker* mit Eiswürfeln schütteln, in ein Longdrinkglas auf Eiswürfel abgießen. Mit einer Zitronenscheibe und einer Cocktailkirsche garnieren.

5 cl Blended Scotch
1 cl Amaretto
6 cl Ananassaft
6 cl Orangensaft
1 cl Zitronensaft
Zitrone, Cocktailkirsche

Highlander

Scotchdrink für die Cocktail-Hour

Im *Shaker* mit Eiswürfeln schütteln und in einen Tumbler auf Eiswürfel abgießen. Mit einer Orangenscheibe und einer Cocktailkirsche garnieren.

5 cl Blended Scotch
2 cl Drambuie Whisky Liqueur
2 cl Orangensaft
2 cl Zitronensaft
Orange, Cocktailkirsche

Scotch Malt Whisky – wichtigste Marken

Aberlour »Aberlour Single Highland Malt« wird zehn- und 21-jährig angeboten (43% vol). Die Aberlour-Destillerie, 1826 erbaut und erst 1879 wieder eröffnet, gehört seit 1974 zu Pernod Ricard.

Arran Die Insel Arran bildete ein Zentrum der – zumeist illegalen – Whiskyproduktion. 1994 wurde in Lochranza mit dem Bau einer neuen Destillerie begonnen, und 1995 floss bereits der Whisky. Angeboten werden »Lochranza Blended Scotch«, »Eileandour Pure Malt/10 Years Old« und der 21-jährige »Royal Island Finest Old Scotch Whisky«.

Für das Jahr 2003 ist der erste »Isle of Arran Single Malt« zu erwarten. Zwischenzeitlich handelt man mit zugekauften Whiskys.

Auchentoshan »Auchentoshan Single Lowland Malt« wird als »Select« ohne Jahrgang, und als »10 Years Old« (beide 40% vol) und »21 Years Old« (43% vol) mit Angabe des Destillationsjahres angeboten. Die zur Morrison Bowmore – und damit zum japanischen Konzern Suntory – gehörende Destillerie wendet für ihren klassischen Lowland Malt die alte Methode der Dreifachdestillation an.

The Balvenie Die 1892 von William Grant in Dufftown im Herzen der Speysideregion eröffnete Distillery Balvenie bietet heute in Deutschland drei Single-Malt-Abfüllungen an: »Founder's Reserve/10 Years Old« hat 40% vol. Der »Double Wood«/12 Years Old (40% vol) reift erst in Bourbonfässern und anschließend in Sherryfässern. Der »Single Barrel«/15 Years Old (50,4% vol) ist eine stark limitierte Edition ausgesuchter Einzelfassabfüllungen.

Obwohl die Destillerie Balvenie zur Glenfiddich-Destillerie von William Grant gehört, produzieren beide ganz unterschiedliche Whiskys.

Bowmore »Bowmore« Islay Single Malt stammt aus der 1779 gegründeten und ältesten legalen Destillerie der Insel und ist seit 1994 im Besitz des japanischen Konzerns Suntory. In Deutschland sind mehrere Qualitäten im Handel: »Bowmore Legend« und »Bowmore/12 Years Old« mit je 40% vol, »Bowmore Mariner/15 Years Old« mit 43% vol und »Bowmore/17 Years Old«, »Bowmore/21 Years Old« und »Bowmore/25 Years Old«, ebenfalls mit jeweils 43% vol. Auf den internationalen Märkten findet man weitere Altersklassen und Jahrgänge.

Bruichladdich Die 1881 auf Islay errichtete Destillerie stellte am Anfang dieses Jahrhunderts den Betrieb ein. 1960 wurde sie jedoch vollständig modernisiert und gehört heute zu American Brands (Jim Beam). In Deutschland wird ein zehn Jahre alter Single Malt mit 40% vol angeboten.

Bunnahabhain Der Single Islay Malt »Bunnahabhain« (gälisch für Flussmündung) wird in Deutschland als zwölfjähriger Malt mit 40% vol angeboten.

Bis 1988 wurde Cragganmore nicht auf Flaschen gefüllt, und die gesamte Produktion ausschließlich zum Blending eingesetzt.

Cragganmore Die Cragganmore-Destillerie wurde 1869 in Ballindalloch am River Spey erbaut. »Cragganmore« Single Highland Malt, 12 Years Old, 40% vol, ist einer der sechs »Classic Malt« der United Distillers.

Cardhu Der Single Malt »Cardhu« kommt aus der alten Brennerei in »Cordow/Speyside. 1893 wurde sie von John Walker & Sons erworben. Bis heute ist sie ein wichtiger Lieferant für die berühmten Johnnie Walker Blends. »Cardhu« wird als zwölfjähriger Single in einer Flaschenreplik aus dem 12. Jahrhundert mit 40% vol angeboten.

Dalwhinnie Die Destillerie Dalwhinnie (gälisch für Versammlungsort) wurde 1898 erbaut und liegt inmitten von Hochmooren in den Grampian Highlands. »Dalwhinnie« ist einer der sechs »Classic Malt« der United Distillers, die diesen Single Highland als 15jährigen mit 43% vol anbieten.

Glenmorganie Glenmorangie in Tain in den Northern Highlands bietet einige außergewöhnliche Malts an. Neben dem Single Highland, 10 Years Old, 40% vol, und dem 18 Years Old mit 43% vol gibt es die Wood Finish Collection.

Wood Finish Single Malts werden nach zwölfjähriger Fasslagerung für die letzte Phase der Reifung in Sherry-, Port- oder Madeirafässer gefüllt.

Glenfiddich Der mit Abstand meistverkaufte Malt Whisky kommt aus der größten Destillerie Schottlands. Das 1886 von William Grant gegründete Unternehmen ist bis heute in Familienbesitz. Glenfiddich war 1963 als erster Single Malt auf dem Markt. Heute sind die dreieckigen, grünen Flaschen jedem Malt-Whisky-Kenner bekannt. In Deutschland ist der Single Malt Special Old Reserve ohne Jahresangabe mit 43% vol erhältlich.

Glenkinchie Die 1825 erbaute Destillerie im Südosten Schottlands trägt seit 1837 den heutigen Namen. Der bei uns angebotene »Glenkinchie Lowland Single Malt/10 Years Old« (43% vol) ist einer der sechs »Classic Malts« der United Distillers.

The Glenronach Die 1826 erbaute Destillerie ist seit 1960 im Besitz von Teacher's und gehört damit zum Konzern Allied Domecq. In Deutschland wird ein 15-jähriger Malt angeboten, der ausschließlich in Sherryfässern reifte.

The Glenlivet Die heute zu Seagram gehörende Destillerie war 1824 die erste, die den Schritt in die Legalität unternahm. Die in der Speysideregion im Livettal erbaute Brennerei erreichte, dass nur sie sich Glenlivet nennen durfte und es anderen, gleichnamigen Destillerien der Region nur erlaubt war, die Bezeichnung als Zusatz zu führen. »The Glenlivet« ist eine der großen Maltmarken und in den USA sehr erfolgreich. In Deutschland wird »The Glenlivet Single Malt« als 12-jähriger mit 40% vol Alkohol angeboten.

Als George Smith die erste Lizenz für seine Destillerie bekam, führte dies zu Anschlägen durch steuerunwillige Schwarzbrenner.

Highland Park Highland Park auf den Orkney Islands ist die nördlichste existierende Scotchdestillerie, und nachdem Scapa (siehe Seite 485) nun nicht mehr arbeitet, auch die Einzige auf dieser Inselgruppe. Die 1798 gegründete Destillerie bietet drei Single Malts an: »12 Years« mit 40% vol, »18 Years« mit 43% vol und »25 Years« als »Cask Strength« (Fassstärke) mit einem Alkoholgehalt von 53,5% vol.

Johnnie Walker Malt Neu auf dem Malt-Whiskymarkt ist der Mitte 1997 eingeführte »Johnnie Walker/Pure Malt« (43% vol). Er wird aus mindestens 15-jährigen Highland-Malts komponiert.

Knockando »Knockando« von J & B ist im Besitz der IDV. »Cnoc-an-dhu« heißt im Gälischen »kleiner, schwarzer Hügel«, und auf einem solchen wurde 1898 die Destillerie errichtet. »Knockando« wird mit einer Reifezeit zwischen zwölf und 15 Jahren als Jahrgangsmalt angeboten. Der »Extra Old Reserve« wird erst mit 25 Jahren abgefüllt. Das Datum der Destillation und der Abfüllung ist jeweils angegeben.

»Knockando« wird nicht mit Altersangabe, sondern als Jahrgangs-Malt mit dem Destillationsjahr und dem Abfülljahr angeboten.

Lagavulin Der in der Reihe »Classic Malts« von United Distillers in Deutschland angebotene 16-jährige »Lagavulin Single Islay Malt« (43% vol) gilt unter Kennern als echtes Juwel der Destillierkunst.

Laphroaig Der urtümlichste aller Islay- und sonstigen Malts kam über die Firma Long John zu Allied Domecq. Nach wie vor leiten jedoch die Nachfahren der Gründerfamilie die 1815 gegründete Destillerie. »Laphroaig« mit seinem schlichten Etikett wird in Deutschland als »10-« und »15 Years Old« mit jeweils 40% vol angeboten.

Macallan Die Brennerei Macallan liegt am Westufer des River Spey in der Nähe von Craigellachie. Sie bekam 1824 die Lizenz zur Whiskydestillation und war damit eine der ersten legalen Destillerien in Schottland. Heute bietet Macallan in Deutschland einen zwölf- und einen 15-jährigen sowie den 25-jährigen »Anniversary« an, alle drei mit 43% vol Alkohol. Auf den internationalen Märkten findet man viele weitere Altersstufen und Jahrgänge.

Seit 1980 vermarktet Macallan in großem Umfang seinen Whisky als Single Malt, der nur in Sherry- (Oloroso-) fässern gelagert wird.

Miltonduff Der Basis-Malt von Ballantine's heißt »Miltonduff«. Die 1824 errichtete Destillerie gehört heute zu Allied Domecq. In Deutschland wird der zwölfjährige Single Malt (43% vol) angeboten.

Oban Die Oban-Destillerie liegt weit entfernt von allen anderen Brennereien an der Westküste Schottlands. Sie wurde 1794 gegründet und zählt zu den ältesten noch arbeitenden Destillerien überhaupt. Von den United Distillers wird der »Oban« in der »Classic-Malt«-Reihe als 14-jähriger Single Malt mit einem Alkoholgehalt von 43% vol angeboten.

Mit dem torfigen Aroma und dem sanften Nachgeschmack steht »Oban« zwischen dem Highland-Speyside und dem Islay-Whisky.

Scapa Die 1885 gegründete Orkney Island Distillery Scapa hat 1993 den Betrieb eingestellt. Aus den Lagervorräten wird jedoch ein zwölfjähriger Single Malt mit 40% vol Alkoholgehalt angeboten.

Talisker Die einzige Brennerei auf der im Westen Schottlands gelegenen Insel Skye, Talisker, gehört zu den United Distillers. Der »Skye Single Malt« ist in der Reihe »Classic Malts« als zehnjähriger mit einem Alkoholgehalt von 45,8% vol erhältlich.

Irish Whiskey

Geschichte und Entwicklung des irischen Whiskeys weisen viele Parallelen zu Schottland auf. Ähnlich wie im schottischen Hochland existierten auch in den dünn besiedelten Gebieten Irlands im 17. Jahrhundert viele kleine, meist nur für den Hausgebrauch arbeitende Brennereien. Die Illegalität und spätere Lizenzerteilung ähnelte den Verhältnissen in Schottland. Die irische Whiskeyproduktion konzentrierte sich hauptsächlich in und um Dublin und Cork. Von den etwa 2000 Ende des 18. Jahrhunderts arbeitenden Brennereien blieben bis Mitte unseres Jahrhunderts nur noch ein gutes Dutzend übrig. Diese schlossen sich 1966 zur Irish Distillers Group zusammen, der 1970 auch die nordirische Old

Bushmills Distillery beitrat. Man entschied sich dafür, alle Marken mit Ausnahme von »Bushmills« in einem neuen Destillierkomplex zu produzieren, der 1975 in Midleton bei Cork in Betrieb genommen wurde. In dieser Großanlage lassen sich durch Änderung der jeweiligen Produktionsbedingungen alle Marken in ihrer Originalität herstellen. Die anhaltenden Absatzprobleme führten 1988 jedoch zur Übernahme durch den französischen Spirituosenmulti Pernod Ricard. Um dieser Monopolisierung zu begegnen, tat sich 1987 eine Gruppe irischer Unternehmer zusammen. Sie übernahmen stillgelegte Destillerien und begannen mit der Produktion von alten Whiskeysorten unter deren früheren Namen.

Die klassischen irischen Whiskeys werden nur aus Whiskeys verschiedener Fasstypen und unterschiedlicher Jahrgänge gemischt.

Die Herstellung des irischen Whiskeys ähnelt in vielen Grundzügen der des schottischen Malt Whiskys. Im Gegensatz zum schottischen Verfahren wird aber in Irland das gekeimte Getreide über Kohle- und nicht über Torffeuer getrocknet. Seit kurzem ist jedoch auch ein erster Peated (Peat = Torf) Malt auf dem Markt. Außerdem wird für irischen Whiskey nicht nur gemälzte, sondern auch ungemälzte Gerste verarbeitet. Auch Hafer, Weizen und Roggen können verwendet werden. Destilliert wird dreimal nach der klassischen Pot-Still- und der Coffey-Methode. Die Brennmeister der einzelnen Marken haben dabei die einzigartige Möglichkeit, die beiden Verfahren in jeder Reihenfolge einzusetzen. Die irischen Pot Stills sind jedoch mit einem Fassungsvermögen von 100 000 bis 150 000 Liter wesentlich größer dimensioniert als die schottischen. Während der Charakter der schottischen Whiskys von vielen Faktoren bestimmt wird, ist in Irland die Fasslagerung von allergrößter Bedeutung. Man verwendet gebrauchte Sherry- und Bourbonfässer. Die gesetzlich vorgeschriebene Lagerzeit von drei Jahren wird normalerweise weit überschritten. Nach der Reifung folgt das »Blending«. Dieses darf aber nicht mit dem in Schottland üblichen Verschneiden von Malt mit Grain Whisky verglichen werden.

Bis zur Jahrhundertwende schrieben auch die Schotten ihren Whisky mit »e«; zur besseren Abgrenzung wurde dies jedoch geändert.

Die wichtigsten Marken

Bushmills Old Bushmills erhebt den Anspruch, die älteste Whiskeybrennerei der Welt zu sein. Der Name leitet sich ab vom Fluss Bush, der das Wasser für die Mühlen (»mills«) lieferte. Die Bushmills Distillery liegt im County Antrim an der Nordküste Nordirlands. Sie ist die einzige Destillerie Nordirlands und seit 1970 mit Irish Distillers verschmolzen. Der Whiskey von Bushmills unterscheidet sich von anderen dadurch, dass er zwar aus Malt- und Graindestillaten gemischt wird, jedoch immer nur aus einem einzigen Malz- und einem einzigen Kornwhiskey besteht. Der Malt Whiskey kommt dabei aus der Old-Bushmills-Brennerei, der Grain Whiskey aus der Schwesterdestillerie im benachbarten Coleraine. Die Standardmarke »Original Bushmills Irish Whiskey« wird in Deutschland nicht angeboten. »Bushmills Black Bush Special Old« und »Bushmills Single Malt/10 Years Old« dagegen sind auch bei uns im Handel. Beide enthalten 40% vol.

Bushmills Original-Brenngenehmigung stammt aus dem Jahr 1608, doch erst 1784 wurde die Company offiziell registriert.

Connemara 1987 gründete eine Gruppe irischer Unternehmer die Cooley Distillery. Gleichzeitig eröffnete sie die stillgelegten Destillerien John Locke und Andrew A. Watt and Co. wieder und errichtete in Dundalk an der Ostküste eine moderne, leistungsfähige Brennerei. Diese stellt den »Connemara/Pure Pot Still/Peated Single Irish Malt Whiskey« mit einem Alkohogehalt von 40% vol her. »Connemara« ist der einzige Irish Malt Whiskey aus über Torffeuer (peat = Torf) gemälzter Gerste. Er wurde nach der im Westen Irlands liegenden gleichnamigen Landschaft benannt.

Jameson Der seit 1780 hergestellte »John Jameson« ist eine der ältesten Whiskeymarken Irlands

Seit 1975 wird »Jameson« wie viele andere irische Whiskeys auch in dem großen Destillierkomplex in Midleton bei Cork hergestellt. und mit zwölf Millionen jährlich verkauften Flaschen die größte. In Deutschland werden der fünf Jahre gereifte »John Jameson« und der zwölf Jahre alte »Jameson 1780« angeboten – der einzige bei uns erhältliche zwölf Jahre alte Irish Whiskey überhaupt. Der Alkoholgehalt beider Marken beträgt 40% vol.

Kilbeggan Im Jahre 1987 tat sich eine Gruppe irischer Unternehmer zusammen und gründete die
Cooley Distillery. Sie übernahm außerdem die alte
John Locke Distillery in Kilbeggan, die 1757 gegründet wurde und seit 30 Jahren ruhte, **Die alte Kilbeggan**
sowie die 1762 gegründete Andrew A. **Distillery wurde 1987**
von den Unternehmern
Watt & Co. Distillery. Außerdem errich **der Cooley Distillery**
restauriert und wieder
tete Cooley in Dundalk an der Ostküste **in Betrieb genommen.**
eine moderne, leistungsfähige Brennerei. 1989 nahm
man die Produktion auf, und 1994 konnte »Kilbeggan« erstmals wieder angeboten werden. Für »Kilbeggan« (40% vol) verwendet man ausschließlich
Gerste, er enthält einen hohen Maltanteil.

Midleton Der exklusivste und auch teuerste
Whiskey der grünen Insel ist »Midleton/Very Rare
Irish Whiskey«: Von allen Destillaten der Midleton
Distillery wählt der »Master Distiller« jedes Jahr
kleine Mengen der allerbesten Qualitäten für den
»Midleton/Very Rare« aus. Nach fünf Jahren selektiert er daraus wiederum jene, die sich am besten
entwickelt haben. Erst wenn diese Destillate nach

mindestens zehn Jahren gesamter Lagerzeit ihre Vollendung erreicht haben, füllt man sie in Flaschen ab – wobei jährlich maximal 50 Fässer für die Abfüllung ausgewählt werden. Als Zeichen der limitierten Edition trägt jede Flasche eine Registriernummer und die Signatur des Master Distiller auf dem Etikett. Der Alkoholgehalt des »Midleton« beträgt 40% vol.

Paddy Seit 1825 wird »Paddy/Old Irish Whiskey« mit 40% vol Alkoholgehalt von den Cork Distilleries

Obwohl auch »Paddy« seit 1975 in dem Destillierkomplex in Cork hergestellt wird, blieben sein Typ und Charakter unverändert.

hergestellt. Diesen hatte der beste Verkäufer des Unternehmens, ein Paddy O'Flaherty, einst so überzeugend und verkaufsfördernd angepriesen, dass die Firma ihren »Old Irish Spirit of Gentle Authority« in »Paddy« umbenannte.

Power's Die 1791 in Dublin gegründete Destillerie war im vorigen Jahrhundert der führende Whiskeyhersteller Irlands. Bis heute ist »Power's« der im Land beliebteste Whiskey, außerhalb Irlands ist er jedoch schwer zu finden. Seit 1976 wird »Power's« in Midleton produziert.

Tullamore Dew Die Tullamore Dew Distillery
wurde 1829 in Tullamore/County Offaly erbaut.
Heute ist »Tullamore Dew« mit dem prägnanten
Werbeslogan »Give Every Man His Dew« **Neben Dublin und**
Cork war Tullamore
einer der bekanntesten Irish Whiskeys **im späten 19. Jahrhun-**
dert ein wichtiges
und die führende Marke in Deutschland. **Zentrum der irischen**
Tullamore war bis 1994 Teil der Irish **Whiskeyproduktion.**
Distillers Group (IDG) und gehört heute zu Allied
Domecq. Er wird jedoch weiterhin von der IDG in
Midleton hergestellt. In Deutschland erhältlich sind
der »Finest Old Irish Whiskey Specially Light« und
der in Steinkrüge abgefüllte »Uisge Baugh Blended
Irish Whiskey«. Beide Marken enthalten 40% vol.

The Tyrconnell Seinen Namen verdankt »The
Tyrconnell« einem Rennpferd, das 1867 als großer
Außenseiter den Queen-Victoria-Pokal gewann.
Der Single Malt »The Tyrconnell« (40% vol) ist ne-
ben Bushmills Malt und Connemara einer der weni-
gen Irish Malt Whiskeys. Er wird von der Andrew A.
Watt & Co. Distillery hergestellt, der Wiedergrün-
dung einer schon 1762 arbeitenden Brennerei.

Irish Miss

2 (3) cl Irish
Mist Whiskey
Liqueur
4 (3) cl Irish
Whiskey

süß und stark – ein Rusty Nail auf Irisch

Im *Rührglas* mit Eiswürfeln gut verrühren und in ein vorgekühltes Cocktailglas abgießen.

Irish Lady

4 cl Irish Whiskey
2 cl Apricot
Brandy
2 cl Zitronensaft
I cl Erdbeersirup
kaltes Tonic
Water
Erdbeere

spritzig-aromatischer Partydrink

Im *Shaker* mit Eiswürfeln schütteln, in
Longdrinkglas auf Eiswürfel abgießen.
Mit Tonic Water auffüllen. Eine Erd-
beere an den Glasrand stecken.

Mike Collins

5 cl Irish Whiskey
3 cl Zitronensaft
2 cl Zuckersirup
kaltes Soda-
wasser
Zitrone,
Cocktailkirschen

süßsaurer Nachmittagsdrink

Im *Shaker* mit Eiswürfeln schütteln, in
Becherglas auf Eiswürfel abgießen. Mit
Sodawasser auffüllen. Halbe Zitronen-
scheibe, Cocktailkirschen dazugeben.

Irish Mink

sahniger After-Dinner-Drink

Im *Shaker* mit Eiswürfeln schütteln und in eine Champagnertulpe abgießen. Mit Kakaopulver bestreuen.

4 cl Irish Whiskey
1 cl Curaçao Triple Sec
3 cl Crème de Cacao braun
6 cl Sahne
Kakaopulver

Morning Dew

mild-herber Drink zur Happy-Hour

Im *Shaker* mit Eiswürfeln schütteln und in einen Tumbler auf Eiswürfel abgießen. Orangenschale und Cocktailkirschen dazugeben.

4 cl Irish Whiskey
2 cl Curaçao Blue
6 cl Maracujanektar
1 Spritzer Angostura
einige Tropfen Zitronensaft
Orange, Cocktailkirschen

Irish Coffee

der Urvater aller Kaffeedrinks

Ein Stielglas mit heißem Wasser erwärmen. Whiskey, Zucker und Kaffee in das Glas geben und verrühren. Die Sahne als Haube darauf setzen.

4 cl Irish Whiskey
1 TL brauner Zucker
1 Tasse heißer Kaffee
leicht geschlagene Sahne

American Whiskey

D er erste in den USA hergestellte Whiskey war der Rye Whiskey aus Roggen, welchen die europäischen Einwanderer ins Land gebracht hatten. Schotten und Iren begannen im frühen 18. Jahrhundert, hauptsächlich in den Staaten Pennsylvania, Maryland und Virginia, mit der Whiskeyherstellung. Der früher so populäre Rye Whiskey fristet heute allerdings ein Mauerblümchendasein, und sein Marktanteil liegt unter einem Prozent. Vom heute bekanntesten amerikanischen Whiskey, dem Bourbon, unterscheidet er sich dadurch, dass beim Rye mindestens 51 Prozent des verwendeten Getreideanteils Roggen sein muss. Beim Bourbon sind 51 Prozent Mais vorgeschrieben, der Anteil kann aber bis zu 80 Prozent betragen; der Rest besteht aus gemälzter Gerste und Roggen, zum Teil auch aus Weizen. Neben dem Rye und dem Bourbon sind der Tennessee und der Blended American Whiskey die wichtigsten Sorten. Herausragendes Qualitätsmerkmal ist dabei die Unterscheidung zwischen »Straight«, »Blended Straight« und »Blended American«. »Straight« bedeutet unverschnitten. »Blended Straights« haben einen Straight-Bourbon- oder Straight-Rye-Anteil von mindestens 51 Prozent. Beim Rest handelt es sich um Neutralsprit aus Getreide. »American Blended« müssen mindestens 20 Prozent Straight Whiskey enthalten, der Rest ist auch hier Neutralsprit aus Getreide. Der im Staat Tennessee hergestellte Tennessee Whiskey (»Jack Daniel's«, »George Dickel«) gilt als eigenständig und unterscheidet sich vom Bourbon durch ein spezielles Filtrierverfahren, bei dem der frische Whiskey durch eine meterdicke Ahorn-Holzkohleschicht gefiltert wird. Dieses »Charcoal-Mellowing«-Verfahren ver-

Das Zentrum der amerikanischen Whiskeyproduktion liegt in Kentucky, das für seinen Bourbon Whiskey berühmt ist.

hilft dem Tennessee Whiskey zu seiner außergewöhnlichen Qualität. Seit 1941 ist der Tennessee
Whiskey übrigens eine von der Steuerbehörde
anerkannte Whiskeysorte. Bourbon, Rye und Blended American Whiskey unterliegen keinen regionalen Beschränkungen. Neben
Kentucky, Tennessee und Pennsylvania
stellen auch Virginia, Ohio und Illinois in
großem Umfang Whiskey her. Die wichtigsten
gesetzlichen Vorschriften regeln den Mais- bzw.
Roggenanteil (51 Prozent) sowie die Mindestlagerzeit: Sie beträgt bei Bourbon und Rye zwei Jahre,
eine Lagerzeit unter vier Jahren muss bei diesen auf
dem Etikett angegeben werden. Somit sind Whiskeys ohne Altersangabe mindestens vier Jahre alt.
Die meisten Marken werden allerdings vier bis
sechs Jahre gelagert, Spitzenmarken auch sechs bis
acht Jahre; Lagerzeiten von zehn Jahren und mehr
sind eher selten. Seit einiger Zeit gibt es auch Single
Barrel (Einzelfassabfüllungen) und Small Batch
Bourbon. Dieser Bourbon ist eine Zusammenstel-

Dem von den Franzosen nach einem Herrschergeschlecht benannten Bourbon Country verdankt der Bourbon Whiskey seinen Namen.

lung aus besonders gut entwickelten Fässern. Beide kommen nur in relativ kleinen Mengen in den Handel. Die US-Straight-Whiskeys werden in einer dem schottischen Pot-Still-Verfahren ähnlichen Methode destilliert. Der oft auf den Etiketten angegebene Hinweis auf das »Sour-Mash«-Verfahren besagt, dass nicht nur Hefe, sondern auch Rückstände aus einem vorangegangenen Brennvorgang der frischen Maische zugesetzt wurden, um die Gärung einzuleiten. Dieses Verfahren wird heute ausschließlich angewandt. Die »Sweet-Mash«-Methode, mit jeweils frischer Hefe, findet dagegen keine Anwendung mehr.

Die Alterung vollzieht sich beim Bourbon in innen angekohlten Eichenfässern, die jedoch nur einmal eingesetzt werden dürfen. Obwohl sich der amerikanische **Durch die alte irische Schreibweise mit »e« grenzt sich der amerikanische Whiskey vom Scotch und vom Canadian Whisky ab.** Whiskey in der Regel mit »e« schreibt, gibt es auch amerikanische Marken (z. B. »Dickel«, »Maker's Mark«), die sich ohne »e« schreiben. Der Mindestalkoholgehalt beim amerikanischen Whiskey beträgt wie bei allen anderen Whiskys 40% vol.

Die wichtigsten Marken

Four Roses Die 1888 registrierte Four Roses Distilling Co. in Louisville/Kentucky befindet sich seit 1943 im Besitz von Seagram. Für die Exportmärkte wird die Hauptmarke als Kentucky Straight Bourbon produziert, in den USA selbst ist diese nur als Blended American zu bekommen.

George Dickel Der »kleinere« Tennessee Whiskey (neben dem Riesen Jack Daniel's) ist in Cascade Hollow/Tullahoma ansässig. 1870 gründete der 1845 aus Deutschland eingewanderte Georg Dickel die Cascade Distillery. Nach der Übernahme durch den Spirituosenkonzern Schenley wurde 1958 in der Nähe des alten Standorts eine neue Destillerie errichtet, die nach einer Volksabstimmung ab 1965 wieder Whiskey unter dem Namen »George Dickel« lieferte. 1987 wurde Schenley von den United Distillers übernommen. Von den »Dickel«-Marken ist in Deutschland nur der »Superior No. 12 Brand« (43% vol) mit acht bis zehn Jahren Fassreife erhältlich.

In den Jahren des allgemeinen Alkoholverbots (Prohibition) in Tennessee zwischen 1910 und 1933 musste die Firma den Betrieb einstellen.

I. W. Harper Der Kentucky Straight Bourbon
»I. W. Harper«, eine der ältesten amerikanischen
Whiskeymarken, gehört heute zu United Distillers.
Die Initialen I. W. stehen für die beiden Vornamen
des Gründers Isaac Wolfe Bernheim.
Außer der Standardmarke »Gold Medal«
und einigen Spezialmarken bietet I. W.
Harper auf dem internationalen Markt
auch zwölf- und 15-jährige Abfüllungen in Karaffen
an. In Deutschland ist zur Zeit allerdings keine der
von I. W. Harper angebotenen Marken erhältlich.

> Harper war der Name eines der Top-Verkäufer der im Jahre 1875 in Louisville in Kentucky gegründeten Whiskeydestillerie.

Jack Daniel's Mit rund 60 Millionen jährlich verkauften Flaschen ist »Jack Daniel's Tennessee Whiskey« eine der größten Spirituosen-Einzelmarken
der USA und damit fast gleichauf mit dem Kentucky
Bourbon »Jim Beam«. Die Marke geht zurück auf
Jack Daniel (1846–1911), der schon im Alter von
13 Jahren als Brenner arbeitete. 1866 gründete er
seine eigene Brennerei und ließ diese – als erster
Destillateur in den Vereinigten Staaten – offiziell
registrieren. Seit 1895 wird der »Jack Daniel's Whis-

key« in den typischen eckigen Flaschen angeboten. 1906 zog sich der Unternehmensgründer aus der Firma zurück und überließ seinem Neffen Lem Motlow das Management. Als Tennessee 1910 die Prohibition beschloss, wich man mit der Produktion nach

Jack Daniel wurde vor allem durch das von ihm entwickelte »Charcoal-Mellowing«-Verfahren (Holzkohlefilterung) berühmt. St. Louis aus, legte dann aber zu Beginn des nationalen Alkoholverbots 1920 auch diese Destillerie still. Als 1933 die US-weite Prohibition abgeschafft wurde,

behielt ein Teil Tennessees das Verbot jedoch bei. Lem Motlow erhielt fünf Jahre später eine neue Brenngenehmigung mit der Auflage, keinen Tropfen Whiskey im »trockenen« Teil von Tennessee auszuschenken oder zu verkaufen. Nach Lem Motlows Tod 1947 übernahmen seine Söhne das Unternehmen, verkauften es aber 1956 an die Brown-Forman-Gruppe unter der Bedingung, dass Unternehmensentscheidungen weiterhin von den Nachfahren der Motlowfamilie getroffen würden. Auf den Etiketten wird auch bis heute Lem Motlow als Inhaber geführt. In Deutschland ist der vier bis fünf Jahre alte »Jack Daniel's Old No. 7« (43% vol) mit schwarzem Etikett im Handel. In den USA gibt es einen weiteren »Jack Daniel's Old No. 7« mit grünem Etikett: Er entspricht in Alkoholgehalt und Alter dem schwarz etikettierten, wird aber aus weniger gut entwickelten Fässern zusammengestellt. Neu ist der »Jack Daniel's Single Barrel Tennessee Whiskey« mit einem Alkoholgehalt von 45% vol. Dieser Einzelfasswhiskey wurde bei uns Mitte 1997 eingeführt.

Jim Beam Die Jim Beam Distillery Co. geht zurück auf einen deutschen Einwanderer namens Böhm, der bereits 1795 Whiskey brannte. 1935 wurde die Destillerie von vier Unternehmern, darunter Jeremiah Beam, einem Nachfahren Böhms in der sechsten Ge-neration, neu gegründet. Die Gruppe American Brands übernahm Jim Beam 1967, die Brennerei

Bei Jim Beam wurde Whiskey ursprünglich nur für den Eigenbedarf hergestellt. Daraus entwickelte sich die Produktion in größerem Umfang.

behielt aber die Kontrolle über die Marke und ist heute auch für die gesamte Spirituosenproduktion des Konzerns zuständig. »Jim Beam« stellt mit über 60 Millionen jährlich verkauften Flaschen – dicht gefolgt von »Jack Daniel's« – die größte amerikanische Whiskeymarke dar. Als Einzelmarke ist »Jim Beam« unter den Premium Brands die siebtgrößte Spirituose. Nach Deutschland werden die vier Jahre (»White Label«) und acht Jahre (»Black Label«) alten »Jim Beam Kentucky Straight« mit jeweils 40% vol Alkoholgehalt exportiert.

Maker's Mark Aus einer der kleinsten Destillerien Kentuckys stammt »Maker's Mark«. Nur rund 40 Fässer werden täglich zur Abfüllung freigegeben. Die Geschichte der Destillerie reicht zurück bis 1805. Die gegenwärtige Anlage wurde 1889 erbaut und 1953 von Bill Samuels erworben. Doch erst 1959

Eine der Besonderheiten des »Maker's Mark« besteht in der Zusammensetzung der Getreidebasis: Sie besteht zu 70 Prozent aus Mais.

kam »Maker's Mark« erstmals auf den Markt. 1981 erfolgte die Übernahme durch den kanadischen Spirituosenkonzern Hiram Walker, der heute Teil des Multis Allied Domecq ist. Von den verschiedenen Sorten wird in Deutschland nur der sechs Jahre alte »Maker's Mark Kentucky Straight« (45% vol) angeboten.

Old Grand-Dad Diese große Marke wird in Frankfort/Kentucky und Clermont/Kentucky hergestellt. 1940 ging die Firma in den Besitz der National Distillers über, und diese wurden 1987 Teil von American Brands. Innerhalb des Konzerns wird »Old Grand-Dad« heute von Jim Beam nach den alten Rezepturen hergestellt. In Deutschland findet man ausschließlich den sechsjährigen »Old Grand-Dad Kentucky Straight Bourbon« mit 43% vol im Handel.

Seit 1882 trägt der Whiskey den Namen »Old Grand-Dad«, destilliert hat der Unternehmensgründer jedoch schon 100 Jahre früher.

Old Overholt »Old Overholt Straight Rye Whiskey« (43% vol) ist die größte Rye-Whiskey-Marke und die einzige, die in Deutschland angeboten wird. Die Familie Overholt kam um 1730 in die USA, siedelte sich in Pennsylvania an und errichtete 1810 die erste Destillerie. 1940 wurde das Unternehmen von den National Distillers erworben und diese wiederum 1987 von American Brands. »Overholt« wird heute in Frankfort/Kentucky auf dem Gelände von Old Grand-Dad unter Federführung von Jim Beam hergestellt und zum Teil in Cincinnati/Ohio abgefüllt.

Seagram's 7 Crown In den 60er Jahren war »Seagram's 7 Crown American Blended Whiskey« der weltweit meistverkaufte Whiskey. Er wurde 1934, ein Jahr nach Aufhebung des Alkoholverbots (1920–1933) in den USA, eingeführt. Da der Blended Whiskey allgemein den Geschmack der Amerikaner traf, brachte es der »Seagram's 7 Crown« nach 1945 auf unglaublich hohe Absatzzahlen. Auch heute noch stellt »Seagram's 7 Crown« mit rund 40 Millionen jährlich verkauften Flaschen die größte Blended-American-Whiskey-Marke und die neuntgrößte Whisk(e)y-Marke überhaupt dar.

»Seagram's 7 Crown« setzte sich als Blended Whiskey gegen die große Konkurrenz der Straight Bourbons und Rye Whiskeys durch.

Wild Turkey Ihren Ursprung hat diese Marke zwar in einer 1855 in Lawrenceburg/Kentucky gegründeten, kleinen Destillerie, doch kam sie erst 1942 unter diesem Namen auf den Markt. Heute ist die Firma zur Mehrheit im Besitz von Pernod Ricard, die IDV- (International Distillers and Vintners) Tochter Heublein hält 30 Prozent. In Deutschland werden der »Old No. 8 Brand Kentucky

Straight« (43,4% vol) und die Neueinführung »Wild Turkey Rare Breed« angeboten. Letzterer ist ein Blend aus sechs-, acht- und zwölfjährigen Einzeldestillaten und hat je nach Abfüllung etwa 55% vol.

Woodford Eine Neuerscheinung auf dem Whiskeymarkt ist »Woodford Reserve Distiller's Select«. 1990 begann man mit der Renovierung der bereits 1812 gegründeten Destillerie Labrot & Graham in Versailles im Woodford County/Kentucky und nahm die Produktion wieder auf. Sie destilliert ihren Bourbon nach der in den USA selten angewandten Pot-Still-Methode. Die Basis besteht zu mehr als 70 Prozent aus Mais, der Rest sind in etwa zu gleichen Teilen gemälzte Gerste und Roggen. »Woodford Reserve« wurde 1996 erstmals nach sechs Jahren Lagerzeit abgefüllt. Seither begeistert er Whiskeykenner, die im »Woodford« eine Innovation für den Bourbon Whiskey sehen. »Woodford Reserve Distiller's Select Kentucky Straight Bourbon Whiskey« weist einen Alkoholgehalt von 45,2% vol auf.

Amerikanische Whiskeys werden fast nur in »Continous Stills«, »Woodford« jedoch im seltenen »Pot-Still«-Verfahren hergestellt.

Whisky Sour

5 cl Bourbon Whiskey
3 cl Zitronensaft
2 cl Zuckersirup
Orange
Cocktailkirsche

der klassische Sour

Alle Zutaten im *Shaker* mit Eiswürfeln gut schütteln und in ein Sourglas abgießen. Einen Spieß mit einer halben Orangenscheibe und einer Cocktailkirsche über den Glasrand legen.

Old Fashioned

1 Stück Würfel-zucker
2 Spritzer Angostura
5 cl Bourbon Whiskey
Orange
Zitrone
Cocktailkirschen

Urvater aller Cocktails

In einen Tumbler den Würfelzucker geben. Den Zucker mit Angostura tränken und etwas klares Wasser dazugeben. Zucker und Wasser vermischen und das Glas mit Eiswürfeln füllen. Den Whiskey dazugießen und gut umrühren. Eine halbe Orangenscheibe und eine Zitronenscheibe dazugeben, außerdem Cocktailkirschen hinzufügen.

Horse's Neck

herrlicher Sommer-Nachmittagsdrink

In ein Longdrinkglas einige Eiswürfel und die Zitronenschalenspirale geben. Whiskey und Angostura dazugießen und mit eisgekühltem Ginger Ale auffüllen.

6 cl Bourbon Whiskey
2 Spritzer Angostura
kaltes Ginger Ale
Zitronenschalen-spirale

Mint Julep

erfrischender, starker Kentucky-Drink

In ein hohes Longdrinkglas Minzeblätter, Zucker und etwas klares Wasser geben. Mit einem Holzstößel die Minzeblätter zerdrücken. Das Glas zur Hälfte mit crushed ice füllen und umrühren. Den Whiskey dazugießen, das Glas mit crushed ice füllen und nochmals umrühren. Nasse Minzezweige mit Puderzucker bestäuben und zwei Trinkhalme dazugeben.

10 cl Bourbon Whiskey
1 Barlöffel Streuzucker
etwa 10 Minze-blätter
Puderzucker
Trinkhalme

Canadian Whisky

ie Geschichte der Whiskyproduktion begann in Kanada wesentlich später als in den Vereinigten Staaten. Zwei der bis heute führenden Whiskygiganten – Hiram Walker und Seagram – hatten großen Anteil an der Erfolgsstory des Canadian Whisky: Hiram Walker begann 1864 mit dem Whiskybrennen. Seine Marke »Canadian Club« wurde als eine der ersten in Flaschen abgefüllt und fand in den USA großen Zuspruch. Das zweite Unternehmen war Seagram mit dem 1916 eingeführten »Seagram's V. O.«. Die Prohibition in den USA trieb das Wachstum der kanadischen Destillerien voran, und für den Canadian Whisky be-gann der Aufstieg zur »Whiskyweltmacht«. Nach Aufhebung der Prohibition waren die meisten US-Destillerien geschlossen und keine Lagerbestände mehr vorhanden. Diese Lücke füllten die Kanadier mit riesigen Reserven. Als Grund für die große Beliebtheit des Canadian gilt seine Leichtigkeit und Sauberkeit. Canadian Whisky ist immer ein Blend aus einer geringen Menge Straight Whisky und sehr reinem Getreidealkohol oder Neutralsprit. Jeder Blend enthält bis zu 20 verschiedene Whiskys aus unterschiedlichen Grundtypen. Als Getreidesorten werden Roggen sowie Mais und Gerste roh und/oder gemälzt verwendet. Bei der Destillation wendet man untereinander kombinierbare Methoden an und stellt die Blends entweder aus den jungen Whiskys zusammen oder lässt die Brände einzeln reifen und mischt die fertigen Whiskys. Die Lagerung erfolgt in alten Bourbon- oder in frischen, auch bereits verwendeten Eichenholzfässern. Die Mindestlagerzeit beträgt drei Jahre, in der Regel sind die Canadian Whiskys jedoch vier bis sechs Jahre alt. Der Mindestalkoholgehalt beträgt 40% vol.

In der Zeit der Prohibition (1920–1933) versorgten die Kanadier – natürlich illegal – den amerikanischen Markt mit Whisky.

Die wichtigsten Marken

Black Velvet »Black Velvet«, die Nummer vier unter den Canadian Whiskys, ist im Besitz von Heublein und damit Teil der IDV (International Distillers and Vintners). Der in den 50er Jahren eingeführte Blend wird zur Zeit in Deutschland nicht angeboten.

Canadian Club »Canadian Club« von Hiram Walker (Allied Domecq) wurde 1884 eingeführt. Mit rund 30 Millionen abgesetzten Flaschen jährlich ist die Marke neben »Canadian Mist« (35 Millionen) die beliebteste Marke unter den Canadian Whiskys. Für die Standardmarke werden sechs Jahre alte Brände verwendet. Seit Ende der 80er Jahre ist außerdem der zwölf Jahre alte »Classic« im Handel. Beide angebotenen Qualitäten enthalten 40% vol Alkohol.

»Canadian Club« hat den Ruhm des kanadischen Whiskys begründet und ist heute noch die Nummer zwei unter den Canadian Whiskys.

Seagram Der Ursprung des heute international tätigen Spirituosenmultis Seagram liegt in Kanada, wo sich in Waterloo/Ontario die 1857 gegründete namengebende Destillerie befindet, die seit 1928 in

Besitz von Bronfman ist. Der 1916 eingeführte »Seagram's V.O.« (Very Old) bildet bis heute mit rund 25 Millionen verkauften Flaschen jährlich die Nummer fünf unter den Canadian Whiskys. Die beiden Qualitäten »Seagram's V.O.« und »Crown Royal« (Absatz: 30 Millionen Flaschen pro Jahr) machen Seagram zum größten Anbieter von Canadian Whisky. »Seagram's V.O.« ist sechs Jahre alt, für den »Crown Royal« werden nur über zehnjährige Whiskys verwendet.

1939 wurde anlässlich des Besuches des englischen Königs George VI. der »Crown Royal« vorgestellt, heute die drittgrößte Marke.

»Crown Royal« mit einem Alkoholgehalt von 40% vol ist die Einzige in Deutschland vertriebene Seagrammarke und kommt in einer damals der Königskrone nachempfundenen Flasche und in blaue Samtsäckchen verpackt in den Handel.

Windsor Supreme Die zu American Brands (»Jim Beam«) gehörende Marke erfreut sich besonders in den USA großer Beliebtheit. Mit rund 18 Millionen Flaschen pro Jahr stellt »Windsor Supreme«, dessen Alkoholgehalt 40% vol beträgt, die sechstgrößte Canadian-Whisky-Marke dar.

Manhattan

4 cl Canadian Whisky
2 cl Vermouth Rosso
2 Spritzer Angostura
Cocktailkirsche

weltbekannter Before-Dinner-Drink

Im *Rührglas* mit Eiswürfeln gut verrühren und in ein vorgekühltes Cocktailglas abgießen. Eine Cocktailkirsche dazugeben.

Manhattan Dry

4 cl Canadian Whisky
2 cl Vermouth Dry
2 Spritzer Angostura
Zitrone

herbe Manhattan-Variante

Im *Rührglas* mit Eiswürfeln verrühren und in ein vorgekühltes Cocktailglas abgießen. Mit einer Zitronenschale abspritzen und diese dazugeben.

Ward Eight

5 cl Canadian Whisky
2 cl Zitronensaft
2 cl Orangensaft
I cl Grenadine
Zitrone

ein milder Sour für den Nachmittag

Im *Shaker* mit Eiswürfeln schütteln und in ein Sourglas abgießen. Eine Zitronenscheibe dazugeben.

Captain Collins

süß-saurer Nachmittagsdrink

Im *Shaker* mit Eis schütteln, in großes Becherglas auf Eiswürfel abgießen. Mit Sodawasser auffüllen. Halbe Zitronenscheibe, Cocktailkirsche dazugeben.

5 cl Canadian Whisky
3 cl Zitronensaft
2 cl Zuckersirup
kaltes Sodawasser
Zitrone, Cocktailkirsche

Smooth Canadian

aromatischer Zwischendurchdrink

Im *Shaker* mit Eiswürfeln schütteln und in einen Tumbler auf Eiswürfel abgießen. Eine halbe Zitronenscheibe und eine Cocktailkirsche dazugeben.

4 cl Canadian Whisky
2 cl Cointreau
4 cl Kirschsaft
2 cl Rose's Lime Juice
Zitrone, Cocktailkirsche

Lady's Dream

sahniger Damendrink zur Happy-Hour

Im *Shaker* mit Eiswürfeln schütteln, in eine Cocktailschale abgießen. Eine Erdbeere an den Glasrand stecken.

3 cl Canadian Whisky
3 cl Cointreau
2 cl Erdbeersirup
3 cl Ananassaft
3 cl Sahne, Erdbeere

Wodka

D as russische Nationalgetränke Wodka (deutsch = Wässerchen) hat seine Wurzeln in Polen, wo das Wort ursprünglich verschiedene als Heilmittel geltende Wässer bezeichnete. Den genauen Zeitpunkt der ersten alkoholischen Destillation kennt man nicht. Sicher ist aber, dass die polnischen Brennereien im 17. Jahrhundert so florierten, dass ihr Holzbedarf einen empfindlichen Mangel an Brennholz für die Bevölkerung in den Städten verursachte. Früher wurde Wodka außerhalb von Russland und Polen kaum getrunken. Erst nach dem Ersten Weltkrieg begannen russische Emigranten mit einer noch relativ kleinen Wodkaproduktion außerhalb ihrer alten Heimat. Herstellung und Vertrieb beschränkten sich in Deutschland anfangs hauptsächlich auf Berlin. Das Wodkazeitalter begann für die westliche Welt erst in den letzten 30 Jahren. Die EU-Bestimmungen besagen, dass Wodka aus Alkohol und/oder Korndestillat nach besonderen Verfahren und/oder mit geringen Zusätzen herzustellen ist, welche die charakteristischen Merkmale des Wodkas zur Geltung bringen müssen, vor allem die Weichheit des Geschmacks. Mit den besonderen Verfahren sind die Techniken der Filterung gemeint, meist kommt die Holzkohlefilterung zum Einsatz. Als Rohstoff wird fast ausschließlich Getreide – meist Weizen – verwendet, nicht jedoch Kartoffeln, wie häufig angenommen wird. Die Auswahl der Rohstoffe hat allerdings wenig Bedeutung, da sich beim mehrmaligen Brennen und Rektifizieren (= mehrfach - aufeinander folgende Destillation) fast alle Geschmacksstoffe verlieren. Bei der Wodkaherstellung will man, anders als bei vielen Spirituosen, ein reines, weiches, neutral schmeckendes Produkt erzie-

Der alte Dauerstreit zwischen Russland und Polen, welches Land den Wodka erfunden hat, wird immer unentschieden bleiben.

len. Im letzten Arbeitsgang vor dem Abfüllen wird Wodka mit Wasser auf Trinkstärke herabgesetzt. Seit 1989 ist ein Mindestalkoholgehalt von 37,5% vol vorgeschrieben, nicht selten ist der Wodka aber auch wesentlich stärker. Wodka wird außer in den Ländern mit langer Wodkatradition wie Polen und Russland auch in Finnland, Deutschland, England, Kanada und – in großem Umfang – in den USA produziert.

Außer den klaren, neutralen Wodkas gibt es auch aromatisierte Sorten – darunter der bekannte »Zubrowka«, ein gelblicher Wodka, der in Polen durch die Zugabe des kumarinhaltigen Büffelgras-

In der westlichen Welt setzte sich Wodka vor allem ab den 60er Jahren durch. In den USA verdrängte er vielfach sogar den Gin.

halmes und in Russland durch einen Büffelgrasauszug aromatisiert wird. Der Name »Zubrowka« (auch: Zubrovka) leitet sich von »Zubr«, dem polnischen Wort für Wisent, eine Büffelart, ab. Seit einigen Jahren werden mit wachsendem Erfolg die aromatisierten Wodkas »Citron«, »Peppar« und »Kurant« (mit Johannisbeerextrakt) angeboten.

Die wichtigsten Marken

Absolut Die schwedische Wodkamarke »Absolut« ist seit 1879 bekannt. Genau 100 Jahre später
begann aufgrund einer äußerst erfolgreichen Wer-
bekampagne der in diesem Ausmaß nie für möglich
gehaltene kometenhafte Aufstieg einer
Spirituosenmarke. Heute ist »Absolut«
nach »Smirnoff« die zweitgrößte Wodkamarke und die achtgrößte Spirituosenmarke überhaupt. »Absolut« wird ausschließlich aus
Weizen hergestellt. In Deutschland kommt er mit
40% vol, auf den internationalen Märkten auch mit
50% vol Alkohol in den Handel. Neben dem klassischen, klaren »Absolut« gibt es noch die aromatisierten Sorten »Citron«, »Peppar« und »Kurant«
(mit Johannisbeerextrakt).

Von weit unter einer Million Flaschen stieg der Jahresabsatz von »Absolut« seit 1979 auf fast 65 Millionen Flaschen im Jahr 1996.

Danzka Danish Distillers kaufte 1994 die Marke
»Danzka« (40% vol) auf und brachte sie ein Jahr
später auch in Deutschland auf den Markt. Dieser
Premiumwodka aus reinem Getreidedestillat ist in
einer extravaganten Flasche aus Aluminium erhältlich.

Finlandia Finnlands berühmtester Designer, Tapio Wirkkala, entwarf die an Eisbrocken erinnernde Riffelglasflasche des »Finlandia«. Als Rohstoff für Finnlands großen Wodka wird einheimischer Weizen verwendet. Mit über 20 Millionen jährlich verkauften Flaschen ist »Finlandia« die viertgrößte Wodkamarke und auf allen internationalen Märkten vertreten. »Finlandia« enthält 37,5% vol Alkohol.

Gorbatschow »Gorbatschow« ist der führende Wodka und zugleich die meistverkaufte »weiße« Spirituose in Deutschland. Mit rund 15 Millionen jährlich abgesetzten Flaschen ist »Gorbatschow« die siebtgrößte Wodkamarke der Welt. Die Gorbatschow GmbH in Berlin wurde bereits 1921 von russischen Emigranten dieses Namens gegründet und befindet sich seit 1960 im Besitz von Henkell & Söhnlein. Seither konnte Wodka »Gorbatschow« jährlich neue Erfogszahlen aufweisen. »Gorbatschow« wird in Deutschland mit 37,5% vol, international aber auch mit höherem Alkoholgehalt angeboten.

Wodka »Gorbatschow« wird zweimal über Holzkohle gefiltert, wodurch er seine Reinheit und Geschmacksneutralität erhält.

Grasovka Der polnische »Zubrowka«, »Grasovka Bison Brand Wodka« (40% vol), wird mit einem in Polen wachsenden Steppengras aromatisiert. Dieses Gras, ein Leckerbissen für in freier Wildbahn lebende Büffel (polnisch: Zubr), heißt auch »Büffelgras«. Das kumarinhaltige Gras, das jeder Flasche zugegeben wird, bewirkt die hellgelbe Farbe und den Waldmeistergeschmack des Wodkas.

Unter den vielen aromatisierten Wodkasorten Polens ist »Grasovka« der einzige, der internationale Bekanntheit genießt.

Krepkaya (Strong) Dieser starke russische Wodka – deshalb die Zusatzbezeichnung »Strong« – enthält 55% vol Alkohol.

Moskovskaya »Moskovskaya«, das heißt »Moskauer Wodka«. Er wird seit 1965 nach Deutschland exportiert und ist bei uns die bekannteste russische Wodkamarke. Seit einigen Jahren gibt es auch den Premiumwodka »Moskovskaya Cristall«. Beide Marken haben einen Alkoholgehalt von 40% vol.

Pertsovka Der russische Wodka »Pertsovka« ist eine besonders pikante, rötlich klare Wodkaversion mit Pfefferauszügen. Er enthält 40% vol Alkohol.

Sibirskaya Der russische Wodka »Sibirskaya« wird aus sibirischem Wintergetreide gebrannt und über Birkenholzkohle gefiltert. Der Alkoholgehalt von »Sibirskaya« beträgt 40% vol.

Smirnoff Die heute größte Wodkamarke und gleichzeitig zweitgrößte Spirituosenmarke der Welt hat ihren Ursprung 1818 in St. Petersburg. Das Unternehmen stellte nach der russischen Revolution jedoch die Produktion ein, und Rezeptur und Namensrechte landeten nach vielen Umwegen 1939 bei Heublein in Hartford/Conneticut (USA). Dort fristete die Marke ein wenig beachtetes Dasein – bis zum Beginn des Wodkabooms. Heute ist Smirnoff im Besitz der IDV (International Distillers and Vintners)/Grand Metropolitan. Rund 180 Millionen Flaschen »Smirnoff« werden jährlich am Hauptsitz der Firma in Hartford und in vielen anderen Ländern hergestellt. »Smirnoff« wird in Deutschland als »Red Label« mit einem Alkoholgehalt von 37,5% vol und als »Blue Label« mit 45% vol angeboten.

Indem Ivan Smirnoff einst das Verfahren der Holzkohlefilterung einsetzte, machte er seinen Wodka zur bevorzugten Marke.

Stolitschnaya »Stolitschnaya« (40% vol) bedeutet »Wodka aus der Hauptstadt«. Er ist der international bekannteste russische Wodka und hat einen runden und weichen Geschmack.

Stolovaya Dieser Wodka gehört mit 50% vol zu den alkoholstarken Sorten auf dem Markt.

Wyborowa »Wyborowa« (der »Ausgewählte«) ist die bekannteste Wodkamarke Polens und genießt in Deutschland einen hohen Bekanntheitsgrad. »Wyborowa« wird dreimal destilliert und dreimal gefiltert. Sein Alkoholgehalt beträgt 40% vol.

Zubrovka (Zubrowka) Die russischen und polnischen Wodkas, die durch die Zugabe von Büffelgras oder Büffelgrasauszügen aromatisiert worden sind, heißen »Zubrovka« oder auch »Bisonwodka«. Ihr Name leitet sich von diesem Gras ab, denn »Zubr« heißt auf polnisch Wildrind, Bison oder Wisent.

Das kumarinhaltige Büffelgras verleiht dem Wodka ein waldmeisterähnliches Aroma und die hellgelbe bis bräunliche Farbe.

Zytnia Einer der populärsten Wodkas in Polen ist »Extrakt Zytnia«. Er wird aus Roggen hergestellt und enthält 40% vol Alkohol.

Bloody Bull

5 cl Wodka
einige Tropfen Zitronensaft
Pfeffer, Selleriesalz
1 Spritzer Tabasco
2 Spritzer Worcestershiresauce
6 cl Tomatensaft
6 cl Consommé
Zitrone

hilft wieder auf die Beine

In ein großes Becherglas Eiswürfel, Gewürze und Wodka geben. Mit Tomatensaft und Consommé aufgießen und umrühren. Eine Zitronenscheibe an den Glasrand stecken.

Wodka Sour

5 cl Wodka
3 cl Zitronensaft
2 cl Zuckersirup
Orange
Cocktailkirsche

Shortdrink für die Cocktailstunde

Im *Shaker* mit Eiswürfeln schütteln, in ein Sourglas abgießen. Spieß mit halber Orangenscheibe und einer Cocktailkirsche über den Glasrand legen.

Salty Dog

5 cl Wodka
15 cl Grapefruitsaft
1/4 Teelöffel Salz

für Salzliebhaber an heißen Tagen

Im *Shaker* mit Eiswürfeln schütteln, in Longdrinkglas auf Eiswürfel abgießen.

Bloody Mary

weltbekannter Katerkiller

In großes Becherglas Eiswürfel, Gewürze und Wodka geben. Mit Tomatensaft aufgießen, umrühren. Zitronenscheibe an Glasrand stecken (oder ein Stück Stangensellerie dazugeben).

5 cl Wodka
1 cl Zitronensaft
**Pfeffer,
Selleriesalz**
**2 Spritzer
Tabasco**
**3 Spritzer
Worcester-
shiresauce**
12 cl Tomatensaft
**Zitrone oder
Stangensellerie**

Bull Shot

harter, aber nahrhafter Katerkiller

In großes Becherglas Eiswürfel, Gewürze und Wodka geben. Mit Consommé aufgießen und umrühren. Zitronenscheibe an Glasrand stecken.

5 cl Wodka
**einige Tropfen
Zitronensaft**
**Pfeffer,
Selleriesalz**
**1 Spritzer
Tabasco**
**2 Spritzer
Worcester-
shiresauce**
12 cl Consommé
Zitrone

Screw Driver

einfache, aber weltbekannte Mischung

In Longdrinkglas auf Eis geben, verrühren, halbe Orangenscheibe dazugeben.

5 cl Wodka
**12 cl Orangen-
saft**
Orange

Moscow Mule

1 Limette
6 cl Wodka
20 cl kaltes Ginger Ale
(Im Original: Ginger Beer)

erfrischender Sommerdrink

Kupferkrug oder ein großes Longdrinkglas mit Eiswürfeln füllen. Geviertelte Limettenstücke darüber auspressen und dazugeben. Wodka dazugießen und mit Ginger Ale auffüllen.

Springtime Cooler

6 cl Grasovka Wodka
2 cl Curaçao Blue
6 cl Orangen-, 3 cl Zitronensaft
1 cl Zuckersirup
Karambole, Cocktailkirsche

aromatischer Drink zur Happy-Hour

Im *Shaker* mit Eis schütteln, in Longdrinkglas auf Eiswürfel gießen. Mit Karambolestern und Kirsche garnieren.

Harvey Wallbanger

4 cl Wodka
12 cl Orangensaft
1 cl Galliano
Orange

fruchtig-aromatischer Sommerdrink

In Longdrinkglas auf Eiswürfel geben und verrühren. Galliano darüber gießen, Orangenscheibe dazugeben.

Wodka Martini

starker, herber Before-Dinner-Drink

Im *Rührglas* mit Eiswürfeln verrühren, in ein vorgekühltes Cocktailglas abgießen. Eine grüne Olive mit Stein dazugeben (oder mit einer Zitronenschale abspritzen).

5 cl Wodka
1 cl Vermouth Dry
Olive oder Zitrone

Blue Lagoon

erfrischender Sommerdrink

In Longdrinkglas auf Eiswürfel geben, mit Sprite auffüllen. Mit Zitronenscheibe und Cocktailkirsche garnieren.

4 cl Wodka
2 cl Curaçao Blue
1 cl Zitronensaft
kaltes Sprite
Zitrone, Cocktailkirsche

Sangrita Mary

schnell gemixter Katerkiller

In ein Longdrinkglas auf Eiswürfel geben und umrühren. Eine Zitronenscheibe an den Glasrand stecken.

4 cl Wodka
12 cl Sangrita-Würz-Drink
Zitrone

Beach Beauty

4 cl Wodka
2 cl Crème de Banane
1 cl Grenadine
4 cl Orangensaft
kaltes Tonic Water
Orange, Cocktailkirsche, Minze

spritziger Drink für die Pool-Party

Im *Shaker* mit Eis schütteln, in Longdrinkglas auf Eiswürfel gießen. Mit Tonic Water auffüllen. Mit Orangenscheibe, Cocktailkirsche, Minzezweig garnieren.

Simply Red

4 cl Wodka
2 cl Bols Kontiki Red Orange
6 cl Orangensaft
6 cl Maracuja-nektar
Orange, Cocktailkirsche

aromatisch-fruchtiger Partydrink

Im *Shaker* mit Eiswürfeln schütteln, in Longdrinkglas auf Eiswürfel abgießen. Eine Orangenscheibe mit einer Cocktailkirsche an den Glasrand stecken.

Wodka Gimlet

4 (3) Wodka
2 (3) Rose's Lime Juice
Limette

aromatischer Before-Dinner-Drink

Im *Rührglas* mit Eiswürfeln verrühren, in vorgekühltes Cocktailglas abgießen. Eine Limettenscheibe dazugeben.

Russian Rose

erfrischender Sommerdrink

Im *Shaker* mit Eiswürfeln schütteln, in Longdrinkglas auf Eiswürfel abgießen. Mit Bitter Lemon auffüllen. Eine halbe Orangenscheibe dazugeben.

4 cl Wodka

2 cl Campari Bitter

4 cl Orangensaft

kaltes Bitter Lemon

Orange

Midnight in Moscow

auch für heiße Sommertage

Im *Shaker* mit Eiswürfeln schütteln, in Longdrinkglas auf Eiswürfel gießen. Mit Tonic Water auffüllen. Orangenscheibe, Cocktailkirsche an Glasrand stecken.

4 cl Wodka

2 cl Curaçao Blue

4 cl Grapefruit-saft

kaltes Tonic Water

Orange, Cock-tailkirsche

Cool Bull

erfrischender Partydrink

Wodka in Longdrinkglas auf Eis geben. Mit Red Bull und Bitter Lemon auffüllen. Halbe Zitronenscheibe dazugeben.

4 cl Wodka

10 cl Red Bull Energy Drink

10 cl Bitter Lemon

Zitrone

Kamikaze

3 cl Wodka
3 cl Curaçao Triple Sec
3 cl Limettensaft Limette

bei einem hebt man noch nicht ab

Im *Shaker* mit Eiswürfeln schütteln, in Tumbler auf Eiswürfel abgießen. Eine Limettenscheibe dazugeben.

Wodka Collins

5 cl Wodka
3 cl Zitronensaft
2 cl Zuckersirup
kaltes Soda-wasser
Zitrone, Cocktailkirsche

süßsaurer Nachmittagsdrink

Im *Shaker* mit Eiswürfeln schütteln, in großes Becherglas auf Eiswürfel abgießen. Mit Sodawasser auffüllen. Zitronenscheibe und Kirsche dazugeben.

Chi-Chi

6 cl Wodka
10 cl Ananassaft
2 cl Sahne
2–4 cl Cream of Coconut
Ananas, Cocktailkirsche

Piña-Colada-Variante mit Wodka

Im *Elektromixer* mit crushed ice durchmixen. In Longdrinkglas auf crushed ice abgießen. Ananasstück mit Cocktailkirsche an den Glasrand stecken.

Long Island Ice Tea

der Modedrink

In Longdrinkglas auf Eiswürfel geben. Mit beliebig viel Cola aufgießen. Eine halbe Zitronenscheibe dazugeben.

2 cl **Wodka**
2 cl **Gin**
2 cl **weißer Rum**
2 cl **Curaçao Triple Sec**
2 cl **Zitronen-,**
2 cl **Orangensaft**
kaltes **Cola,**
Zitrone

Swimming Pool

blaue Piña-Colada-Variante für den Pool

Im *Elektromixer* mit crushed ice mixen. In Longdrinkglas auf crushed ice abgießen. Ananasstück mit Cocktailkirsche an den Glasrand stecken.

4 cl **Wodka**
2 cl **Curaçao Blue**
2 cl **Sahne**
2 cl **Cream of Coconut**
10 cl **Ananassaft**
Ananas,
Cocktailkirsche

Caipirovka

Caipirinha-Variante zur Cocktail-Hour

In großen Tumbler Limettenviertel mit Holzstößel ausdrücken. Wodka und Zucker dazugeben, umrühren. Glas mit crushed ice füllen, nochmals umrühren.

1–2 **Limetten**
6 cl **Wodka (auch Wodka Citron)**
1–2 cl **Rohrzuckersirup oder weißer/brauner Rohrzucker**

Drinkgruppen

*A*peritifs sind Getränke, die man vor dem Essen genießt. Sie sollen von der Menge her nicht zu reichlich bemessen sein, damit sie den Magen nicht belasten. Bei den Aperitifs unterscheidet man vier Gruppen: die weinhaltigen Aperitifs, die anishaltigen Spirituosen, die Bitters und die Mischungen (Before-Dinner-Drinks). Zu den weinhaltigen Aperitifs zählen die Vermouths, die trockenen Südweine und der trockene Champagner oder trockene Sekt.

Cocktails Die Cocktails gehören zu den Shortdrinks, die wiederum nach den Before- und After-Dinner-Drinks unterschieden werden. Ideale Before-Dinner-Drinks sind alle »trockenen« Mischungen, d. h. solche, die keine oder wenig süße Zutaten enthalten. Drinks, die mit Sirup oder Likören bereitet werden, sind meist After-Dinner-Drinks. Natürlich gibt es einige Cocktails, die man vor und nach dem Essen trinken kann.

Longdrinks zählen zu den beliebtesten Mixgetränken. In diese Getränkekategorie gehören auch so einfache Mischungen wie Gin mit Tonic, Wodka mit Tonic, Rum mit Cola, Bourbon Whiskey mit Ginger Ale, Seven Up oder Cola, Seven-Seven (das ist der American Blended Whiskey »Seagram's Seven Crown« mit Seven Up), Brandy Soda, Scotch Soda und Southern Comfort mit Ginger Ale.

Schon als die Mixgetränke in Amerika »erfunden« wurden, teilte man sie in die Kategorien Shortdrinks (bis 10 cl) und Longdrinks (um 20 cl) ein.

Bei allen diesen Drinks gibt man 4 cl der jeweils gewünschten Spirituose über Eiswürfel in ein Longdrinkglas und serviert Wasser, Soda, Cola oder Limonade dazu. Bei den Gin-, Wodka-, Rum- und Brandydrinks fügt man dem Drink immer eine halbe Zitronenscheibe hinzu.

Außerdem werden alle Drinks mit einem Volumen von etwa 20 cl den Longdrinks zugeordnet.

Sours sind relativ konzentrierte Getränke. Die Verbindung der jeweiligen Spirituose mit Zitronensaft und Zucker ergibt einen aparten Geschmack. Von der Menge her sind die Sours weder Short- noch Longdrinks, sie gelten als ideales Getränk für »zwischendurch«. Sours serviert man in kleinen, leicht bauchigen Sektgläsern. Man kann sie aber auch im kleinen Tumbler »on the rocks« anrichten.

Fizzes zählen zu den beliebtesten und bekanntesten, einfach herzustellenden Bargetränken. Wichtig dabei ist, dass man die Zutaten kräftig schüttelt. Auf das im Shaker verbliebene Eis gibt man einen Schuss Sodawasser und füllt damit den Fizz auf. Fizzes serviert man in mittelgroßen Gläsern ohne Stiel.

Die Hauptbestandteile der Fizzes sind Zitronensaft, Zucker, eine Spirituose und Sodawasser. Am bekanntesten ist der »Gin Fizz«.

Flips sind bekömmliche und magenfreundliche Getränke, die man zum zweiten Frühstück wie zum Fünfuhrtee servieren kann. Sie werden meist mit Eigelb, Zucker und Sahne zubereitet und in leicht bauchigen Sektgläsern serviert. Flips schüttelt man kräftig mit großen Eiswürfeln – aber nur kurz, um ein Verwässern zu verhindern. Über den fertigen Flip reibt man etwas Muskatnuss.

Fancy Drinks sind, wie der Name schon sagt, Phantasiegetränke. Sie gehören in keine bestimmte Kategorie. Jeder Drink wird entsprechend den Rezeptangaben anders zubereitet.

Alkoholfreie Drinks sind meist Mischungen aus Sirups und Fruchtsäften oder aus Eigelb, Sahne und Fruchtsäften. Für ihre Zubereitung gibt es keine festen Regeln, und die Geschmacksskala reicht von herb bis süß. Alkoholfreie Drinks eignen sich für jede Tageszeit, nicht aber als Before- oder After-Dinner-Drinks.

Zu den alkoholfreien Drinks zählen auch Bowlen mit Mineralwasser und Limonade sowie Shakes mit Milchprodukten und Speiseeis.

Hot Drinks Die Bezeichnung steht als Oberbegriff für heiße Getränke, deren bekanntester Vertreter der Irish Coffee ist. Vielerlei Spirituosen und Liköre eignen sich hervorragend zum Genuss in Verbindung mit Kaffee, zum Teil auch mit Tee, Schokolade oder heißem Wasser. Im weitesten Sinne zählt auch erhitzter Wein, wie etwa Glühwein, zu dieser Getränkekategorie.

Mixpraxis

*I*n der Umgangssprache heißen alle Mixgetränke Cocktails. Eigentlich ist das eine falsche Bezeichnung, denn für den Fachmann sind die Cocktails nur eine der 30 Untergruppen bei den Mixdrinks.

Mixgetränke werden auf vier Arten zubereitet: durch Schütteln im Shaker, Rühren im Mixglas, Anrichten im Trinkglas oder mit dem Elektromixer.

Beim Schütteln füllt man den Shaker etwa zur Hälfte mit Eiswürfeln und stellt sich die erforderlichen Zutaten und Gläser in Griffnähe. Bevor die Zutaten in den Shaker kommen, gießt man angesammeltes Eiswasser aus dem Shaker ab. Dann wird der geschlossene Shaker in waagerechter Haltung geschüttelt und das fertige Getränk durch ein Barsieb in Gläser abgeseiht. Das Eis bleibt im Shaker zurück. Wird ein Drink auf Eiswürfeln angerichtet, dann verwendet man immer frisches Eis.

Beim Rühren werden Eis und Zutaten in ein Rührglas gegeben und mit einem Barlöffel schnell und kräftig, in einer Spirale von oben nach unten, verrührt. Durch ein Sieb wird der Drink abgeseiht.

Für das »Anrichten im Glas« gibt es keine festen Regeln, es ist je nach Drink verschieden.

Bei der Zubereitung im Elektromixer gelten die gleichen Regeln wie beim Schütteln. Die Anwendung des Elektromixers sollte sich auf die Herstellung von Mixgetränken mit Sahne, Milch, Speiseeis oder Creams beschränken.

Wenn Zweifel bestehen, ob ein Drink geschüttelt oder gerührt wird, sollte man sich an folgende Faustregel halten: Geschüttelt werden sämtliche Mischungen, die Säfte enthalten. Gerührt werden alle Mischungen ohne Säfte, also solche, die aus Spirituosen und Likören oder Sirupen bestehen.

Kohlensäurehaltige Getränke wie Sekt, Tonic Water, Cola usw. niemals mitschütteln oder mitrühren. Sie werden nur zum Auffüllen verwendet.

Bargeräte

M ixen ist weitaus einfacher als man denkt, und der Aufwand an Geräten hält sich in Grenzen. Shaker, Rührglas und Barsieb sind das unbedingte Muss. Viele der weiteren Gerätschaften sind meist im Haushalt vorhanden oder lassen sich zumindest provisorisch ersetzen.

Shaker

Drei Modelle von Shakern sind auf dem Markt: der zweiteilige aus Silber, der dreiteilige aus Edelstahl mit im Mittelteil eingebautem Sieb und der Boston-Shaker, der aus einem kleineren Glasteil und einem größeren Edelstahlteil besteht.

Beim zwei- oder dreiteiligen Metallshaker wird das (größere) Unterteil gefüllt und das Oberteil nach innen eingesetzt. Nach dem Shaken wird aus dem Unterteil abgegossen. Beim Boston-Shaker wird das (kleinere) Unterteil aus Glas gefüllt. Dies kann bis zum oberen Rand geschehen, da das (größere) Metallteil übergestülpt wird. Nach dem Shaken wird aus dem Metallteil abgegossen.

Rührglas

Zum Mixen von gerührten Drinks braucht man ein solches dickwandiges Glas mit Aus-gießschnabel. Darin werden Mixgetränke mit klaren Zutaten zubereitet, die auch einen klaren Drink ergeben. Man verwendet das Rührglas nicht zur Zubereitung von Drinks mit Säften, Sahne etc.

Barsieb (Strainer)

Das Spiralsieb – es passt sich jeder Glas-/Sha-kergröße an – dient zum Zurückhal-ten des Eises nach dem Shaken/Rühren.

Elektromixer

Für den Profi gibt es robuste Elektromixer mit starkem Motor. Für den Hobbymixer sind die heute in jeder Küche anzutreffenden Modelle ausreichend. Der Elektromixer kann zum Pürieren von Früchten, zum Sahneschlagen und beim Mixen von Drinks eingesetzt werden, die Creams, Sahne, Eier oder Milch enthalten. Auch zur Zubereitung von Drinks mit crushed ice, oder bei größeren Mengen ist der Elektromixer vorteilhaft.

Blender

Als Blender bezeichnet man in der Fachsprache einen elektrischen Mixer, der über einen nach unten gerichteten Metallstab mit Quirl verfügt. Dieser vermischt in dem von unten eingehängten Metallbecher die Zutaten. Er erfüllt die gleichen Aufgaben wie der Elektromixer, eignet sich jedoch nicht zum Pürieren von Früchten und zum Mixen von mehreren Drinks.

Barlöffel

Bei der Zubereitung von gerührten Drinks braucht
man diesen langstieligen Löffel zum Vermischen der
Getränke im Rührglas.

Barmesser

Als Barmesser bewährt hat sich ein mittelgroßes
Sägemesser mit zwei Spitzen zum Schneiden und
Aufspießen von Fruchtstücken. Es wird im Handel
als Tomatenmesser angeboten.

Schneidebrett

Zum Schneiden von Früchten verwendet man am
besten ein größeres Kunststoffbrett.

Messbecher

Für den Gebrauch an der Bar gibt es Modelle
aus Metall, deren größerer Teil 4 cl, und deren
kleinerer 2 cl fasst. Einsteiger und Hobbymixer
können aber auch einfache Schnapsgläser mit
4 cl- und 2 cl-Eichung benützen.

Eisschaufel oder Eiszange

Zum Herausnehmen von Eiswürfeln aus dem Eiskübel eignen sich am besten kleine Edelstahl-
schaufeln mit Löchern, die das
Ablaufen von Eiswasser zulassen.

Holzstößel

Einen Holzstößel benötigt man zum Ausdrücken
von Limettenachteln oder Minze im Glas.

Barzange

Zum Lockern von festsit-
zenden Sekt- und Champag-
nerkorken kann eine Barzange
sehr hilfreich sein, für den Anfang ist dieses
Gerät jedoch nicht unbedingt nötig.

Eiseimer

Im Eiseimer oder Eiskübel aus Glas, Metall oder
Kunststoff wird das zum Mixen benötigte Eis gut
gekühlt aufbewahrt.

Stirrer (Rührstab)

Der Stirrer dient zum Vermischen der Flüssigkeiten im Gästeglas.

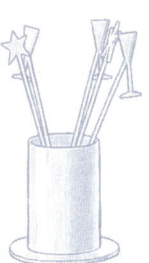

Trinkhalme

Sie sollten bunt, lang und dick sein. Zu lange werden mit der Schere zurechtgeschnitten.

Korkenzieher

Gut eignen sich Hebelkorkenzieher mit breiter Spirale und Schneidemesser zum Abschneiden des Stanniols am Flaschenhals.

Flaschenöffner

Ein Flaschenöffner zum Öffnen von Kapselverschlüssen ist im Haushalt meist vorhanden.

Cocktailspieße

Kleine Spieße aus Kunststoff oder Holz zum Aufspießen von Kirschen, Oliven und vielem anderen braucht man zum Garnieren.

Gläser-
kollektion

*D*ie hier abgebildeten Gläser reichen aus, um alle Cocktails und Mixgetränke dieses Buches ansprechend und fachlich richtig servieren zu können. Formschöne Gläser werten allerdings – wie es ja auch bei Wein oder Champagner der Fall ist – jedes Mixgetränk auf. »Das Auge trinkt mit« – diese Devise sollte man besonders bei den klassischen Cocktails und bei Drinks ohne Garnituren beherzigen und schöne Gläser verwenden. Natürlich bergen dünne Gläser ein erhöhtes Bruchrisiko, sie präsentieren aber auch dadurch, dass sie sofort beschlagen, jeden Drink erfrischend und appetitlich. Drinks, die ausgelöffelt werden, wie etwa Flips, sollten Sie aber in stabilen Gläsern reichen.

Cocktail-glas

Cocktail-schale

Sourglas/ Stielglas

Sherry-Copita

Weinglas

Tumbler

kleines Becherglas

großes Becherglas

Long-drinkglas

Sektkelch

Champag-nertulpe

Irish-Coffee-Glas/ Stielglas

Punchglas (hitze-beständig)

Praktische Tipps

Eis

Viel zum Gelingen eines Drinks trägt das Eis bei. Es muss geschmacklich neutral sein, die richtige Größe haben und – so abwegig es klingt – es darf nicht zu kalt sein. Die Berufsbarmixer haben Eiswürfel aus dem Eiswürfelbereiter zur Verfügung, deren Kältegrad um die 0 °C liegt. Beim Mixen mit diesen Eiswürfeln entsteht ein anderer Kälteeffekt als mit Eiswürfeln, die aus der Tiefkühltruhe stammen und meist um –15 °C aufweisen. Eiswürfel mit geringer Kälte lösen sich beim Mixen natürlich schneller auf. Dadurch geben sie viel mehr Flüssigkeit ab, und diese ist zum Gelingen mancher Drinks wichtig. So paradox es klingt: Je kälter die Eiswürfel sind, desto geringer ist ihr Kühleffekt. Das fehlende Schmelzwasser kann dann nicht zur Kühlung beitragen, und während des Schüttelns oder Rührens nimmt der Drink nicht genügend Kälte vom Eis an. Drinks mit »kalten« Eiswürfeln müssen deshalb länger geschüttelt werden. Am besten nimmt man die Eiswürfelschalen einige Zeit vor ihrer Verwendung aus dem Tiefkühler und lässt sie antauen. Sie verlieren dadurch an Kälte und lassen sich dann besser verarbeiten.

Zerstoßenes Eis (crushed ice)

Dazu gibt man Eiswürfel auf ein Küchentuch und faltet es zu einem Beutel zusammen. Diesen legt man auf einen festen Untergrund und schlägt mit einem Fleischklopfer oder Holzhammer darauf. Die kleinen Eisstücke gibt man mit einem Löffel in das Glas oder nimmt sie direkt mit dem Glas aus dem Tuch auf. Das restliche zerstoßene Eis füllt man in Gläser und stellt diese bis zum Gebrauch ins Gefrierfach.

Zerstoßenes Eis sollte man nur solchen Drinks beigeben, denen das vermehrte Schmelzwasser geschmacklich nicht schadet.

Gekühlte Gläser

Mixdrinks in Cocktailschalen oder kleinen Stielglä-sern kann man zusätzlich kühlen, indem man sie in »gefrosteten« Gläsern serviert. Dazu stellt man die Gläser einige Stunden vor Gebrauch ins Tiefkühl-fach oder füllt sie vor dem Mixen mit zerstoßenem Eis. Manche Cocktailschalen lassen sich auch durch Frappieren (Ausschwenken mit Eiswürfeln) kühlen.

Zucker- und Salzrand

Um einen Zucker- oder Salzrand herzustellen, wird

Farbige Zuckerränder erhält man, indem man das Glas in Curaçao-Blue (blau), Grenadine (rot), oder Maracujasirup (gelb) eintaucht.

das Fruchtfleisch eines Zitronenviertels leicht eingeschnitten. Darin dreht man den Glasrand mit der Öffnung nach unten und tupft ihn dann in eine Schale mit Zucker oder Salz. Durch leichtes Klopfen am Glas-rand entfernt man nicht anhaftende Anteile.

Aromatisieren

Manche Drinks werden mit einem Spritzer einer aromastarken Zutat, wie etwa Angostura, einem Bitterlikör, zusätzlich aromatisiert. Bestimmte Drinks kann man auch durch Abspritzen mit einer Orangen- oder Zitronenschale aromatisieren: Dazu schneidet man aus einer Orange bzw. Zitrone ein zweimarkstückgroßes Teil der Schale ab und drückt dieses über dem Drink kurz zusammen, so dass die ätherischen Öle in den Drink gespritzt werden. Je nach Rezept gibt man das Schalenstück dem Getränk dann bei.

Garnituren

Grundsätzlich verwendet man frische, essbare Früchte. Sie sollten mit der Geschmacksrichtung der jeweiligen Drinks harmonieren und im Verhältnis zum Volumen des Drinks stehen, d. h., den Drink nicht überladen. Für die Garnierung schneidet man die Früchte oder Fruchtstücke ein, steckt sie an den Glasrand, gibt sie direkt in den Drink (z. B. Kirschen oder halbe Zitronenscheiben) oder legt sie aufgespießt über den Glasrand.

Cocktailkirschen gibt man direkt ins Glas, steckt sie auf Fruchtspieße oder spießt sie an Fruchtstücke, die am Glasrand stecken.

Abmessen

Äußers wichtig beim Mixen ist das Abmessen der Zutaten. Der Handel bietet Messbecher aus Metall mit 2 cl- und 4 cl-Eichung an. Man kann aber auch Schnapsgläser mit der gleichen Eichung verwenden. Grundsätzlich beginnt man in der Reihenfolge Sirup, Säfte oder Sahne, also mit den kostengünstigeren Anteilen. Diese kann man noch nach Augenmaß eingießen, die zuletzt zugegebenen Liköre und Spirituosen sollte man aber unbedingt abmessen. Kohlensäurehaltige Limonade oder Sekt zum Auffüllen werden direkt in den Drink gegeben, da der Umweg über das Messglas einen Kohlensäureverlust bringt.

Eigenkreationen

Das Erfinden eines neuen Rezepts ist gar nicht so schwer. Wichtig ist, dass die Zutaten zueinander passen. Beginnend mit dem Sirup oder Saft gießt man mit einem Messglas die Zutaten in den Shaker/Rührglas, rührt nach jeder Zugabe um und probiert.

Wer neue Drinks erfindet, sollte sich Notizen machen. Sonst lässt sich eine gelungene Kreation womöglich nicht mehr nachvollziehen.

Damit hat man die Möglichkeit zum Ausgleichen. Erst wenn alle Bestandteile zugegeben sind und der Drink schmeckt, gibt man das Eis dazu und schüttelt oder rührt wie sonst auch. Durch die Kühlung und das Schmelzwasser verbessert sich in der Regel jeder Drink enorm.

Das Barsieb

Alle Drinks, die im Shaker oder Rührglas zubereitet werden, gießt man durch das Barsieb in die Gläser ab. Das zur Zubereitung benutzte Eis bleibt immer zurück. Werden Drinks auf Eiswürfeln angerichtet, so verwendet man immer frisches Eis.

Trinkhalme

Allen geschüttelten Longdrinks und alkoholfreien Drinks werden Trinkhalme zugegeben. Champagnercocktails und die klassischen Cocktails in der Cocktailschale serviert man in der Regel ohne Trinkhalm. Zu Drinks mit crushed ice gibt man immer Trinkhalme.

Auf Eiswürfel oder auf crushed ice servierten Drinks sollte man Trinkhalme beigeben, damit das Eis den Genuss beim Trinken nicht stört.

Mixrezepte von A bis Z

Marken und Häuser

Der Autor

Franz Brandl, ausgebildeter und geprüfter Barmeister, war lange Jahre Barchef in den besten Hotels und Restaurants, darunter im »Sheraton Hotel«, »Grand Hotel Continental«, »Harry`s New York Bar« und »Aubergine«, alle in seiner Heimatstadt München. Außerdem hat er sich mit seinen zahlreichen Mix- und Barbüchern einen Namen gemacht. Diese Bücher wurden mehrfach ausgezeichnet und sind bei Barprofis wie Hobbymixern gleichermaßen vielbenutzte Nachschlagewerke.

Anmerkung der Redaktion

Diesem Buch liegt die im Juli 1996 in Wien beschlossene und ab 1. August 1998 verbindliche Neuregelung der deutschen Rechtschreibung zu Grunde.

Impressum

© 1998 Südwest Verlag GmbH

in der Verlagshaus Goethestraße GmbH & Co. KG, München

Alle Rechte vorbehalten.

Nachdruck – auch auszugsweise – nur mit Genehmigung des Verlages.

Lektorat: Doris Steinbacher, Julei M. Habisreutinger
Projektleitung: Michaela Röhrl
Illustration: Matthias Robold
Produktion: Manfred Metzger
Layout und Umschlaggestaltung: Till Eiden
DTP/Satz: Maren Scherer
Printed in Germany
Gedruckt auf chlor- und säurearmem Papier

ISBN 3-517-07672-4